普通高等教育核工程与核技术专业系列教材

U0657913

核电厂安全

朱继洲　　单建强　　合编
奚树人　　主审

中国电力出版社
CHINA ELECTRIC POWER PRESS

内 容 提 要

本教材以压水堆型核电厂为主要研究对象,着重论述美国三里岛核电厂事故发生后 30 多年来,压水堆核电厂设计和研究、制造和运行、监管和评价中关于核安全的主要课题。全书分为 8 章:第 1 章引论,阐述核电厂安全的概念(核电厂安全的特征与安全对策);第 2 章介绍核安全法规及安全监督;第 3 章介绍核电厂的安全设计(纵深防御设计原则);第 4 章论述核电厂的安全评价(确定论安全评价法与概率安全评价法两种系统工程安全评定方法);第 5 章介绍核电厂安全运行——运行工况和事故分类;第 6 章分析核电厂典型事故;第 7 章叙述核电厂核辐射防护与监测;第 8 章阐述核电厂严重事故的处置与缓解,并在附录中介绍三里岛核电厂事故和切尔诺贝利核电厂事故过程。

本书可作为高等院校核能与科学工程学科各专业的本科教材,也可供从事核电厂研究、设计、运行和管理的工程技术人员参考。

图书在版编目(CIP)数据

核电厂安全/朱继洲,单建强编.—北京:中国电力出版社,2010.11(2024.8 重印)

普通高等教育核工程与核技术专业规划教材

ISBN 978-7-5123-0731-5

Ⅰ.①核… Ⅱ.①朱… ②单… Ⅲ.①核电厂—安全技术—高等学校—教材 Ⅳ.①TM623.8

中国版本图书馆 CIP 数据核字(2010)第 149052 号

中国电力出版社出版、发行

(北京市东城区北京站西街 19 号 100005 http://www.cepp.sgcc.com.cn)

北京锦鸿盛世印刷科技有限公司印刷

各地新华书店经售

*

2010 年 11 月第一版 2024 年 8 月北京第六次印刷

787 毫米×1092 毫米 16 开本 11 印张 266 千字

定价 **35.00** 元

前 言

20 世纪 70 年代，国务院做出了适度发展核电的决定，经过 30 多年的努力，我国核电从无到有，得到了很大的发展。中国已发展成为世界上少数几个拥有较为完备的核电科研、工程设计、建设和运营、设备制造、人才培养、核安全监管、核燃料供应和核废物处置等完整的核工业体系的国家之一。

为贯彻落实"积极推进核电建设"的发展方针，实现核电技术的跨越式发展，缩小与世界核电先进水平的差距，2007 年 10 月，国务院正式批准了国家发展和改革委员会拟定的《核电中长期发展规划（2005～2020）》。该规划指出我国的核电发展指导思想和方针是："统一技术路线，注重安全性和经济性，坚持以我为主，中外合作，通过引进国外先进技术，进行消化、吸收和再创新，实现核电厂工程设计、设备制造和工程建设与运营管理的自主化，形成批量建设中国自主品牌大型先进压水堆核电厂的综合能力"。加快发展核电、提高核电等清洁能源占全国能源供给总量的比重，是中国能源发展的战略重点。

"安全是核电的生命线"，截至 2014 年 6 月，世界上有 435 台核电机组正在运行，已经累积了近 15 000 堆·年的运行经验，至今只发生过美国三里岛核电厂事故（1979 年）和苏联切尔诺贝利核电厂事故（1986 年）和日本福岛第一核电厂（2011 年）三次严重事故。这三次事故使社会公众开始对核电安全性产生了疑虑，部分国家电力投资者也放慢了对核电的投资步伐，美国撤销了不少拟建的核电项目（但没有放弃核电发展的可行性研究），核电发展在一段时期进入低潮。而令人欣慰的是，中国自有核电厂建成的 20 多年来，从未发生 2 级及 2 级以上的核安全运行事件，核电厂职业照射剂量水平、放射性排出物的年排放量远低于国家限值，周围环境的辐射水平保持在天然本底范围内，没有给环境带来不良影响。

必须指出，每次核电厂发生事故，都引起了各国政府的高度重视，对其核电厂采取积极的改进措施，使核电安全性、经济性都不断地提高。实际上，各国因核电事故发生所引起的人身早期死亡风险仍然远远低于因汽车车祸、飞机失事、煤矿事故、火灾或高温等各类事故的风险。在国际社会越来越重视温室气体排放、气候变暖的形势下，核电不造成对大气的污染排放，核电对于满足经济和社会发展不断增长的能源需求、保障能源供应与安全、保护环境、实现电力工业结构优化、提升国家综合经济实力所具有的优势，已成为共识。核能已成为人类使用的和可持续发展的重要能源之一。

当然，人们也必须牢记切尔诺贝利事故的教训："*A nuclear accident anywhere is a nuclear accident everywhere*"，即核电厂事故不但会影响其本身，而且会波及周围环境，甚至会越出国界。这就说明核安全是核能发展中最重要的研究课题，反应堆事故分析和核电厂安全是每个从事核电设计、制造、运行、维护的工作者必须要学习掌握的。

1996 年，编者应大亚湾核电合营公司培训中心的要求，编写了《核电厂安全》培训教材，该书一直被列为大亚湾核电员工技能培训教材之一。自 1998 年起，《核电厂安全》培训教材又在中广核集团新招聘大学生各外部培训点使用；自 2005 年起，中广核集团开展与国内 9 所高校的企校 3+1 联合培养核电人才新模式后，该书也被指定在中广核集团苏州核电学院和各联合培养高校教学中使用。

为满足当前我国核电加速发展、各高等学校和各核电公司人才培养之急需，在听取各高校授课教师的意见与建议基础上，决定对《核电厂安全》作进一步修改后正式出版。

本教材以压水堆型核电厂为主要研究对象，着重论述美国三里岛核电厂事故发生后30多年来，压水堆核电厂设计和研究、制造和运行、监管和评价中关于核安全的主要课题。全书分为8章：第1章引论，阐述核电厂安全的概念（核电厂安全的特征与安全对策）；第2章介绍核电厂安全法规和安全监督；第3章介绍核电厂的安全设计（纵深防御设计原则）；第4章论述核电厂的安全评价（确定论安全评价与概率安全评价法两种系统工程安全评定方法）；第5章介绍核电厂的安全运行——（运行工况和事故分类）；第6章分析核电厂典型事故；第7章介绍核电厂核辐射防护与监测；第8章阐述核电厂严重事故的处置与缓解，并在附录中介绍三里岛核电厂事故和切尔诺贝利核电厂事故过程。

本书由西安交通大学朱继洲与单建强合编。朱继洲编写第1、5~8章，单建强编写2~4章，朱继洲负责统稿。本书承清华大学核能研究设计院奚树人教授提供部分资料、审定大纲和全书，得到了中国电力出版社编辑的支持与帮助，编者在此表示衷心的感谢。

由于学识水平所限，书中疏漏之处在所难免，恳请使用本教材的高等院校师生，各核电研究、设计院所及各核电厂的专家、学者和广大读者批评指正。

编者

jzzhu@mail. xjtu. edu. cn

jqshan@mail. xjtu. edu. cn

2010 年 9 月

目　　录

第 1 章 引 论

1.1 核反应堆安全的概念

核能的发现和利用是 20 世纪世界科技史上最杰出的成就之一。1942 年诞生了第一座核反应堆，20 世纪 50 年代初期，建成了将核能转变为电能的试验性核电厂。此后，经历了实验堆、模式堆和商用堆几个发展阶段，截至 2014 年 6 月，世界上有 435 台核电机组在运行，已累积了近 15 000 堆·年的运行经验，核电厂在技术上已趋成熟，在经济上已有竞争能力。

1.1.1 核电厂的发展历程[1]

1. 核电的起步与发展

20 世纪 50 年代初开始，利用已有的军用核技术建造以发电为目的的反应堆，由建造实验堆阶段转入验证示范阶段。美国在潜艇动力堆技术的基础上，于 1957 年 12 月建成了希平港（Shipping Port）压水堆核电厂，于 1960 年 7 月建成了德雷斯顿（Dresden-1）沸水堆核电厂，为轻水堆核电厂的发展开辟了道路。英国于 1956 年 10 月建成了卡德霍尔（Calder Hall A）生产、发电两用的石墨气冷堆核电厂。苏联于 1954 年在奥布宁斯克建成 APS-1 压力管式石墨水冷堆核电厂。加拿大于 1962 年建成 NPD 天然铀重水堆核电厂。围绕这些核电厂的建设，核电科研人员进行了广泛的科研攻关，解决了一系列建造核电厂的工程技术问题，证实了核电厂能够安全、经济、稳定地运行，实现了工程可行性和经济可行性的验证，为 20 世纪 70~80 年代核电较大规模的商业化应用打下了基础。

20 世纪 60~70 年代，核电的安全性和经济性得到验证，相对于常规发电系统的优越性明显地显现出来。此时，又是世界各国经济快速发展时期，电力需求也以十年翻一番的速度迅速增长，给核电发展提供了一个广阔的市场。核电迅速实现了标准化、批量化的建设和发展。

在核电大发展时期，同样存在激烈竞争。一些核电厂因其固有特点的限制，难以同其他堆型竞争而被淘汰，如气体冷却重水堆、产生蒸汽重水堆（SGHWR）等。有发展空间的机型，则为提高安全性、改善经济性而不断改进，如压水堆、沸水堆、重水堆核电厂在美国、苏联、法国、日本、加拿大等国形成了系列化的发展。

20 世纪 70~80 年代，先发生了 1979 年的美国三里岛（TMI-2）核电厂事故，1986 年又发生了苏联切尔诺贝利（Chernobyl-4）核电厂事故，特别是切尔诺贝利灾难性核事故，引起了强烈的反响，使核能的公众接受问题成了世界核电发展的重大障碍，部分国家停止正在建造或计划建造的核电厂，少数国家作出拒绝核能利用的决定。

20 世纪 90 年代，为解决核能的公众接受问题，世界核工程界吸取两大核事故的教训，集中力量进行了核电厂安全标准、审批程序、堆型改进等方面的工作，编制《核电厂用户要求》文件，进行更安全、更经济的先进轻水堆核电技术的研究。

2. 21 世纪核电技术发展促使了核能的复苏[2]

（1）美国政府颁布了新的能源政策，要复苏核能。2001 年 5 月 17 日，美国前总统布什颁布新的美国核能政策《美国国家能源政策报告》，指出"应该发展清洁的、资源无限的核能"，能源政策提出"把扩大核能作为国家能源政策的重要组成部分"。

美国现有 104 台核电机组在运行，占其总电力装机容量的 19.66%。在 2001 年 5 月召开的核能会议上，美国核工业界提出，在 2020 年前，新增核电装机容量 5000 万 kW 的目标。2001 年 8 月初，美国众议院通过了"保障美国未来能源"的法案，支持在现有核电厂址上建设新的核电机组，增加国家在核能方面的研究费用，增加各大学的核科学及核工程学科的教育经费和研究费用。

美国已申请建造的 15 台核电机组均为第三代，其中 AP1000 10 台，EPR 1 台，ESB-WR 2 台，ABWR 2 台。

2002 年 8 月，美国核能研究所提出了《美国 2020 年核能发展计划》。其战略目标是把核能作为国家和国际能源规划的一个组成部分以及可持续发展环境政策的一项重要措施，到 2020 年核电占全国总发电量的 23%。

2006 年美国发起了"全球核能伙伴计划（GNEP）"，目标是"与其他国家合作，以获取更先进的核技术用于发展新的防止核扩散的再循环技术，以生产更多能源，减少废物，最大限度地降低人们对核扩散的忧虑"。

（2）俄罗斯现有 30 台核电机组在运行，占总发电装机容量的 10%。同时，俄罗斯正在加紧开发第三代压水堆 VVER-1000 和 VVER-1500，作为下一步准备建造和出口的堆型。

2001 年 1 月底，俄罗斯原子能部副部长尼克马图林说："位于俄罗斯欧洲地区不久将面临电能短缺危机，政府唯一的解决方案是修建新的核反应堆"，"防止潜在的能源危机，俄罗斯计划在 2020 年前修建 40 座核反应堆"。

2015 年前俄罗斯政府将从联邦预算中拨款 6740 亿卢布（相当于 260 亿美元）用于核工业的发展。俄罗斯政府还计划大幅提高核能发电能力，计划 2015 年前，每年兴建两座核电厂，从 2016 年开始，每年建立 3 座核电厂，到 2020 年将其数量增加到每年 4 座，到 2030 年将核能发电的份额提高到 25% 以上。

（3）日本核电发展归属于科技厅、通产省分工管理。日本已成为世界第三大核电国，核电约占总发电量的 1/3。进入 21 世纪以来，日本核电产业继续稳步发展。2005 年实际运行中的核电机组 54 台，在建机组 4 台。

日本政府为了兑现削减 CO_2 排放目标的承诺，日本资源能源厅提出日本将在 2001～2010 年新建 13 座（约 1694 万 kW）核电厂。其中沸水堆 10 座（约 1295 万 kW，ABWR 8 座，BWR 2 座），压水堆 3 座（约 399 万 kW，APWR 2 座，PWR 1 座）。原计划自 2011 年起，建造 7 座核电厂，约 848 万 kW，其中 ABWR 5 座，BWR 2 座。但 2011 年 3 月福岛核事故后，日本民众对核电厂安全性产生了广泛质疑，政府宣布对日本境内核电厂进行全面的安全检查，至今，日本 50 座商用核电机组全部停运，日本进入"零核电"状态。

（4）法国核电工业起步于 20 世纪 70 年代，目前有 59 台机组运行，发电量占其总电量的 80% 左右。

进入 21 世纪，法国能源界仍坚定不移地大力发展核能。法国政府决定在 2015～2020 年以新一代的核电厂代替目前的核电厂。在技术的选择上，法国将使用欧洲压水式核反应堆（EPR）。法国核安全当局已明确不再批准建造 P4、N4 第二代机组。

2006 年 1 月，法国政府提出"后石油时代"问题，认为它是 21 世纪全球都将重点关注的焦点之一，法国将继续努力保持在核电领域的领先地位。为此，法国将启动第四代核电厂的设计和建造计划，并将在 2020 年实现第一个第四代核电厂投入运行。

2006 年 10 月欧盟批准法国新建下一代核电厂，预计在 2012 年正式投入使用，2020 年之前技术成熟并得以推广。

(5) 韩国现有 20 台核电机组在运行，占其总发电装机容量的 28%。目前正在建造的核电机组 6 台，其中包括接近第三代水平的韩国百万千瓦级标准核电机组 OPR1000 4 台，第三代 APR1400 2 台。

(6) 中国核电发展的最新目标是[3]：到 2010 年，在运行的核电装机容量 1200 万 kW；到 2020 年，在运行核电装机容量 4000 万 kW，在建核电装机容量 1800 万 kW。这就是说，我国核电行业在 2006～2010 年期间将开始加速发展（核电装机容量年复合增长率 6.5%），2010～2020 年间将迎来发展的黄金时期（核电装机容量年复合增长率为 27.4%）。这样，我国的核电发展战略已经由原来的"适度发展"转变为"积极发展"。

3. 世界核电技术发展的趋势——提高安全性、改善经济性

(1) 提高安全性、改善经济性成为核电技术发展的主要趋势。在核电市场竞争中，一种堆型能保持持续稳定的发展而不被市场竞争所淘汰，关键是能够确保安全、在经济上有竞争力。近十年来，指导核电技术发展的用户要求文件（URD、EUR）、最新提出的第四代核电厂的性能要求以及美国最近颁布的新的能源政策，都贯穿一条主线，就是要提高安全性、改善经济性，在满足确定的安全要求的条件下，争取最好的经济性。

(2) 综合利用各种有效的安全手段（采用能动与非能动安全系统，包括人的主观能动性）确保安全、简化系统、减少设备来提高安全性。

世界各国最新提出的设计概念，一般都在原有设计基础上增加非能动安全系统代替原有的能动安全系统，但也不追求全部采用非能动安全系统，而是根据技术发展程度和对机组的安全、经济性能的改进程度确定采用哪几个非能动安全系统，即非能动、能动混合型的安全系统，就是要综合利用各种手段确保安全，强化非能动安全系统，并不意味着要放弃能动安全功能。国际原子能机构安全标准丛书 NS-R-1《核动力厂安全：设计》(2000) 明确指出，解决安全问题可以有三个层次，即固有安全特性、能动系统、程序操作，这个概念是必须清楚的。

(3) 重视核安全文化建设。在苏联切尔诺贝利核电厂事故后，国际原子能机构着力推广核安全文化理念。在《安全文化》[4]中十分明确地指出：人的意识在探测和消除潜在问题时是十分有效的，他们对安全有积极的贡献。基于此，人员负有非常重要的责任。除了严格遵守确定的程序以外，他们必须按"安全文化"来行事。运行核电厂的单位，以及负有安全责任的其他单位，都必须建立安全文化来预防人为因素（简称人因）差错，并从人的积极作用中获益。

半个多世纪来，世界核电的发展已经证明了核能是经济、清洁的替代能源。随着压水堆等堆型的普及、运转和研究工作的深入，以及各国政府和工业界花费了巨大的经费和人力，对核安全技术作了不断的改进，建立起更加严格的核安全管理法规和体制，目前核电安全已达到了相当高的水平。但是，在近 15 000 堆·年的核电厂运行历史中，发生了三起核事故，即三里岛事故、切尔诺贝利核电厂事故和福岛核电厂事故，带来了环境、健康、经济和社会心理上的巨大影响。因此，以核电厂严重事故的预防和缓解为研究重点的反应堆安全问题仍然是当前核电发展中最重要的研究课题。同时，提高安全性、改善经济性是核电发展中提出的必须解决的问题，是世界核电发展的最大障碍，如果没有安全性更好的核电堆型来代替现

在的堆型，并得到公众的认可，核电就不可能持续稳定地发展。

1.1.2 安全性的定义

核电厂事故不但会影响其本身的运行，而且会波及周围环境，甚至会越出国界。因此，对其安全和环境审查是件极其严肃的工作。反应堆安全性的含义是指对工作人员和周围居民的健康与安全有切实可靠的保证，即应做到[5]：

（1）在正常运行情况下，反应堆厂房外的放射性辐射以及向外排放的液态和气态放射性废物，对反应堆工作人员和周围居民造成的放射性辐照，应该小于规范规定的允许水平。

（2）在事故情况下，不论事故是内部原因（如系统或设备的故障）或者外部原因（如飞机坠落、地震等）引起的，反应堆的保护系统及专设安全设施都必须能及时投入工作，确保堆芯安全、限制事故发展、减少设备的损坏、防止大量放射性物质泄漏到周围环境中去。

为了确保核电厂的安全，人们必须设定核电厂要达到的安全目标。目前，已建立起的核电厂安全目标可分为三种，即定性安全目标、定量安全目标和概率安全目标。

1. *核电厂的定性安全目标*

定性安全目标通常用概括的语言描述核电厂安全所要达到的目的，并且阐述实现这些目的所采用的原理。核电厂定性安全目标的典型例子是国际原子能机构在 75-INSAG-3 *Basic Safety Principles for Nuclear Power Plants*[6]（国际核安全顾问组．核动力装置的基本安全原则．国家核安全局译．）中将定性安全目标分为三个，即一个总目标和两个辅助性的目标。

核安全的总目标：在核电厂建立并维持一套有效的防御措施，以保证人员、社会及环境免受放射性危害。总的核安全目标由辐射防护目标和技术安全目标所支持，这两个目标互相补充、相辅相成，技术措施与管理性和程序性措施一起保证对电离辐射危害的防御。

辐射防护目标：保证在所有运行状态下核电厂内的辐射照射或由于该核电厂任何计划排放放射性物质引起的辐射照射保持低于规定限值并且合理可行尽量低，保证减轻任何事故的放射性后果。

技术安全目标：采取一切合理可行的措施防止核电厂事故，并在一旦发生事故时减轻其后果；对于在设计该核电厂时考虑过的所有可能事故，包括概率很低的事故，要以高可信度保证任何放射性后果尽可能小且低于规定限值；并保证有严重放射性后果的事故发生的概率极低。

安全目标要求核电厂的设计和运行使得所有辐射照射的来源都处在严格的技术和管理措施控制之下。这样的阐述所表达的含义是：核电厂的安全目标不是消除风险，而是控制风险，正像 75-INSAG-3 中所表达的："无论怎样努力，都不能实现绝对安全。就某种意义来说，生活中处处有危险"。从技术角度讲，辐射防护目标不排除人员受到有限的照射，也不排除法规许可数量的放射性物质从处于运行状态的核电厂向环境的排放；但是，此种照射和排放必须受到严格控制，并且必须符合运行限值和辐射防护标准。应该控制核电厂的风险，使其与国家发电行业其他技术的风险相当或更低，对社会不产生明显的附加风险即可。而 75-INSAG-3 中的技术安全目标就是对核电厂控制风险所采用措施的阐述。

在美国核管会的政策声明 "*Safety Goals for the Operation of Nuclear Power Plants；Policy Statement，republication*"（51FR30028，1986）[7]中所提出的两个定性安全目标是：

（1）应该对公众的个体成员提供对核电厂运行后果的一定水平的防护，避免这些成员承受对生命和健康明显的附加风险。

（2）核电厂运行对生命和健康所产生的社会风险与其他可行的竞争发电技术相比较应该是可比的或更低的，应该对社会风险没有明显的增加。

2. 核电厂的定量安全目标

定性安全目标阐述了核安全的目的和原理，但定性安全目标不能提供具体的指标，从而不能解决操作层次的问题，这就需要确定定量安全目标。

典型的定量安全目标是美国核管会在其政策声明"51FR30028"中所确定的，即

（1）对紧邻核电厂的正常个体成员来说，由于反应堆事故所导致立即死亡的风险不应该超过美国社会成员所面对的其他事故所导致的立即死亡风险总和的千分之一。

（2）对核电厂邻近区域的人口来说，由于核电厂运行所导致的癌症死亡风险不应该超过其他原因所导致癌症死亡风险总和的千分之一。

51FR30028 将紧邻和邻近区域分别确定为距核电厂厂址边界 1 英里和 10 英里。

在 51FR30028 的定性安全目标中，描述核电厂所导致的社会风险要与可行的竞争发电技术相比较，但由于这类技术的数据不确定性，在定量安全目标中采用的是与总社会风险的比较和定量。对于两个千分之一的定量来说，其所附加的社会风险是非常低的，特别是与定性安全目标所确定的没有明显增加相比较。这里可能考虑了几个因素：一是核电的社会可接受性，二是利益代价分析，三是核电的可持续发展。

核电厂的一个特殊之处是有着很多其他行业所不具有的社会敏感性，这里的原因很多，如核能特殊的发展历史、核工业本身特点所导致的神秘性等。因此，即使在后果与其他灾难相当或更小的情况下，核事故对公众的影响也会被心理放大许多倍。在安全目标的确定过程中不得不考虑到这个因素。

但考虑到这个因素，也不意味着需要一味地提高核电厂的安全水平要求，因为提高核电厂的安全水平往往需要大量资源的投入。对于一个风险很低的行业，过多地投入资源对降低整个社会风险没有显著意义，反而是对资源的一种浪费。

一味地要求核电厂提高安全水平的另外一个后果可能就是对核电行业的扼杀。总体来说，核电带给人类的利益还是远远大于其弊端，促进核电的可持续发展也是设定安全目标所要考虑到的问题。

显然，51FR30028 中所确定的定性和定量安全目标都是考虑对现有公众的保护，它没有解决 75-INSAG-3 中核安全的总目标所提到的另外两个需要保护的方面，即环境和社会，更没有考虑到核能行业所产生的放射性废物可能的长远影响问题。

从理论上来说，考虑这些问题是必要的，但解决这些问题也存在着巨大的困难，包括人们的世界观，以及技术上还无法充分评估放射性废物的长远影响以及人类技术进步所导致的解决放射性废物问题的能力。因而从现实角度讲，这也是人类在现有知识水平和科学技术水平下所能作出的一种选择。

3. 核电厂的概率安全目标

虽然已经有了核电厂的定性和定量安全目标的表述，但对于每个具体的核电厂运行者或设计者来说，从技术上评估是否满足两个千分之一目标是困难的。为了技术上的可操作性，国际原子能机构、美国核管会等又推荐了一个通用的性能指导值，这个指导值通常又称为概

率安全目标，见表 1-1。

表 1-1　　　　　　　　　　　　核电厂概率安全目标

提出机构和文件	目　标
美国核管会 51FR30028	为了满足两个千分之一的定量安全目标，达到 ——每运行堆年严重堆芯损坏频率小于 10^{-4}； ——每运行堆年大规模放射性释放频率小于 10^{-5}。 由于这两个定量目标在实践中难以操作，因此导出了检验这两个目标是否达到的指导值，即"与要求可靠的安全壳系统性能的传统纵深防御方法和事故缓解概念一致，反应堆事故所导致的向环境大规模放射性释放的总平均频率每运行堆年应该低于 10^{-6}"
国际原子能机构 75-INSAG-3	相当于此技术安全目标的现有核电厂指标是： ——每运行堆年发生严重堆芯损坏的概率约低于 10^{-4}； ——未来核电厂在实施所有的安全原则后，应该达到更先进的指标，即每运行堆年约不超过 10^{-5} 严重堆芯损坏事件
国际原子能机构 修改版 INSAG-12[8]	与技术安全目标一致，现有核电厂发生严重堆芯损坏的频率每运行堆年约低于 10^{-4}，严重事故的处置和缓解措施能够将需要厂外早期响应的大规模放射性释放的概率至少降低一个数量级
国际原子能机构 安全标准 NO. NS-G-1.2[9]	堆芯损坏频率。在这方面，INSAG 已经建议了下述目标： ——现有核电厂每堆年 10^{-4}； ——未来核电厂每堆年 10^{-5}

注　1. 经过几次修改后，最终在 2001 年形成了文件 SECY-01-0009 *Modified Reactor Safety Goal Policy Statement*，与传统的纵深防御途径和事故缓解概念所要求的安全壳系统可靠性能相一致。必须注意的是，严格说这个概率安全目标是在美国的厂址、环境和人口条件下为满足两个千分之一的定量安全目标所评估出来的。在其他国家，它的数值应该在自己的定量安全目标下，根据自身的条件加以评估确定。
　　2. 严重事故的处置和管理措施应当使需要厂外早期响应的大规模放射性释放的概率至少降低一个数量级。
　　3. INSAG-12 中表述："在采用全部的安全原则和第 25 段的目标（注：对未来核电厂所提出的一些改进方向）后，未来核电厂能够达到一个每运行堆年严重堆芯损坏不超过 10^{-5} 的改进目标。未来核电厂的另一个目标是实际地消除（practical elimination）需要早期厂外响应的大规模放射性释放，而在设计过程中使用现实的假设和最佳估算分析考虑能够导致安全壳晚期失效的严重事故，表明针对其后果仅需要在区域和时间上都是有限的防护措施"。
　　4. *Safety Assessment and Verification For Nuclear Power Plant* 中也给出了有关的概率安全目标。INSAG 已经建议了大规模放射性释放的概率安全准则，目标如下：现有核电厂每堆年 10^{-4}，未来核电厂每堆年 10^{-5}。

　　需要注意的是，对于未来核电厂大规模放射性释放的概率安全目标，NO. NS-G-1.2 的表述与 INSAG 有所差异。

　　在比较这些概率安全目标的表述时，还应注意其中的一些差别，如"大规模放射性释放"和"需要厂外早期响应的大规模放射性释放"，以及"实际地消除"和某个具体数值。

　　"大规模放射性释放"和"需要厂外早期响应的大规模放射性释放"的内涵和需要核电厂所采取的实际措施上是有重大差异的。"需要厂外早期响应的大规模放射性释放"所针对的主要是导致安全壳早期失效的一些事故序列，如堆芯高压熔融物的喷射、安全壳内大体积的氢爆、压力容器外的蒸汽爆炸和安全壳旁路型的 LOCA 事故等；而"大规模放射性释放"还需要处理安全壳的长期加压和安全壳底板融穿等事故序列。"实际地消除"除了概率安全分析的结果外，还融入了更多的工程和经验判断。

在使用概率安全目标时，还需要明确几个问题：

（1）一些人针对某些核电厂的熔堆频率，如 10^{-4}/（堆·年），采用简单乘积的方式，断定如果一个国家建设 100 座同类核电厂，则该国家熔堆频率为 10^{-2}/（堆·年），就说"百无一失"，而不是"万无一失"了，从而得出 100 座核电厂运行时，必然每年发生一起严重事故的错误结论。从前面的讨论可以看出，这种推理里面存在着一个明显的概念错误，即将核电厂周围某个人所应该承担的风险和一个国家所能承受的风险混淆了起来。实际上对一个国家来说，在 100 年的时间里发生一次熔堆事故是一个很小的风险。回顾我国的历史，如 1976 年的唐山大地震、1998 年的长江大洪水和 2008 年的汶川大地震，其所造成的损失都远远大于美国三里岛核电厂事故，其他造成重大损失的灾害还有很多。

（2）地震、洪水等灾害是由自然界强加给人类的。这里涉及了人们世界观的问题。除非人类维持在一种"原生态"，人类所从事的活动或多或少地都在强加给自然界某些东西，这些东西又可能反过来加给人类自己，如大量人类活动所导致的温室气体排放等。而人类自己发动的两次世界大战所带来的灾难更是比美国三里岛核电厂事故，甚至苏联切尔诺贝利核电厂事故大得多。毕竟人类处于"原生态"所存在的问题并不少于发展所带来的问题，迄今为止，大多数人还是认同"发展是硬道理"的。

（3）在一个厂址上建设多座核电厂是否有影响？结论是肯定的。从理论上来说，一个厂址的堆数量肯定对周围人员有影响，但实际操作时可能不存在任何问题。前面已经提到，像严重堆芯损坏后大规模放射性释放频率等只是衡量能否满足两个千分之一定量安全目标的指导值，在确定这些指导值时，已经评估了大量的情况，并且有保守处理在内，一般情况下（除非某个厂址的堆数量出奇的多）不会对定量安全目标的实现产生影响。

我国国家核安全局 2002 年 5 月发布了《新建核电厂设计中几个重要安全问题的技术政策》[10]引用了 URD（用户要求文件）的两个概率安全目标作为指导性指标：每堆年发生严重堆芯损坏事件的频率低于 10^{-5}，每堆年需要场外早期响应的大量放射性释放事件的频率低于 10^{-6}。

1.2　核反应堆安全性特征

以水作冷却剂和慢化剂、以低富集度铀为燃料的轻水堆（压水堆及沸水堆）核电厂，在已投产的核电厂中占绝大多数。轻水堆核电厂是利用核裂变释放的大量热能产生的蒸汽推动汽轮发电机组发电，再向电网输电。为了使核电厂经济地运行，应很好地利用反应堆核燃料裂变时产生的大量热能，使它转变为高温蒸汽；与此同时，为了保证装置的安全运行，还必须阻止积累在燃料元件内的大量放射性裂变产物释放到周围环境中。通常的设计是提供多道实体屏障来实现放射性物质与环境的隔离。轻水堆核电厂安全性与下述因素有关[11]。

1. 强放射性

与一般工业装置相比，反应堆的危险性在于核裂变过程中除了释放巨大的能量以外，还伴随着大量放射性物质的生成。一般来说，在平衡循环寿末，反应堆每 1W 热功率所形成的裂变产物的放射性约为 3.7×10^{10} Bq。在裂变产物中，有容易从二氧化铀芯块中逸出的稀有气体氪（Kr）、氙（Xe）以及易溶于水的卤族同位素，它们在堆内的累积见表 1-2。

表 1-2 每 1W 反应堆热功率的堆内放射性 (饱和值)

同 位 素	半 衰 期	堆内累积量 [Bq (Ci)]
^{83m}Kr	1.86h	1.51×10^8 (0.004 08)
^{85m}Kr	4.4h	4.74×10^8 (0.0128)
^{85}Kr	10.76a	9.58×10^6 (0.000 259) *
^{87}Kr	76min	8.51×10^6 (0.0230)
^{88}Kr	2.8h	1.17×10^9 (0.0316)
^{131m}Xe	11.9d	7.33×10^6 (0.000 198)
^{133m}Xe	52.6h	5.07×10^7 (0.001 37)
^{133}Xe	5.31d	2.05×10^9 (0.0554)
^{135m}Xe	15.6min	5.70×10^8 (0.0154)
^{135}Xe	9.14h	1.95×10^9 (0.0528)
^{131}I	8.05d	9.29×10^8 (0.0251)
^{132}I	2.4h	1.41×10^9 (0.0381)
^{133}I	20.8h	2.08×10^9 (0.0562)
^{134}I	52.5h	2.43×10^9 (0.0657)
^{135}I	6.68h	1.89×10^9 (0.0510)

* 运行 22 000h 后的值。

在一座电功率为 1000MW 的反应堆内，裂变产物放射性将高达 10^{20} Bq。但是，98％以上的放射性裂变产物可保留在二氧化铀陶瓷芯块内，只有不到 2％的氪 (Kr)、氙 (Xe) 和碘 (I) 等气态放射物质扩散在燃料芯块和元件包壳之间的间隙内，见表 1-3。

表 1-3 1000MW 核电厂的放射性总量

部 位	总量 [Bq(Ci)]			占堆芯总量的份额		
	芯 块	间 隙	合 计	芯 块	间 隙	合 计
堆芯①	3.0×10^{20}	5.2×10^{18}	3.0×10^{20}			
	(8.0×10^9)	(1.4×10^8)	(8.1×10^9)	9.8×10^{-1}	1.8×10^{-2}	1
乏燃料储存池②	4.8×10^{19}	4.8×10^{17}	4.8×10^{19}			
	(1.3×10^9)	(1.3×10^7)	(1.3×10^9)	1.6×10^{-1}	1.6×10^{-3}	1.6×10^{-1}
乏燃料运输容器③	8.1×10^{17}	1.2×10^{15}	8.1×10^{17}			
	(2.2×10^7)	(3.1×10^5)	(2.2×10^7)	2.7×10^{-3}	3.8×10^{-5}	2.7×10^{-3}

① 停堆后 30min 堆芯放射性总量。

② 2/3 堆芯的乏燃料组件 (1/3 衰变 3d，1/3 衰变 150d) 放射性总量。

③ 压水堆 7 个或沸水堆 17 个乏燃料组件衰变 150d 放射性总量。

2. 高温高压水

反应堆一回路系统储存有几百立方米高温高压的冷却剂水。一旦一回路管道破裂或设备故障，大量高温水会从破口喷射出来，迅速汽化。在这些水中带有一定数量的放射性物质。更为严重的是，由于冷却剂不断流失，堆芯水位下降，燃料元件得不到冷却而逐渐熔化，熔融堆芯的温度可能高到足以烧穿压力容器和安全壳底部，进入基础岩石层。

在压水堆一回路系统中，冷却剂温度变化或容积波动，都会引起一回路系统压力的相应变化。压力过高将导致系统设备损坏；压力过低则使堆芯局部沸腾，甚至出现容积沸腾。因此，既要防止超压，又要防止压力过低造成冷却剂汽化。

3. 衰变热

反应堆停闭后，堆芯内中子链式裂变反应虽然中止，但是，裂变产物继续发射 β 和 γ 射线，许多裂变产物的半衰期又较长。射线在与周围物质作用时迅速转化为热能，这就是衰变热。

衰变热的定量计算可由魏格纳·韦（Wigner-Way）公式给出，即

$$P_d(t) = 0.0622P_0\left[t^{-0.2} - (t_0 + t)^{-0.2}\right] \qquad (1-1)$$

式中　$P_d(t)$ ——β 和 γ 射线的衰变产生的功率；

$\qquad P_0$ ——停堆前的反应堆功率；

$\qquad t$ ——停堆后的时间，s；

$\qquad t_0$ ——停堆前反应堆运行的时间，s。

衰变热随停堆后时间的变化也可利用经验公式绘成曲线，如图 1-1 所示，其中假定停堆前反应堆已运行了足够长时间。

从式（1-1）的计算或图 1-1 的曲线中可以看出，即使在停堆后几小时，衰变热产生率仍有额定功率的 1%。如不提供适当的冷却，衰变热将引起堆内燃料元件的过热和燃料元件包壳破损，导致裂变产物的释放。

4. 核电厂放射性废料的处置

核电厂像其他工业企业一样，也要产生废物。核电厂产生的废物，数量比一般燃煤电厂少，仅为同等规模燃煤电厂的万分之一。废物分低放射性废物（受到轻微

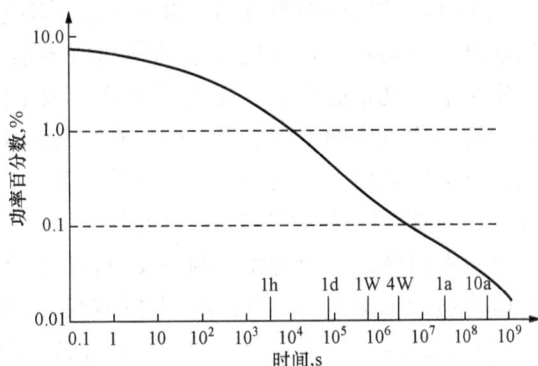

图 1-1　停堆后衰变热的变化

污染的固体，例如手套及衣服等）、中放射性废物（主要来自核电厂的工艺流程废物，例如废过滤器芯片，废树脂和蒸发残渣）、高放射性废物（乏燃料）。对低、中放射性废物处理分五个步骤：废物分类及保存→废物包装→经包装的废物运往处置场地→经包装的废物点收后进行处理→储存及记录质量保证文件。

对高放射性废物处理，如核电厂用过的乏燃料组件，需送往后处理厂进行处理，其中 97% 的核燃料可提取后循环再利用。而剩余的 3% 高放射性废物，可用沥青固化、水泥固化或玻璃固化等方法，使它变成不易渗透的固体，在后处理厂储存，并最终送往国家高放深地层处置中心处置。

1.3　核电厂的安全对策

从核反应堆安全性特征的分析中可以看出，为了保证核电厂的安全，应采取的对策是：在各种运行状态下、在发生设计基准事故期间和之后，以及尽实际可能在发生所选定的超设计基准事故的事故工况下，都必须执行如图 1-2 所示的基本安全功能[11]。

在所有情况下:
—正常运行或反应堆停闭状态;
—故障工况或事故状态

有效地控制反应性　　确保堆芯冷却　　包容放射性产物

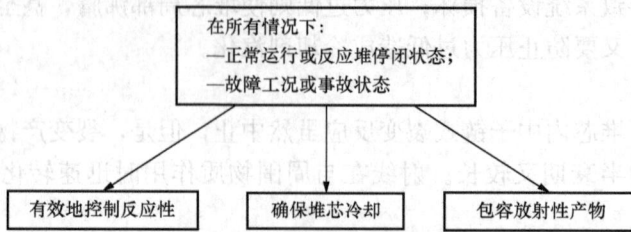

图 1-2　三项基本安全功能

1.3.1　反应性的控制

在反应堆运行过程中,由于核燃料的不断消耗和裂变产物的不断积累,反应堆内的后备(剩余)反应性就会不断减少;此外,反应堆功率的变化也会引起反应性变化。所以,核反应堆的初始燃料装载量必须比维持临界所需的量多得多,使堆芯寿命初期具有足够的后备(剩余)反应性,以便在反应堆运行过程中补偿上述效应所引起的反应性损失。

为补偿反应堆的后备(剩余)反应性,在堆芯内必须引入适量的可随意调节的负反应性。此种受控的反应性既可用于补偿堆芯长期运行所需的后备(剩余)反应性,也可用于调节反应堆功率的水平,使反应堆功率与所要求的负荷相适应。另外,它还可作为停堆的手段。实际上,凡是能改变反应堆有效倍增因子的任一方法均可作为控制反应性的手段。例如,向堆芯插入或抽出中子吸收体、在冷却剂中改变可溶性毒物浓度、改变反应堆燃料的富集度、移动反射层以及改变中子泄漏等。其中,向堆芯插入或抽出中子吸收体是最常用的一种方法,通常称中子吸收体为控制元件。

反应堆活性区总的需要控制的反应性应当等于后备(剩余)反应性与停堆余量之和。根据反应堆运行工况不同,可把反应性的控制分为三种类型。

(1)紧急停堆控制。当反应堆出现异常工况时,作为停堆用的控制元件必须具有迅速引入负反应性的能力,使反应堆紧急停闭。

(2)功率控制。要求动作迅速,及时补偿由于负荷变化、温度变化和变更功率水平引起的微小的反应性瞬态变化。

(3)补偿控制。用于补偿燃耗、裂变产物积累所需的剩余反应性,也用于改变堆内功率分布,以便获得更好的热工性能和更均匀的燃耗。控制的反应性当量大,并且它的动作过程是十分缓慢的。

通常,对堆芯的反应性控制有以下三种方式:

(1)控制棒。在堆芯内插入可移动的含有吸收材料的控制棒。按其作用不同可分为补偿棒、调节棒和安全棒三种。补偿棒用于补偿控制,调节棒用于功率控制,安全棒用于紧急停堆控制。

控制棒是用中子吸收截面较大的材料,例如镉(Cd)、铟(In)、硼(B)和铪(Hf)等制成。在中子能谱较硬的热中子堆中,为了提高控制效果,最好采用几种中子吸收载面不同的材料组成的混合物作控制棒,以便在各个能区内吸收中子。为此,在近代压水堆中使用的控制棒多数由银—铟—镉(Ag-In-Cd)合金制成。此外,控制棒材料还必须具备耐辐照、抗腐蚀和易于机械加工等方面的良好性能。

(2)可燃毒物棒。堆芯每个循环寿期的长短通常取决于反应堆初始燃料装载量。当然,装入反应堆的燃料量也部分地取决于反应堆控制元件所实际能补偿的剩余反应性量。为增大堆芯的初始燃料装载量，通常在堆芯内装入中子吸收截面较大的物质，把它作为固定不动的吸收体装入堆芯，用来补偿堆芯寿命初期的剩余反应性，这种物质称为可燃毒物。可燃毒物的吸收截面应比燃料的吸收截面大，这样，它们就能比核燃料更快地烧完，从而在燃料循环末期，由它们带来的负反应性影响可以忽略。采用可燃毒物棒这种控制方法有许多优点，如延长堆芯的寿期、减少了可移动控制棒的数目，从而简化了堆顶结构，若布置得当还能改善堆芯的径向功率分布等。

可燃毒物的材料通常选用钆（Gd）或硼（B），将其弥散在燃料中。以大亚湾核电厂压水堆为例，堆芯初始装载时用硼硅酸盐玻璃管制成可燃毒物棒装入堆芯。

（3）可溶毒物。可溶毒物是一种吸收中子能力很强的可以溶解在冷却剂中的物质。轻水堆往往以硼酸溶解在冷却剂内用作补偿控制。其优点是毒物分布均匀和易于调节。由于这种化学控制方法能补偿很大的剩余反应性，可以使堆芯内可移动控制棒数目大量减少，从而简化了堆芯设计。然而，化学补偿控制也有不足之处，譬如，由于向冷却剂增加或减少毒物量的速度十分缓慢，所以反应性的引入率相当小。因此，化学补偿控制只能用于补偿因燃耗、中毒和慢化剂温度变化等引起的缓慢的反应性变化，但同时又增加了运行操纵的复杂性。

1.3.2 确保堆芯冷却

为了避免由于过热而引起堆内燃料元件损坏，反应堆在任何工况下，都必须确保对堆芯的冷却，并导出燃料元件棒内燃料芯块的释热。主要有以下内容：

正常运行时，一回路冷却剂在流过反应堆堆芯时载出热量，而在蒸汽发生器中由二回路侧主给水系统（辅助给水系统）供应的给水冷却，蒸汽发生器产生的蒸汽送到汽轮发电机组做功、发电；当汽轮机甩负荷时，蒸汽通过蒸汽旁路系统排放到凝汽器或大气。

反应堆停闭时，堆芯内链式裂变反应虽被中止，但燃料元件中裂变产物的衰变继续放出热量，即剩余释热。为了避免损坏燃料元件包壳，和正常运行一样，应通过蒸汽发生器或余热排出系统继续导出热量。

对于从反应堆换料时卸出的乏燃料组件，必须在反应堆燃料厂房的乏燃料水池中存放较长时间，以释放出乏燃料组件的剩余热量，并使短寿期放射性裂变产物自然衰减，降低放射性水平。

1.3.3 包容放射性产物

为了避免放射性产物扩散到环境中，在核燃料和环境之间设置了多道屏障（具体内容见第 2 章 2.1），并在运行时，严密监视这些屏障的密封完整性。

1.4 核 安 全 文 化

所有的人类社会活动都存在着危险，即不安全因素，关键在于其效益、危险的程度和发生的可能性能否被接受。这就要求安全工作首要先对风险进行分析和评价，使之可知，然后用特定的措施来进一步防范或减轻其后果，使风险成为可控，满足人们的可接受性。

核电厂是利用反应堆内自持核裂变链式反应释放出来的能量来发电的核设施。它在运行过程中始终伴随着多种放射性辐射。带有放射性的物质如果从设施中大量逸出，就会导致人身伤害，对环境造成严重的影响。因此，核电厂的放射性向外释放的风险，即核安全问题备受关注，公众的敏感性特别强，所以，任何国家的核电建设必须做到"安全第一"。

1.4.1　核安全思想的演变

"安全文化"作为安全管理的基本思想和原则，它的产生与核能界安全管理思想的演变和发展息息相关，是安全管理思想发展的必然结果，同时也是现代企业管理思想和方法在核能界的具体应用和实践。

从世界核电事业的演变和发展过程来看，核安全思想的发展经过了三个有代表性的阶段：

（1）20 世纪 70 年代，核安全管理集中于设计、安装、调试和运行各个阶段技术的可靠性，即设备和程序质量。

在设计方面，考虑系统设备的冗余性（redundancy）和多样性（diversity），以防止事故的发生并限制和减小事故的后果；

在程序方面，所有工作都使用程序，按程序办事。程序的采用降低了人为失误的可能性。

（2）20 世纪 80 年代，1979 年美国三里岛（TMI）核电厂事故发生后，核能界反思 20 世纪 70 年代核安全管理思想和管理原则，提出了新的安全管理思想和原则。20 世纪 80 年代核安全管理以预防人因失误为主要对策，提出了众多减少人因失误的措施，更深入地拓展事故处理规程的内涵以增加其应用范围和有效性。

在运行值长以外增设"安全工程师"岗位，以便在扰动工况下提供人为的冗余。周期性地使用其监督程序对堆芯的状态进行监督，决定采取响应的措施，限制或延缓堆芯的损伤。安全工程师独立监督运行值长的活动。

改善主控室人机接口。将必要的信息集中在安全监督盘系统（KPS），操纵员、安全工程师各拥有一个终端。核电厂人—机相互作用成为主要的研究课题，在电厂的设计和运行中更加注意了人为因素对核电厂安全的影响。

（3）20 世纪 90 年代，切尔诺贝利核电厂事故（1986 年）在国际核能界引起了强烈的震撼，人们分析事故的根本原因，重新探讨安全管理思想和原则。与此同时，20 世纪 80 年代末兴起的"企业文化"这一管理思想在世界范围内得到广泛的应用。结合"企业文化"的管理思想，国际原子能机构 INSAG（国际核安全咨询组）提出了安全文化这一新的安全管理思想和原则。因此，20 世纪 90 年代核安全管理思想的体现就是安全文化建设，既强调组织建设（安全水平取决于决策、管理、执行多个层次），又注重个人对安全的贡献。"安全文化"作为安全管理的基本原则，是核能界核安全管理思想发展的必然结果和要求，是对 20 世纪 70 年代和 80 年代行之有效的安全管理原则的继承和发扬。

1986 年切尔诺贝利核电厂事故后，IAEA 的国际核安全咨询组分析了事故的原因，在 1986 年出版的 N75-INSAG-1《切尔诺贝利事故后审评会的总结报告》中首次引入"安全文化"（safety culture）。

1988 年出版的 N75-INSAG-3《核电厂基本安全原则》中，进一步发展了"安全文化"的概念，并把它作为核电厂基本安全原则之一提出。

1991 年，INSAG 出版的报告 N75-INSAG-4《安全文化》，专门论述了安全文化这一概念及相关方法。

1.4.2　核安全文化的理念与内容[4]

国际原子能机构（IAEA）国际安全咨询组（International Nuclear Safety Advisory Group，INSAG）于 1986 年在《切尔诺贝利事故后审评会议总结报告》中首次引出"安全文化"一词；之后，1988 年国际安全咨询组（INSAG）在《核电安全的基本原则》中把安全文化的概念作为一种基本管理原则，表述为：实现安全的目标必须渗透到为核电厂所进行的一切活动中去；1991 年，国际安全咨询组（INSAG）出版了《安全文化》（INSAG-4）一书，深入论述了安全文化这一概念，对核安全文化作出了如下的定义：

核安全文化是存在于单位和个人中的种种特性和态度的总和，它建立一种超出一切之上的观念，即核电厂安全问题由于它的重要性要保证得到应有的重视。

在措词严谨的"安全文化"的表述中，有三方面的含义：

（1）强调安全文化既是态度问题，又是体制问题；既和单位有关，又和个人有关，同时还牵涉到在处理所有核安全问题时所应该具有的正确理解能力和应该采取的正确行动。也就是说，它把安全文化和每个人的工作态度、思维习惯以及单位的工作作风联系在一起。

（2）工作态度、思维习惯以及单位的工作作风往往是抽象的，但是这些品质却可以引出种种具体表现，作为一项基本要求，就是要寻找各种办法，利用具体表现来检验那些内在的隐含的东西。

（3）安全文化要求，必须正确地履行所有安全重要职责，具有高度的警惕性、实时的见解、丰富的知识、准确无误的判断能力和高度的责任感。

核安全文化一出现就引起了广泛的重视与兴趣。长期以来，对核电厂的安全措施耗费了巨大的资金和精力，也使用了许多新方法，应该说核电厂的可靠性、安全性得到了很大程度的提高。核电厂的安全特征是高危险性、低风险率。尽管核电厂立项时实行了严格的审批制度，机组设计按照纵深防御原则，设置多道实体屏障和多个安全系统，但同所有的工业企业一样，无论多么先进的核电机组，常由于种种原因引起某些设备失效而发生事故，其中，绝大多数不是源于设备故障，而是因人为失误直接或间接引起的。尤其是还产生了三里岛核电厂和切尔诺贝利核电厂这样严重的事故。广义的人因问题成了长期困扰核电厂安全的一大难题。安全文化的提出，似乎为解决这个难题提供了一条途径。

安全文化有两大组成部分：第一是单位内部的必要体制和管理部门的逐级责任制；第二是各级人员响应上述体制并从中得益所持的态度。图 1-3 说明了安全文化的具体组成部分。核安全文化是所有从事与核安全相关工作的人员参与的结果，它包括核电厂员工、核电厂管理人员及政府决策层。

与核安全相比，核安全文化是一种意识形态：人们对其价值的认同，人们考虑它的优先次序，人们为它所作的贡献。这种意识形态培养着人们的工作态度和方法。

换句话说，核安全文化不仅仅是专业性和严密性的问题，而且与行为密切相关。但是，人的行为取决于人与人之间的相互关系，核安全文化不仅是个人和整体的安全态度，而且是与管理作风密切相关的。核安全文化对决策层、运行管理部门和个人提出了严格的要求。

（1）对决策层的要求。凡属重要的活动，人们的行为方式总是受高层领导提出的要求所支配。影响核电厂安全的最高领导是立法层，他们为国家奠定了安全文化的基础。

政府的职责是审管核电厂及其他潜在的有害设施和活动的安全，以保护职工、公众和环境。管理部门拥有足够的人力、资金和权力，履行其义务使工作不受任何不必要的干扰，以

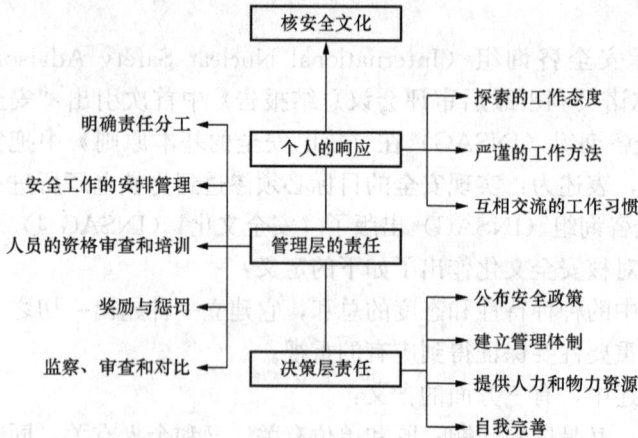

图 1-3　核安全文化的内容

便在全国范围内形成一种气氛，即安全是每天都要关心的事项。

对管理决策层而言，他们必须通过自己的具体行动为每一个工作人员创造有益于核安全的工作环境，培养他们重视核安全的工作态度与责任心。领导层对核安全的参与必须是公开的，而且有明确的态度。

（2）对运行管理部门的要求：核安全应以营运机构为重点，因为在那里，人的行为和核电厂安全之间的联系最为紧密。核电厂发生的任何问题在某种程度上都来源于人为的因素。核电厂营运机构以及所有其他与安全相关的单位都必须提高安全文化意识，防止人为错误的发生，并受益于人类的积极活动。

核安全文化应该表现为一整套科学而严密的规章制度加上全体员工遵章守纪的自觉性和良好的工作习惯，从而在整个核电厂内形成人人自觉关注安全的气氛。核电厂是否有良好的安全业绩在很大程度上取决于该核电厂的安全文化水平；而安全文化水平的高低，在很大程度上取决于领导层和管理层，取决于他们对安全的认识和重视程度，取决于他们在安全立法和执行过程中的力度。

（3）对个体行为的要求。安全文化水平的高低，也直接取决于核电厂的每一个员工。安全文化指的是"从事任何与核电厂核安全相关活动的全体工作人员的献身精神和责任心"。其进一步的解释就是概括成一句关键的话，要做一个完全充满"安全第一的思想"的员工，这种思想意味着"内在的探索态度、谦虚谨慎、精益求精，以及鼓励核安全事务方面的个人责任心和整体自我完善"。人的才智在查出和消除潜在的问题方面是十分有效的，这一点对安全有着积极影响。正因为如此，个人承担着很重要的责任。除了要遵守规定的程序以外，他们还必须按照规范来进行每一项工作。

良好的工作方法本身虽然是安全文化的一个重要组成部分，但若仅仅机械地执行是不够的，除了严格地执行良好的工作方法以外，还要求我们的工作人员具有高度的警惕性、实时的见解、丰富的知识、准确无误的判断能力和强烈的责任感来正确地履行所有安全重要职责。

只有各个层次的人在自己的岗位上尽职尽责，满足核安全的要求，核安全文化才会得到发展和提高。

参 考 文 献

[1] PRIS database, IAEA, http://www.iaea.org.
[2] 温鸿钧. 世界核电技术的发展趋势. 核电工程与技术, 2002 (1): 1-6.

［3］ http：//www. china-nea. cn/WebForms/ArticleShow. asp. ［2008-9-26］.

［4］ Safety Culture. Safety Series No. 75-INSAG-4. IAEA，1991（3）.

［5］ 汤搏. 关于核电厂安全目标的确定问题. 核安全，2007（2）：8-11.

［6］ International Nuclear Safety Advisory Group. Basic safety principles for nuclear power plants，75-INSAG-3. INSAG-12. Vienna：IAEA，1999.

［7］ 美国核管会. Safety Goals for the Operation of Nuclear Power Plants. Policy Statement，republication（51FR30028），1986.

［8］ 国际原子能机构. INSAG-12. Basic Safety Principles for Nuclear Power Plants，1999.

［9］ 国际原子能机构. NO. NS-G-1. 2 Safety Assessment and Verification for Nuclear Power Plants，2001.

［10］ 中国国家核安全局. 新建核电厂设计中几个重要安全问题的技术政策. 2002.

［11］ 朱继洲. 核反应堆安全分析. 西安：西安交通大通出版社；北京：原子能出版社，2004.

第 2 章　核安全法规及安全监督

　　核能的发展是以核安全为前提的，为了减少对公众和环境安全的风险，核电厂活动必须通过法律加以规范，必须有一个法定的权威机构代表政府颁发和实施安全规定，进行安全审管和监督。

　　核能是安全清洁的能源，但也存在一定潜在的风险，因此只有妥善管理的核能才能被人们乐于接受而成为日益广泛利用的能源。保证安全是核能妥善管理的首要问题，核动力的安全必须建立在高质量的设计、建造和运行的基础上，必须培养、任用具备高度安全素养的工作人员，必须有足够的预防事故、限制事故后果和事故应急的措施，而更重要的是，必须建立严格的国家监督和管理。国际原子能机构（IAEA）总结了国际核动力实践的经验，在其核安全实施法规《管理核动力厂的政府机构》中明确指出：**对于一个实施核能计划的成员国来说，必须在开始第一个核电厂建设时，建立一个核安全管理机构，并制定有关法规。** 在国际上，所有有核动力或计划有核动力的 30 个国家都已设立了核安全监督管理机构，都已制定或计划制订核安全法规[1]。

2.1　核安全立法目的和基本原则

　　核安全法律和法规（nuclear safety laws and regulations）是指由国家立法或行政机构颁布的、与核安全有关的法律、法令、条例、章程等文件的总称。制定核安全法律和法规是为了在核能的研究、开发和利用中保证安全，保证工作人员、公众和环境免受过量放射性辐射的危害。

2.1.1　核安全立法的目的
　　制定核安全法律和法规的主要目的可概括为以下六个方面[2]：
　　（1）确立国家对核安全监管的法律基础；
　　（2）建立核安全监管机构并授予制定核安全法规及独立监管等职责和权力；
　　（3）确立核安全许可证制度和营运单位安全责任制；
　　（4）为核事故应急、核损害赔偿等提供法律依据；
　　（5）确立核安全目标和基本要求；
　　（6）为达到上述要求提供指导。

2.1.2　核安全立法的原则
　　我国自 1982 年起，广泛收集、仔细研究了核电先进国家的核安全法律、法规，参照 IAEA 的核安全导则及规定，确立了中国的核安全立法的基本原则[3]。
　　1. *核活动的特殊性要求特殊的法律进行管理*
　　我们生活在核时代，核事业的发展对人类社会具有重大的影响。核活动具有特殊的放射性风险，核材料是一种重要的战略物资，核技术的应用越来越广泛地渗透到国民经济的许多领域，如工业、农业、医疗、教育等。因核技术的利用产生了许多新的社会关系，新的权利义务关系，所有这一切都需要作为社会管理机关的国家用法律对核领域的各种关系予以确认、调整和保障。

核活动作为一种社会活动，自然与其他社会活动有许多共性。由此而产生的社会关系，自然会受到许多现行法律的调整。例如，劳动法、财政法、民法、环境保护法等法律部门自然要以各自的调整方式对核领域进行相应的管辖。针对核领域的新情况，各法律规范必须作出相应的变更，以有效地发挥作用。另外，核领域与其他领域相比，有其特殊性。它要求必须建立严格的监督管理体制，依靠国家的行政行为对核领域进行管理，避免核活动可能给人类带来的放射性危害。核监督管理制度和其他调整核领域的法律规范组成了一种综合法律结构，我们称之为核法（原子能法）。核安全监督管理是核法的核心和主体。

制定核法的目的是推动核事业的发展，促进其研究、开发和利用，保障国家安全，保护工作人员、社会公众和环境，加速社会主义现代化的建设。

核法主要涉及核设施、核贸易和核保障、核责任、核废物管理、辐射防护五方面的内容，在这些方面建立的法律制度构成了核法的基本框架。

2. "核法"的特征

必须注意到，核法这一新兴的法律分支有以下三个基本特征：

(1) 严格管控，安全第一；

(2) 诸法合体，行政为主；

(3) 技术规范和法律规范相统一。

首先，核法中必须采取"未经许可，不得活动"的严格管控原则。由于核活动存在特殊风险，某些核材料可以用来制造核爆炸装置，如不严格控制，民间擅自拥有、生产、使用、转移核材料，后果将不堪设想。民用核事业也对人类社会构成了一定的风险，如不进行严格的监督管理，人类的社会生活将受到特殊的威胁——放射性的威胁。发展核能的国家必须对从事核活动的单位、部门的能力进行严格的审查，该单位部门必须保证所从事的核活动不会造成不可接受的风险，同时，必须对潜在的风险预先采取预防措施，防患于未然。从事核活动的单位、部门必须经审查合格后方可允许开始相应活动。此外，在核活动进行中，国家要进行强有力的监督，保证核活动的进行过程中严格执行国家规定的要求。**国家建立专门的核监督管理机构，通过它的行政行为推行核法规范，这是核法的显著特征。**核法必须赋予相应的行政机关以充分的管理权限，核监督管理机关建立严格的监督管理制度是核法其他部分的基础和前提。

其次，核法的法律渊源有宪法、基本法律（如民法通则）、劳动法、能源法、环保法、矿产资源法等法律、国务院发布的行政法规（如《民用核设施安全监督管理条例》等）以及国家签署的国际条约等。许多法律分别从各个特定的角度对核活动起着调节作用，其中许多法律规范在调整核领域的社会关系时与核领域的特殊情况相结合，转化成了核法的有机组成部分，它们与调整核领域的各种法律规范一起，构成了核法这一整体（诸法合体）。在核法中，核监督管理制度起着主导作用，其他方面的制度都必须与核监督管理制度相结合，才能有效地发挥作用。例如，核损害的民事责任问题虽然也是民法管理的问题，但是，核损害有它的特殊性，如责任归属方面，国际上通行把责任归属到核设施的营运者身上（基本上排除了设备供应者的责任），这与普通的过错责任原则不同。再比如核损害的最长诉讼时效要比民法一般规定长，因为核损害可能在后代身上表现出来。普通的民事责任制度并不强迫企业进行第三方责任保险，而由于核损害的特殊性，规定核损害第三方责任保险已成为国际上处理核损害问题的立法惯例。更重要的改变在于民事责任制度还必须纳入核法这一整体，还需要与核法中起主导作用的核监督管理制度相结合。核损害受害者往往并不是自己先认识到损害然后去索赔，而往往是核设施营运单位报告已发生或可能发生核事故或通过核安全监督发现发生了核事故或造成了核损害，然后由国家组织采取应急措施，减轻损害（核事故应急管理对于减轻核损害有重要的作用）。所以核损害的赔偿已不仅仅是民事行为，而经常有国家行政机关的干预。历史事实证明，传统的民法制度对于苏联切尔诺贝利核事故是无能为力的。核损害赔偿制度必须以核法所建立的核安全监督管理制度、核事故应急管理制度等为基础，才能有效地发挥作用。这样，核损害的民事责任与普通的民事责任制度相比，有了很大的变化，转化成了核法的一个不可分割的组成部分。

再次，核法是技术规范和法律规范的统一。技术规范和法的规范本是两个范畴。一般来讲，技术规范调整的是人与物之间的关系，反映人们对自然世界客观规律的认识。法的规范则是上升为国家意志，由国家制定或认可、靠国家强制力保证实施的、调整人与人之间和部门之间关系的社会规范。在科学技术还不发达的时代，法的规范与技术规范一般没有什么联系。但是，我们现在的社会处在科技时代，科学技术已极大地改变了人类社会的面貌，现代自然科学及应用技术的高度发展给人类带来了巨大的福利，也带来了许多前所未有的问题。如果不遵守技术规范，就会经常给社会造成危害，破坏社会正常秩序，侵害他人的合法权益，所以，各国越来越倾向于把许多技术规范上升为法律规范，使遵守技术规范上升为法律义务，靠国家强制力保证技术规范的实施。把技术规范上升为法律规范这一客观要求，对立法机关提出了挑战。由于科技的高度复杂性，社会分工越来越细，传统的立法机关对各种特殊的技术问题一般很难全面精通，面面俱到。精通技术问题的是具体从事技术活动的科技人员和专业行政部门。这样，为了处理立法需要与实际问题的矛盾，立法机关不得不授予相应的行政机关以很大的权力，由该机关制定并推行技术规范，同时承认该技术规范具有法律效力。核法就是科技法的典型例证，具有科技法的典型特征。它通过赋予核监督管理机关制定、推行技术规范的权力，把技术规范和法的规范统一起来。

透过核法的三个基本特征可以看出，建立核监督管理制度是建立核法秩序的关键。核法必须明确规定核安全监督管理机构的职责，并赋予它制订核安全法规、推行核安全许可证制度、进行核安全监督的权力。

2.2　中国核安全法规

核安全法律和法规的体系范围在各个国家是有差别的，这主要取决于这些国家的政府、法律、行政管理体制和核工业发展的状况。我国从核工业发展之始，就十分重视核安全，明确制定了"安全第一"的方针，以保护工作人员、公众和环境。1984年我国成立国家核安全局，对民用核设施的核安全进行独立监管，建立了核安全监督体系，并确定了政府有关部门和营运单位的职责。

中国核安全法律和法规体系由法律、行政法规、部门规章、指导性文件和标准规范五类组成[4]。

（1）法律。法律是用来调整核能发展及其安全以及环境保护等基本问题的，由国家立法机构为建立核安全监管机构，确立基本监管制度而制定的具有法律约束力的文件，由全国人民代表大会常务委员会通过并发布。它为监管机构制定法规、导则，实施独立监管等奠定法律基础。在有些国家也采用法令、命令、条例等名称。

（2）法规。法规一般是指由政府或由政府授权的核安全监管机构为奠定许可证审批制度和确立核安全基本要求而制定的具有行政法规约束力的文件。有些国家把许可证及许可证条件也列为法规文件。核安全管理条例规定管理范围、管理机构及其职权、监督管理原则及程序等重大问题的法规，由国务院颁布，属行政法规，是具有法律约束力的文件。

《核安全管理条例实施细则》根据核安全管理条例，规定某一具体方面实施办法的规章，由国家核安全局颁布，属部门规章，是具有法律约束力的文件。《核安全规定》是规定核安全目标和基本安全要求的规章，由国务院批准或国家核安全局批准颁布，属于部门规章，是具有法律约束力的文件。

（3）安全导则。安全导则是由核安全监管机构制定，但不具有法律约束力的文件，是根据实践经验，针对如何满足基本要求和原则提出建议的指导性文件。核安全导则是说明或补充核安全规定或推荐方法和程序的指导性文件，在不遵照导则而采用其他的方法和程序时，必须向国家核安全局论证其安全性。

（4）技术报告。技术报告是对有关规程和技术提出实用范例和详细的方法，可以作为参考性文件。

（5）标准、规范和准则属于国家技术标准体系，按国家标准和分类办法执行，与核安全直接有关的标准，应报国家核安全局审查并备案。

自 1986 年开始，我国陆续颁布了一些核安全法规，依法监管核安全。为使我国的核安全要求和核安全水平与国际水平保持一致，对已颁布的核安全法规和标准逐步进行修订，对修订周期较长的法规内容，以"核安全政策声明"的形式预先发布。

2.2.1 核安全规定的范围

我国核安全法规适用的核设施包括：①核动力厂（核电厂、核热电厂、核供热供汽厂等）；②核动力厂以外的其他反应堆（研究堆、实验堆、临界装置等）；③核燃料生产、加工、储存及后处理设施；④放射性废物的处理和处理设施；⑤其他需要严格监督管理的核设施。

核安全法律和法规的范围主要包括：①核设施安全；②核材料安全；③辐射防护；④环境保护；⑤运输安全；⑥保密保卫；⑦核事故应急；⑧责任事故和赔偿；⑨放射性废物监管等。

2.2.2 核安全法规体系

我国在广泛收集、仔细研究核电先进国家的核安全法律、法规，参照国际原子能机构的核安全基本法则、安全要求及安全导则的基础上，确立了我国的核安全法规体系，形成了纵向上由国家法律、国务院行政法规、部门规章、核安全导则、标准及规范等不同层次，横向上由通用系列、核动力厂系列、研究堆系列、核燃料循环设施系列、放射性废物管理系列、核材料管制系列、民用核承压设备监督管理系列、放射性物质运输管理系列等不同领域组成的核安全法规体系。我国核安全法规体系层次如图 2-1 所示。

2.2.3 现行有效的核安全法规

经过多年的努力，我国建立了一套适合我国国情，并与国际接轨的核安全法规体系。

批准与发布	我国法律法规结构	核安全领域主要法律法规
人大常委会批准 主席令发布	法律	放射性污染防治法
国务院批准 国务院令发布	行政法规	核安全管理条例
各部委批准和发布	部门规章	管理条例细则及其附件、核安全规定、强制性标准
各部委批准和发布	指导性文件	核安全导则、推荐标准
各部委批准和发布	参考性文件	核安全法规技术文件

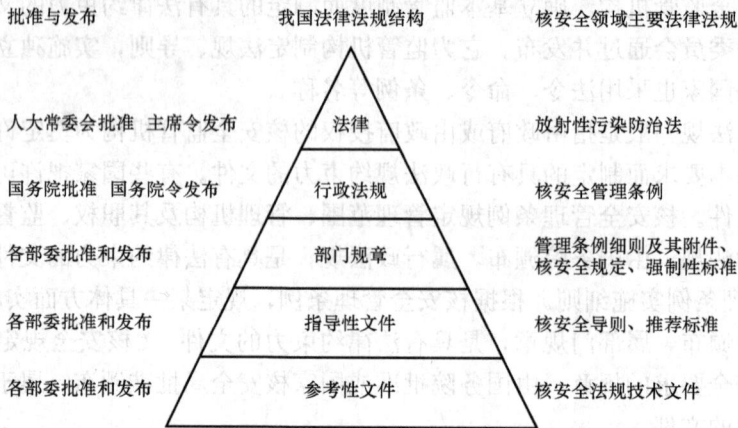

图 2-1 我国核安全法规体系

1. 国家法律

国家法律由全国人民代表大会和全国人民代表大会常务委员会制定，具有高于行政法规和部门规章的效力。

现有的适用于核安全领域的相关国家法律主要有以下几个：

《中华人民共和国原子能法》（待批），是调整和促进原子能事业发展的法律文件。它既规定了原子能事业发展的方针政策，又规定了核安全监督管理的要求，是在原子能领域具有最高法律效力的文件。《中华人民共和国原子能法》（待批）自 1990 年以来，已多次列入全国人大常委会、国务院法制局及原国家科委的立法规划，但由于对核法这一特殊法律分支的性质认识不足，以及立法中涉及某些重大问题，如国家原子能管理体制问题，使该项立法一直未能正式出台。

《中华人民共和国环境保护法》（1989 年 12 月 26 日，第七届全国人民代表大会常务委员会第十一次会议通过，中华人民共和国主席令第 22 号公布），是为保护和改善生活环境与生态环境，防治污染和其他公害，保障人体健康，促进社会发展而制定的专门法律。

《中华人民共和国安全生产法》（2002 年 6 月 29 日，第九届全国人民代表大会常务委员会第二十八次会议通过，中华人民共和国主席令第 70 号公布），是为了加强安全生产监督管理，防止和减少生产安全事故，保障人民群众生命和财产安全，促进经济发展而制定的专门法律。

《中华人民共和国放射性污染防治法》（2003 年 6 月 28 日，第十届全国人民代表大会常务委员会第三次会议通过，中华人民共和国主席令第 6 号公布），是为了防治放射性污染，保护环境，保障人体健康，促进核能、核技术的开发与和平利用而制定的专项法律，是核领域唯一的法律。

2. 国务院行政法规

国务院发布的行政法规是规定管理范围、管理机构及其职权、监督管理原则及程序等重大问题的规章，具有法律约束力，该部分以管理条例形式发布。

我国现行的核安全管理条例主要有以下几个：

《中华人民共和国民用核设施安全监督管理条例》（1986 年 10 月 29 日，国务院发布），是为了在民用核设施的建造和营运中保证安全，保障工作人员和群众的健康，保护环境，促进核能事业的顺利发展而制定的条例。

《中华人民共和国核材料管制条例》（1987 年 6 月 15 日，国务院发布），是为保证核材料的安全与合法利用，防止被盗、破坏、丢失、非法转让和非法使用，保护国家和人民群众的安全，促进核能事业的发展而制定的条例。

《核电厂核事故应急管理条例》（1993 年 8 月 4 日，国务院发布），是为了加强核电厂核事故应急管理工作，控制和减少核事故危害而制定的条例。

《放射性同位素与射线装置安全和防护条例》（2005 年 8 月 31 日，国务院发布），是为加强对放射性同位素与射线装置安全和防护的监督管理，保障从事放射工作的人员和公众的健康与安全，保护环境，促进放射性同位素和射线技术的应用与发展而制定的条例。

3. 部门规章

核安全法规按其所覆盖的技术领域划分为 8 个系列，其编号的标准格式为"HAF xxx/yy/zz"，其中：HAF 为"核安全法规"汉语拼音的缩写；"xxx"的第 1 位为各系列的代码，第 2 位和第 3 位为顺序号；"yy/zz"为核安全条例或规定的相应的实施细则及其附件的代码。

核安全法规各系列的编排如下：

HAF 0xx/yy/zz ——通用系列；

HAF 1xx/yy/zz ——核动力厂系列；

HAF 2xx/yy/zz ——研究堆系列；

HAF 3xx/yy/zz ——核燃料循环设施系列；

HAF 4xx/yy/zz ——放射性废物管理系列；

HAF 5xx/yy/zz ——核材料管制系列；

HAF 6xx/yy/zz ——民用核承压设备监督管理系列；

HAF 7xx/yy/zz ——放射性物质运输管理系列。

部门规章主要包括实施细则、安全规定。实施细则是根据核安全管理条例，规定具体实施办法的规章，由国家有关部门发布，具有法律约束力。现有实施细则及其附件如下：

（1）《中华人民共和国民用核设施安全监督管理条例》（HAF001）及其实施细则（HAF001/01 以及 HAF001/02）；

（2）《中华人民共和国核材料管制条例实施细则》（HAF501）及其《实施细则》（HAF501/01）；

（3）《核电厂核事故应急管理条例》（HAF002）及其《实施细则》（HAF002/01）。

核安全规定是规定核安全基本目标和基本安全要求的规章，由国务院批准，国家有关部门发布并具有法律约束力的文件。现有的核安全规定共有 12 项，涵盖 5 个领域。其中核动力厂系列 5 项，涉及核电厂质量保证、厂址选择、设计、运行等方面；研究堆系列 2 项，涉及设计和运行两个方面；核燃料循环设施系列 1 项，涉及民用核燃料循环设施；放射性废物管理系列 1 项，涉及放射性废物安全监督管理；民用核承压设备监督管理系列 3 项，涉及民用核承压设备安全监督管理，无损检验人员和焊工及焊接操作工培训、考核和取证管理办法。

4. 核安全导则[5]

核安全导则是指导性文件，它是说明或补充核安全规定以及推荐实施安全规定的方法和程序的指导性文件。核安全导则是推荐性的，执行核安全技术要求行政管理规定应采取的方法和程序，在执行中可采用该方法和程序，也可采用等效的替代方法和程序。

截至 1998 年底，我国现行的核安全导则共有 72 个，涵盖 6 个领域。其中通用系列 15 个，涉及应急和质量保证等方面；核动力厂系列 40 个，其中选址方面 12 个，设计方面 17 个，运行方面 11 个，研究堆系列 5 个；核燃料循环设施系列 4 个；放射性废物管理系列 6 个；核材料管制系列 2 个。

5. 参考性文件

参考性文件主要是核安全法规技术文件，它表明核安全当局对具体技术或行政管理问题的见解，在应用中参照执行。我国现有的核安全法规技术文件共有 69 个。

2.2.4　环境保护法规

《中华人民共和国环境保护法》是由人大常委会通过并发布的法律，是我国包括放射性环境保护工作的主要环境保护法律依据。

有关放射性环境保护的专门法律或行政法规正在拟议之中。

截至 2010 年，国家环境保护部发布或批准了一系列的规定作为对核设施包括核电厂进行安全监督的依据。这些规定全部以中华人民共和国国家标准（GB）的形式发布。其中主要的有以下几个：

GB 8703—1988　　《辐射防护规定》；

GB 18871—2002　　《电离辐射防护与辐射源安全基本标准》，本标准规定了对电离辐射和辐射源安全的基本要求，是《辐射防护规定》（GB 8703—1988）的替代性文件；

GB 6249—1986　　《核电厂环境辐射防护规定》；

GB 11217—1989　　《核设施流出物监测的一般规定》；

GB 11215—1989　　《核辐射环境质量评价一般规定》；

GB 9133—1995　　《放射性废物的分类》；

GB 9134—1988　　《轻水堆核电厂放射性固体废物处理系统技术规定》；

GB 9135—1988　　《轻水堆核电厂放射性废液处理系统技术规定》；

GB 9136—1988　　《轻水堆核电厂放射性废气处理系统技术规定》；

卫生部和国家技术监督局也发布了一些有关辐射防护，放射性物质运输等方面的国家标准；

国家环境保护部制定的导则中与核电厂安全关系较密切的有《核电厂环境影响报告书的格式和内容》（NEPA RG1）；

国家环境保护部和国家核安全局还共同颁发了一些有关应急计划的导则；

《中华人民共和国核安全法规汇编》（1998 年版），目录见本书附录 3，《核安全导则汇编》（1998 年版）目录见附录 4。

2.3　IAEA 及有关国家的安全法规

2.3.1　美国《联邦法规》(CFR)

美国《联邦法规》是由联邦政府执行部门及机构发表在《联邦纪事》中的通用性和永久性规定编纂而成的。这部法规划分为 50 个标题，这些标题代表《联邦法规》所包括的范围广泛的主题。每个标题划分为若干章，各章一般都载有发行机构的名称。每章又划分为若干分册，各自涉及特定的管理领域。

美国《联邦法规》通过每期《联邦纪事》保持其内容为最新。任一规定的最新条文要同时利用这两种出版物来确定。每月公布一份与改动有关的《联邦法规》章节一览表，并载入《联邦纪事》。每年发行一个经修订的《联邦法规》新版本。

与核管会有关的法规和条例都包括在标题 10（能源）卷 1.0-199 分册中，标题 10 的其余 3 卷是与能源部有关的。

下面列出的分册中包括有关许可证要求、系统和构筑物的设计要求及工作人员辐射防护等方面的资料。在这些分册内都包含通用术语的定义，这些定义对维持有效的交流是很重要的。

第 20 分册——辐射防护标准；

第 21 分册——缺陷和不符合项的报告；

第 50 分册——本国制造和利用核设施许可证的发放；

第 50.46 分册——堆芯应急冷却系统设计验收准则；

第 55 分册——操纵员的许可证。

1. 最终安全分析报告（FSAR）

《联邦法规》第 50.434〈b〉分册中规定需要有最终安全分析报告，并规定了必须包括的最低限度资料。

最终安全分析报告（FSAR）包含描述核设施和介绍设计依据的资料及其运行限值的内容，还介绍了对构筑物、系统、部件以及核设施总体的安全分析。

最终安全分析报告（FSAR）包含对构筑物、系统和部件以及对核设施的描述和分析，着重于性能要求。例如，就核反应堆而言，对诸如堆芯、反应堆冷却剂系统、仪表和控制系统、电力系统及安全壳系统等物项，都要讨论它们与核反应堆是安全有关还是安全无关。在最终安全分析报告（FSAR）中还包含另外一些资料，如经营上和行政上的管理、质量保证准则以及环境和气象监测大纲的结果等。这些资料都属于第 100 分册要求的范围。

2. 技术说明书

在《联邦法规》第 50.36 分册中规定技术说明书作为许可证申请的一部分。

技术说明书规定核设施最低限度的运行准则。如果不遵守这些准则，就可能导致可允许运行功率水平的降低，在某些情况下甚至会导致机组完全停闭。各种运行方式的定义都应包含在技术说明书中。

在技术说明书中所规定的准则的基础是包括在安全分析报告中的分析和评价。只要在规定的准则范围内运行，就保证了在安全分析中所作的假设对所有运行工况都是适用的。

技术说明书由六部分组成，每一部分的定义如下：

（1）安全限值。安全限值是重要工艺过程变量的限值。这些限值是为适当保护防范放射性物质失控释放的实体屏障的完整性所必需的，超过任何安全限值，反应堆都要停闭。

（2）限制性安全系统整定值。该值与那些有重要安全功能的变量有关的自动保护装置的整定值，在对某一已设定安全限值的变量规定了限制性安全系统整定值的场合，整定值将保证自动保护动作在安全限值超过以前校正异常状况。针对超过限制性安全系统整定值的适当措施可包括停闭反应堆。

（3）限制性允许条件（LCO）。该值表示装置安全运行所需设备的最低的工作能力或效能水平。当超过限制性运行条件时，要求在规定的时间范围内采取纠正措施。

（4）监督要求。监督要求与试验、校准或检验有关，是为保证维持必需的系统和部件质量必须满足的要求。

（5）设计特性。设计特性是装置的某些特性，例如建筑材料和结构配置等。这些特性如有变更或修改，将会对安全有重要影响，并且它们不包括在（1）～（4）项内。

（6）行政管理。行政管理与组织机构和经营管理、工艺规程、记录保存、审查和审计，以及在安全方面确保反应堆运行所需的报告等的有关规定。

3. 法规和标准

由于美国《联邦法规》中只有原则性规定，故需补充文件进一步明确在法规中所述的要求。下面列出最有用的三种文件及其举例。

（1）美国国家标准学会（ANSI）的标准。已发布的 ANSI 标准 18.2 和 18.2A 扩大了 10CFR50 附录 A 的设计总则。

标准 18.2 规定了从正常运行到极限事故的设计运行工况。根据电厂与该工况有关的参数及其恶化到更坏工况的概率来定义每一种运行工况。给出了每种工况的若干例子，以及为满足此种工况对装置设计的要求。

标准 18.2A 规定了安全等级，用于有关安全系统和部件的设计。这部分包括了对安全系统的定义。

"安全系统，是停闭反应堆、冷却堆芯、冷却其他安全系统或（在事故后）冷却安全壳所必需的任一系统，或者是在事故时保持、控制或减少放射性排放的任一系统。"

（2）美国机械工程师学会（ASME）的标准。ASME 锅炉和压力容器规范为系统和容器的制造检验和装配提供设计准则，与本书相关的两个部分是第Ⅲ分册和第Ⅺ分册。

第Ⅲ分册：本分册的条款规定对核电厂物项的设计、建造、标记以及过压保护的要求。这些物项诸如容器、混凝土反应堆容器和混凝土安全壳、储罐、管道系统、泵、阀、堆芯支承结构以及部件支承件等，它们用于或包容任何电厂的核动力系统的各个部分。本法规中的核动力系统是指用于生产和控制核燃料热能输出的系统和为保持核动力系统的功能和总的安全所必需的那些有关的系统。

第Ⅺ分册：本分册的条款规定核电厂中泵和阀门的在役检查试验要求。这一分册对阀门启闭允许时间和泵的流量允差、卸压以及振动等作了规定。对使用本分册的一些要求，包括在电厂技术说明书中。

ASME 的标准经常修订。为了让人们了解这些标准的版本和补遗对某一具体装置的适用性，10CFR50，55a 根据建造许可证发放日期规定了适用范围。

（3）美国电气和电子工程师协会（IEEE）的标准。IEEE 标准适用于核电厂电气和仪器仪表的部件和系统的设计、运行和试验。下面列出 IEEE 制定的一些标准：

1）核电厂保护系统单一故障准则的应用导则；

2）核电厂保护系统质量鉴定试验导则；

3）核电厂专设安全设施电动机质量鉴定导则；

4）核电厂用电缆质量鉴定试验导则；

5）核电厂安全壳电气贯穿件质量鉴定试验导则。

4. 管理导则

核管会的管理导则以前叫做安全导则。这些导则不是法定要求，但从中可以了解现时核管会审查人员在执行核管会规章的指定部分时共同使用的方法。

管理导则的用途如下：

（1）扩大联邦法规；

（2）补充工业标准；

（3）在确保满足指定规章要求方面提供指导。

每个管理导则由四部分组成：

引言——提出与指定主题有关的适用法规、标准和联邦法规。

讨论——与主题有关标准的信息，并可能提到这些标准的不一致之处（如存在的话）。

核管会观点——核管理委员会可接受的看法，为建立委员会对指定主题的观点所需的准则、准则的根据以及任何附加资料。

实施——规定审查人员使用管理导则的方法和任何满足管理导则要求的其他方法。

2.3.2　法国的有关核安全法规

由于大亚湾核电厂的核岛是从法国引进的，法国有关核安全和辐射防护方面的法规对我国具有极为重要的参考价值，特别是法国核工业的行业标准实际是大亚湾核电厂设计和建造的依据。

法国核安全法规有以下层次：

由议会批准和由总统及总理签署的法律：主要确定大的方针政策，如各部间的职责分工，核责任的划分和批准参加某些国际公约的签署等。

由部长或几个部长联合签署的法令（decret）：它属于那些重要的决定和管理办法，如关于核燃料的管理，放射性流出物排放的管理，批准核电厂的建设等。

法律和法令主要都是行政管理方面的。

属于技术方面的法规可分成四个层次，它们分别由政府部门和营运单位制定。

1. 由政府部门制定的法规

（1）规定（arretes）：由一个部或几个部联合制定，是为了保证法律和法令的实施而制定的一系列的技术规定和准则，它是必须强制遵循的。

（2）基本安全法规（regles fondamentales de surete，RFS）：由工业和外贸部下属的核设施安全局（direction de la surete des installations nucleaires，DSIN）制定。它是一个综合性的文件，其中综述了厂址、辐射防护、系统设计、设备分级、抗震防火及土建工程等各方面的核安全目标和达到这一目标的方法和手段。RFS 实际上不是单纯的法规，它同时还具有导则的性质。营运单位并不一定要采用其推荐的方法，只需证明其所采用的替代方法同样能达到本法规所规定的安全目标。本法规的条款具有较大的灵活性。

2. 由营运单位制定的法规

（1）核电厂的设计和建造标准（regles de conception et de construction，RCC 系列）：法国的核安全当局要求工业界将其使用的标准成文和发表。RCC 是由法国核电厂营运单位法国电力公司（EDF）和供货商法马通（FRAMATOME）和诺瓦通（NOVATOME）等联合组织的法国核电厂设备设计和建造法规编写协会（AFCIN）制定的，是法国营运单位、供货商和建造商共同确认的标准。遵循这些标准就能满足政府部门制定的规定和安全基本法规中的要求。核设施安全局（DSIN）对 RCC 的实施进行检查，并根据在实践中进行检验的结果对其逐步认可。现在已经发表的有以下 RCC 系列标准：

1）RCC P　900 MW 标准核电厂设计标准；

2）RCC P　1300MW 标准核电厂设计标准；

3）RCC M　机械设备设计和制造标准；

4）RCC G　土建设计和施工标准；

5）RCC C　核燃料元件和制造标准；

6）RCC E　电器仪表设计和制造标准；

7）RCC I　防火设计标准；

8）RCC I N4　N4 型标准核电厂防火标准。

（2）设备的规格书文件。在法国，由于强调核电厂的标准化和系列化，营运单位为安全有关的设备制定了一系列的标准技术规格书。根据设备的重要性和法国工业界的实际能力，在规格书中往往有一些比 RCC 更严格的要求，如在规格书中对某些设备安全等级的要求比 RCC 中规定的高一级。标准系列核电厂安全有关设备的技术规格书要经核设施安全局（DSIN）认可，它是许可证审批程序的一部分。法国核电厂法规的金字塔图如图 2-2 所示。

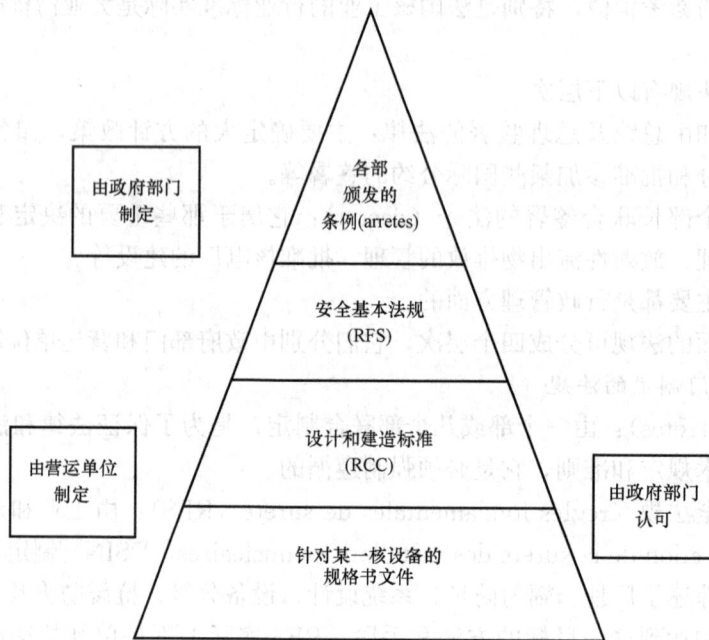

图 2-2　法国核电厂法规的金字塔图

2.3.3　国际原子能机构（IAEA）推荐的法规

国际原子能机构在总结和综合了核发达国家的核电经验的基础上制定了一套核安全法规，其目的在于：

（1）尽可能统一各国的法规以适应越来越密切的核能国际合作的需要；

（2）为核能发展中国家制定法规提供蓝本，以协助发展中国家制定其本国的核安全法规。

　　IAEA 发表的文件包括：核安全规定和导则（code and safety guide）、核安全文集（safety series）、技术报告集（technical report series）、技术资料集（TECDOC series）和科研报告会议集（proceeding series）等。

　　IAEA 推荐有以下规定：

　　（1）50-C-G 政府监管机构的组织；

　　（2）50-C-S 核电厂的厂址；

　　（3）50-C-D 核电厂的设计；

　　（4）50-C-O 核电厂的运行；

　　（5）50-C-QA 核电厂的质量保证。

　　对应于每一个规定，有若干导则以进一步阐述达到规定要求的方法。

　　我国核安全局发布的核安全规定和导则主要参考的是 IAEA 的相应规定和导则。IAEA 发表的其他文集也广泛地在我国的许可证审批和核安全检查中得到应用。

　　苏联切尔诺贝利核电厂发生事故后，促使世界各国对核电厂的选址、建造和运行都加强了监督检查，与此同时，也促使各国对已制定的核法律进行必要的修订。如美国对核电厂的安全已制定法规修改的条文；德国对核电厂安全的法规和标准的制定也有一定的建树；法国和芬兰则根据本国技术发展的现状，提出了一般性条文；英国和意大利在原有安全许可证的基础上，采用加强管理和重新进行安全评价的办法；日本则针对核事故的影响，管理当局普遍检查了各个核电厂，对照已颁布的法规，做出了安全评价。

　　在核设施的退役方面，各国根据本身的实践，发展了不同的技术标准，今后有待国际上协调提出为各国所共同接受的标准。

　　国际原子能机构于 1974 年 9 月开始，针对陆上热中子反应堆核电厂制定了安全规定和安全导则的计划，即 NUSS 计划。安全规定确定了核电厂充分安全运行应达到的目标，并且提出了安全上的最低要求；而安全导则则说明有关安全规定特定部分可接受的方法。为了充分吸收世界各国发展核电的经验、掌握新的分析方法和新技术，特别是三里岛核事故和切尔诺贝利核事故的一些教训，国际原子能机构于 1986 年开始，对 NUSS 核安全法规进行了修订完善，于 1988 年由理事会批准颁布。

2.4　核安全监督

2.4.1　核安全监督部门

　　我国国家核安全局成立于 1984 年 10 月，由国务院授权，对全国核设施安全实施统一的监督，独立地行使核安全监督权，其主要职责如下：

　　（1）组织起草、制定核安全的方针、政策和法规，发布核安全有关的规定、导则和实施细则，审查有关核安全的技术标准。

　　（2）组织审查、评定核设施的安全性能及核设施营运单位保障安全的能力，负责颁发（吊销）核设施安全许可证件。

　　（3）负责核安全事故的调查、处理，指导和监督核设施应急计划的制定和实施。

　　（4）主持与核安全技术与管理有关的研究。

　　（5）参与核设备出口项目的许可证活动，开展核安全方面的国际合作。

HAF001/02《核设施的安全监督》明确规定核安全监督由国家核安全局及其地区监督站组织实施。目前国家核安全局设上海监督站、广东监督站、北方监督站、四川监督站、东北监督站和西北监督站。我国核安全监督组织体系如图 2-3 所示。

HAF001/02 规定国家核安全局在核安全监督工作中负领导责任，地区监督站作为国家核安全局的派出机构，负责对派驻核设施进行核安全监督。另外还设有国家核安全局的技术后援单位，参与评价事件报告、重大不符合项报告等技术文件，并参与评价核设施的安全状况。

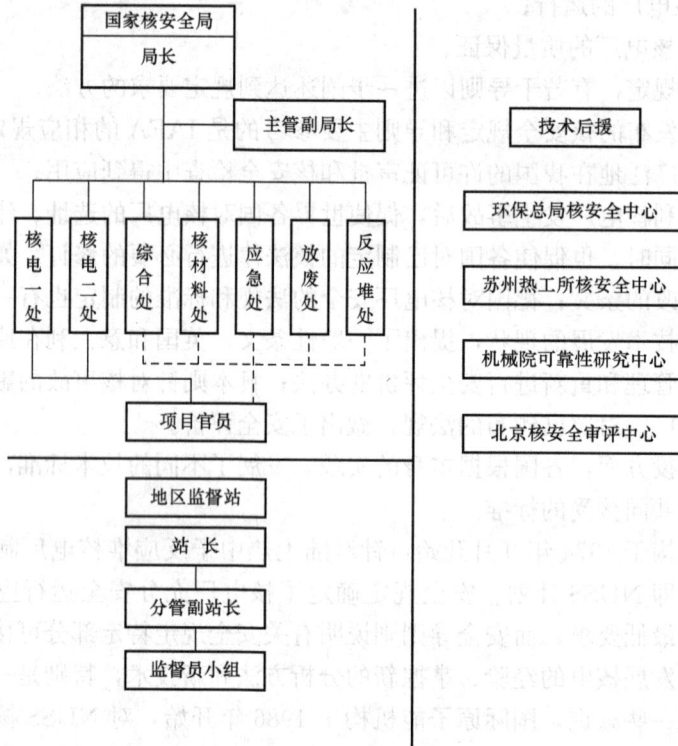

图 2-3　我国核安全监督组织体系

2.4.2　核安全许可证制度

根据《中华人民共和国民用核设施安全监督管理条例》规定，我国已实行核设施安全许可证制度。由国家核安全局负责制定和批准颁发核设施安全许可证。

核电厂的许可证按五个主要阶段申请和颁发。

（1）核电厂的选址定点。根据国家基本建设程序规定，国家发展和改革委员会在收到国家环境保护部门的《核电厂环境影响评价报告批准书》、国家核安全局的《核电厂厂址安全审查批准书》后，批准《可行性研究报告》，批准营运单位申请的厂址。

（2）核电厂的建造。核电厂的营运单位向国家核安全局提交《核电厂建造申请书》、《初步安全分析报告》和其他有关资料（如系统手册、设计报告、质保大纲等文件）。国家核安全局审评后，颁发《核电厂建造许可证》，批准核电厂建造，许可开始核岛筏基混凝土浇筑。

核电厂《初步安全分析报告》必须包含足够的资料，以便国家核安全部门能独立作出安全审评。提交资料的格式、范围和细目必须符合国家核安全部门的要求，安全分析报告包括如下内容：①厂址及其环境的描述；②建厂的目的，反应堆设计、运行和实验所遵循的基本安全原则（包括所用的法规、标准和规范），设计基准内部和外部始发事件，以及为保护厂区人员和公众安全为目的的安全系统性能的描述；③核电厂系统的描述，包括目的、接口、仪表、检查维护和所有运行工况以及事故工况下的性能；④设计、采购、建筑、调试和运行方面的质量保证大纲的描述；⑤对预计安排在反应堆内进行的、对安全具有重要影响的任何形式的实验的安全问题的检查；⑥相类似核电厂的运行经验的回顾；⑦假设始发事件及其后果的安全分析，包括足够的资料和计算，以便有条件进行独立评价；⑧核电厂的支持安全技术条件，包括安全限值和安全系统整定值、安全运行的限制条件、设备监测要求、组织和管理上的要求。

（3）核电厂的首次装料。核电厂的营运单位向国家核安全局提交《核电厂首次装料申请书》、《最终安全分析报告》和其他有关资料，国家核安全局审评后颁发《核电厂首次装料批准书》，批准首次向堆芯装载核燃料，进行带核调试，并按批准的计划提升功率，进行 12 个月的试运行。

（4）核电厂的运行。核电厂的营运单位向国家核安全局提交《核电厂运行申请书》，修订的《最终安全分析报告》和其他有关资料，国家核安全局审评后，颁发《核电厂运行许可证》后，许可营运单位在遵守《核电厂运行许可证》规定的条件下运行。

（5）核电厂的退役。核电厂的营运单位在获得国家核安全局颁发的《核电厂退役批准书》后，可开始退役活动；在获得《核电厂最终退役批准书》后，核电厂方能最终退役。

根据《中华人民共和国民用核设施安全监督管理条例》规定，我国已实行核设施安全许可证制度。由国家核安全局负责制定和批准颁发核设施安全许可证。

《核电厂运行许可证》的有效期限一般为设计寿期，在特殊情况下由国家核安全局另行规定。

在核电厂安全许可证件的有效期内，国家核安全局可根据保证安全的需要，修改核电厂安全许可证条件。核电厂营运单位要求进行许可证条件以外的与核安全有关的变更或要求修改核电厂安全许可证条件时，必须报国家核安全局审批后方可实施。

2.4.3　核安全许可证内容

根据《中华人民共和国民用核设施安全监督管理条例》规定，国家对民用核设施实行安全许可证制度，由国家核安全局批准颁发核设施安全许可证。

由国家核安全局颁发的许可证和其他审查文件包括：核电厂厂址选择审查意见书、核电厂建造许可证、核电厂首次装料批准书、核电厂运行许可证、核电厂退役批准书等。

核电厂操纵员经主管部门考核后由国家核安全局授予操纵员执照。

根据《中华人民共和国核材料管制条例》规定，民用核材料许可证由核材料管制办公室颁发，由国家核安全局核准。

根据《中华人民共和国环境保护法》规定，核电厂环境影响报告书经主管单位预审后由国家环保部门有关司局审评并颁发批准书。

核电厂许可证申请和审批按规定的程序进行。

2.4.4　核安全许可证申请程序

由核电厂作为申请者提出相应的申请书和必要的支持性文件。图 2-4 所示为核电厂安全审批程序的流程图。

图 2-4 所示内容：

安全评价报告　部分建造许可证　　安全评价报告　建造许可证　　安全评价报告　试运行批准书　　运行许可证

~6个月　　~6个月　　　　　　　　　　　　　　　~6个月　　12~24个月

建造申请书
部分初步安全分析报告
环境影响报告
质量保证大纲

初步安全分析报告

运行申请书
最终安全分析报告

修订安全分析报告

基础施工　　全面施工　　装料试运行　　商业运行

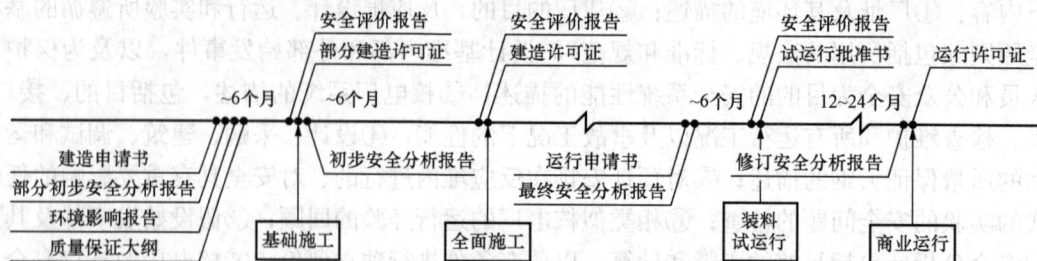

图 2-4　核电厂安全审批程序流程

1. 申请《核电厂建造许可证》需提交的文件

（1）《核电厂建造许可证》申请书；

（2）《核电厂可行性研究报告》和《核电厂初步设计》的批准书和建设项目计划的批件；

（3）核电厂《环境影响报告（设计阶段）批准书》；

（4）核电厂《初步安全分析报告》；

（5）核电厂《质量保证总大纲》。

2. 申请《核电厂首次装料批准书》需提交的文件

（1）《核电厂最终安全分析报告》；

（2）《核电厂环境影响报告（装料阶段）批准书》；

（3）《核电厂调试大纲》；

（4）核电厂操纵员合格证明及相应的材料；

（5）核电厂应急计划；

（6）核电厂建造进展报告；

（7）核电厂在役检查大纲和役前检查结果；

（8）核电厂装料前综合调试报告；

（9）核电厂拥有核材料的许可证；

（10）核电厂维修大纲。

3. 申请《核电厂运行许可证》需提交的文件

（1）《核电厂修订的最终安全分析报告》；

（2）《核电厂环境影响报告（修订）批准书》；

（3）《核电厂装料后调试报告和运行报告》。

2.4.5　核安全许可证审批程序

国家核安全局在收到核电厂安全许可证申请书及附送的文件资料后，于一个月之内答复是否接受该项申请。接受申请后，审评工作即告开始。

国家核安全局委托核安全技术单位实施技术审查，该单位负责提出评价报告。

当审评中涉及环境保护、卫生保障、劳动保护、公众、交通运输等方面的问题时，国家核安全局可邀请有关部门负责人或专家参加有关审评会议。

在审评过程中，核电厂安全许可证申请者必须对国家核安全局提出的问题及时作出回答、解释或对资料作相应补充或修改。

国家核安全局将《评价报告》送交核安全专家委员会审议，该委员会负责向国家核安全局提出咨询意见。

核电厂安全许可证申请者代表所有的供货商或承包商与国家核安全局联系。许可证的颁发流程如图 2-5 所示。

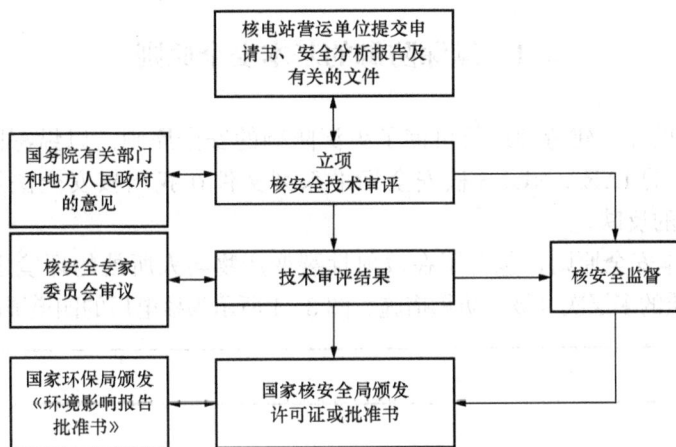

图 2-5　许可证的颁发流程

国家环境保护部门对《环境影响报告书》进行独立的审评，审评后颁发《环境影响报告批准书》，作为核安全局颁发相应许可证的依据之一。

参 考 文 献

[1] 朱继洲. 核反应堆安全分析. 西安：西安交通大学出版社；北京：原子能出版社，2004.
[2] 马立毅，王建英. 我国核安全法规概述. 辐射防护通讯，2007，27（2）（总第 158 期）.
[3] 陈金元，李洪训. 浅谈我国核安全立法问题. 核安全，2007（3）.
[4] 国家核安全局，中华人民共和国核安全法规汇编. 北京：中国法制出版社，1998.
[5] 国家核安全局，核安全导则汇编. 北京：中国法制出版社，2000.

第 3 章　核 电 厂 的 安 全 设 计

3.1　纵深防御的基本安全原则

现有核电厂的设计、建造和运行贯彻了纵深防御的安全原则。以纵深防御（defense-in-depth）为主要原则的 IAEA-NUSS 核安全标准系列文件在我国核安全法规体系（HAF 系列）中得到了全面的反映。

纵深防御的基本安全原则，包含了在放射性裂变产物与人所处的环境之间设置的多道屏障，和对放射性物质的多层次（级）防御措施。图 3-1 所示为核电厂的四道屏障和五层保护[1]。

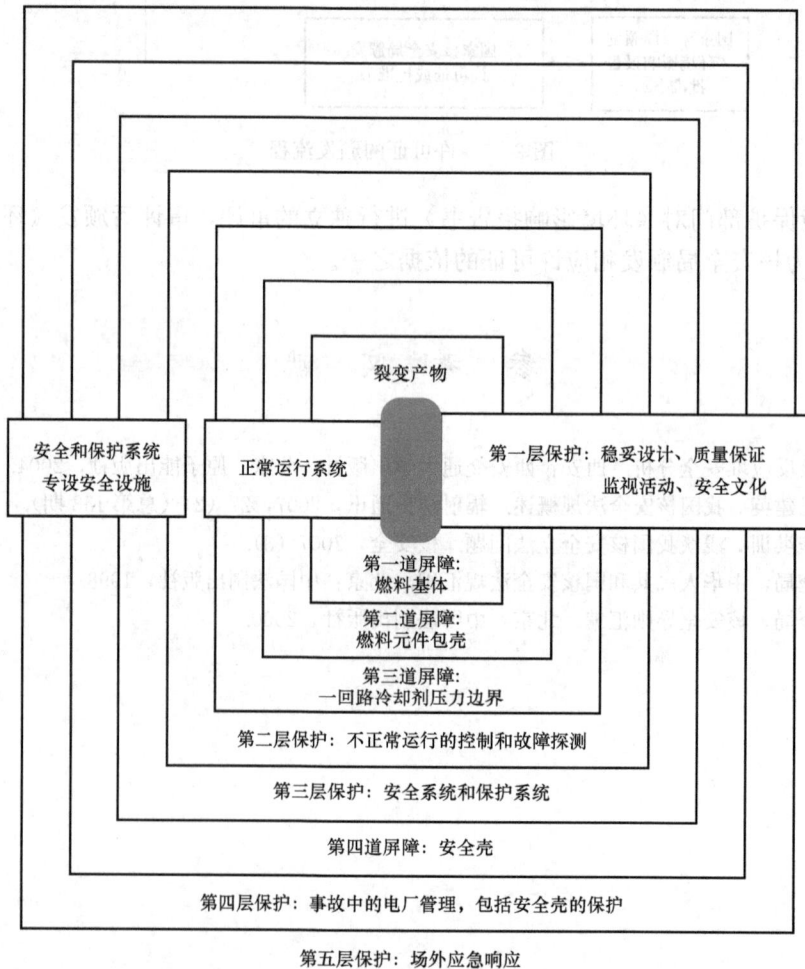

图 3-1　核电厂的四道屏障和五层保护

3.1.1　多道屏障

为了阻止放射性物质向外扩散，轻水堆核电厂结构设计上的最重要安全措施之一，是在放射源与人之间，即放射性裂变产物与人所处的环境之间，设置了多道屏障，力求最大限度地包容放射性物质，尽可能减少放射性物质向周围环境的释放量。最为重要的是以下四道屏障。

第一道屏障为燃料基体，核电厂采用烧结的二氧化铀陶瓷燃料，放射性物质很难从陶瓷燃料中逸出。

第二道屏障是燃料元件包壳。轻水堆核燃料芯块叠装在锆合金包壳管内，两端用端塞封焊住，典型燃料棒的结构如图 3-2 所示。裂变产物有固态的，也有气态的，它们中的绝大部分容纳在二氧化铀芯块内，只有气态的裂变产物能部分地扩散出芯块，进入芯块和包壳之间的间隙内。燃料元件包壳的工作条件是十分苛刻的，它既要受到中子流的强烈辐照，高温高速冷却剂的腐蚀、侵蚀，又要受热应力和机械应力的作用。正常运行时，仅有少量气态裂变产物有可能穿过包壳扩散到冷却剂中；如包壳有缺陷或破裂，则将有较多的裂变产物进入冷却剂。设计时，假定有 1% 的包壳管破裂和 1% 的裂变产物会从包壳管逸出。据美国统计资料，正常运行时实际最大破损率为 0.06%。

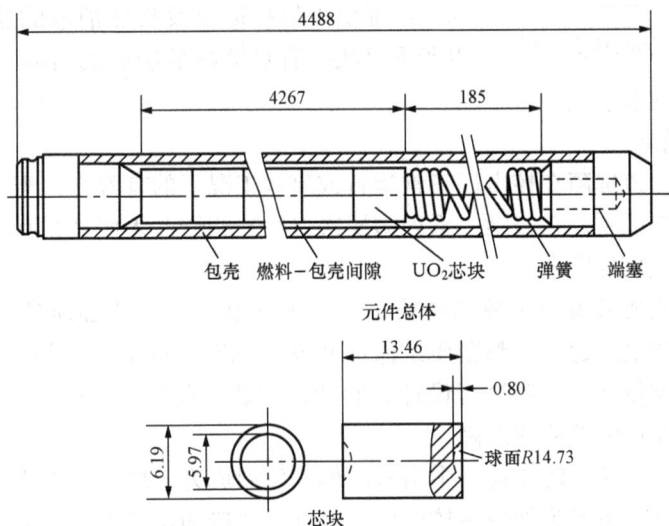

图 3-2 典型燃料棒的结构

第三道屏障是将反应堆冷却剂全部包容在内的一回路压力边界。压力边界的形式与反应堆类型、冷却剂特性以及其他设计考虑有关。压水堆一回路压力边界如图 3-3 所示，它由压力容器和堆外冷却剂环路组成，包括蒸汽发生器传热管、泵和连接管道。

为了确保第三道屏障的严密性和完整性，防止带有放射性的冷却剂漏出，除了设计时在结构强度上留有足够的裕量外，还必须对屏障的材料选择、制造和运行给予极大的关注。

第四道屏障是安全壳，即反应堆厂房。它将反应堆、冷却剂系统的主要设备（包括一些辅助设备）和主管道包容在内。当事故（如失水事故、地震）发生时，它能阻止从一回路系统外逸的裂变产物泄漏到环境中去，是确保核电厂周围居民安全的最后一道防线。安全壳也可保护重要设备免遭外来袭击（如飞机坠落）的破坏。安全壳的密封有严格要求，如果在失水事故后 24h 内安全壳总的泄漏率小于安全壳内所含气体质量的 0.3%，则认为达到要求。为此，在结构强度上应留有足够的裕量，以便能经受住冷却剂管道大破裂时压力和温度的变

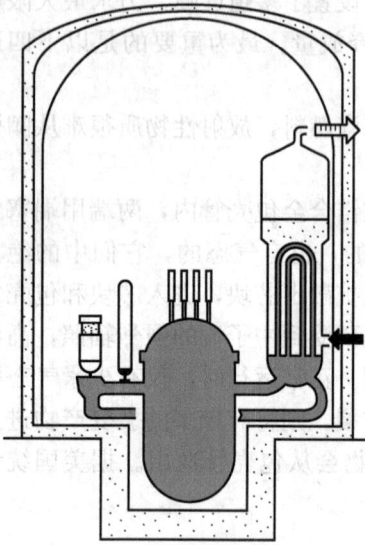

图 3-3　压水堆一回路压力边界

化，阻止放射性物质的大量外逸。它还要设计得能够定期地进行泄漏检查，以便验证安全壳及其贯穿件的密封性。

为了最大限度地防止放射性物质进入到环境中，有的核电厂采用双层安全壳。安全壳的内层采用预应力钢筋混凝土结构，下部为圆柱形，上部为半球形。安全壳的内部衬以一层碳钢以确保防止泄漏。设计压力为0.4MPa。安全壳外层采用整体式钢筋混凝土结构。在两层之间为环形的空间。外层安全壳可以确保内层安全壳免受外来物体的冲击。

除了上述四道实体屏障之外，每个核电厂周围都有一个公众隔离区。核电厂选址又应与居民居住区中心保持一定的距离。这样，可对释出的任何载有放射性物质的气体提供大气扩散以及自然消散的途径，并在万一发生严重事故时有足够疏散居民的时间。核电厂附近的居民一般较少，易于疏散。

3.1.2　多级防御措施

为了保证上述四道屏障在核电厂正常运行或事故工况下的有效性，当前在核电厂设计中广泛采用了纵深防御原则。它包括一系列多层次（级）相继深入而又相互增援的设计防御措施，以此来保证核电厂的安全。

第一层次防御主要考虑对事故的预防。它要求核电厂的设计必须是稳妥的和偏于安全的。为此，必须为核电厂建立一整套质量保证和安全标准。核电厂必须按严格的质量标准、工程实践经验以及质量保证程序进行设计、制造、安装、调试、运行和维修。电厂各系统、各设备不能出现不允许的差错或故障。

第二层次防御的任务是防止运行中出现的偏差发展成为事故，这由所设置的可靠保护装置和系统来完成。这是考虑到即使在核电厂的设计、建造和运行中采取了各种措施，电厂仍然可能会发生故障。因此，在设计中设置了必需的保护设备和系统，它们的功能是探测妨碍安全的瞬变，完成适当的保护动作。这些系统必须保守地设计，留有足够的安全裕量并应配有重复探测、检查和控制手段，各种测试仪表必须具备较高的可靠性。提供这一层保护是为了确保前三道屏障的持续完好性。

第三层次防御的任务是用来限制事故引起的放射性后果，是对于前两道防御的补充，以保障公众的安全。它专门用于对付那些发生概率较低但从安全角度又必须加以考虑的各种事故。为此，核电厂配置了必需的专门安全设施，以便对付这些假想事故。轻水堆的典型假想事故有一回路或二回路管道破裂、燃料操作事故、弹棒事故等。除停堆系统外，轻水堆的专设安全设施包括安全注射系统（又称应急堆芯冷却系统）、辅助给水系统、安全壳及安全壳喷淋系统、应急电源、消氢系统等。专设安全设施应能把假想事故的后果降低到可以接受的水平，这是衡量一种堆型是否安全的重要标志。

第四层次防御是针对超过设计基准的严重事故而考虑的，确保放射性释放保持在尽可能低的水平。在事故发生时防止事故扩大并减轻事故。这一层次的最重要目的是保护包容功能，如为防止安全壳失效而采取的各种措施。

第五层次防御为场外应急响应，目的在于减轻放射性物质向外部环境释放所造成的影响。

3.2 设计基准事故准则——核电厂安全设计原则

核电厂安全设计的一般原则是：采用行之有效的工艺和通用的设计基准，加强设计管理，在整个设计阶段和任何设计变更中必须明确安全职责。核电厂各系统安全设计的基本原则见表 3-1。

表 3-1   安全设计基本原则

针对目标	控制手段	措施（举例）
（A）单一故障	冗余性	一个系统分成多个相同的支路（多台给水泵）
（B）共因故障	多样性	运用各种作用机理或仪表结构（快速停堆的各种触发依据）
（C）相干故障	实体分隔	冗余支路之间相隔足够距离
	屏蔽分隔	冗余支路之间的混凝土墙
（A）、（B）、（C），且辅助能源丧失	故障安全性	设计时使得系统故障的影响明确无误地偏向安全（例如，失电时，控制棒组件借重力自动下落的快速停堆系统）
人为错误	自动化	设置自动触发系统（反应堆保护系统、安全设施）

3.2.1 单一故障——冗余性

HAF102《核电厂设计安全规定》定义单一故障为：导致某一部件不能执行其预定功能的一种随机故障。由单一随机事件引起的各种继发故障，均视作单一故障的组成部分。

德国对安全准则的解释中，就单一故障准则作了如下阐述："单一故障指的是安全设施在要考虑的某种需求下随机出现的一种假设故障，它与触发事件无关，无论是正常运行或事故情况下都不是需求事件的后果，而且在需求事件出现之前该故障并未被发现。当安全设施某一部分未能按要求履行其功能时，就发生单一故障。"图 3-4 所示为单一故障的可能性。

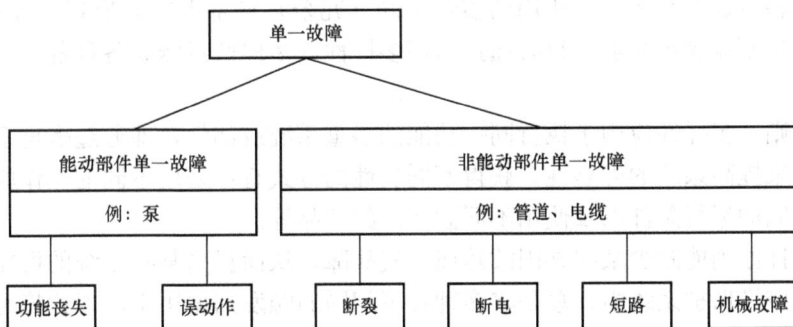

图 3-4 单一故障的可能性

单一故障假设是核电厂安全设施中一个确定论的概念。它和其他方法和措施，例如概率分析和质量保证一样，都是为安全预防服务的。

满足单一故障准则的设备组合，在其任何部件发生单一随机故障时，仍能保持所赋予的功能。

为满足单一故障准则，可以采取冗余设计。系统的冗余设计可以理解为设置的设备或系统数应为满足全部功能所必需的设备或系统数的若干倍。假设安全系统为了完全控制某一事故所必需的全部功能为100%（见图3-5），则根据单一故障准则，该系统必须至少按2×200%的能力来设计。因为需要有1×100%以满足系统的全部功能，而另外的1×100%用作单一故障时的备份。

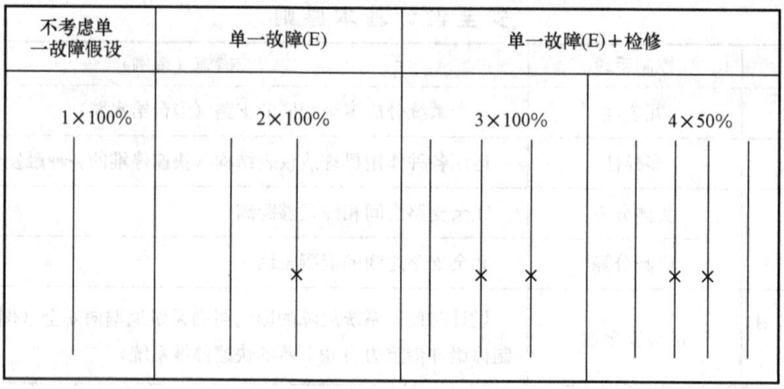

不考虑单一故障假设	单一故障(E)	单一故障(E)+检修	
1×100%	2×100%	3×100%	4×50%

图3-5　冗余设计

此外，根据上述对单一故障概念的解释，还要求：对于反应堆保护系统以及用于在失水事故后导出剩余发热和用于事故供电的安全设施，在其检修期间不可能在需求时及时恢复功能，也应假设会出现单一故障。这就要求在一条1×100%支线检修期间，安全设施仍具有全部功能。从核电厂可用率角度来看，这也是必要的。否则每当检修某一安全设备时都得停堆。由此可知，考虑到检修，冗余设计应考虑例如3×100%才够。不过人们也可以选择与之等效的4×50%的冗余设计。

3.2.2　共因故障——多样性

除了单一故障以外，有些安全系统还假设一种共因故障。这是一种系统性的故障，例如共因设计、材料或加工缺陷，在所用的多台相同（冗余）设备上同时出现。在这种情况下，单有冗余设计量不能满足需求。只有通过运用多样性（多样性意味着各种各样）原则才能避免共因故障。

多样性原则。多样性应用于执行同一功能的多重系统或部件，即通过多重系统或部件中引入不同属性来提高系统的可靠性。获得不同属性的方式有：采用不同的工作原理、不同的物理变量、不同的运行条件以及使用不同制造厂的产品等。

采用多样性原则能减少某些共因故障或共模故障，从而提高某些系统的可靠性。

例如在反应堆保护系统中，总是将多种各不相同的触发判据用于出现故障时触发反应堆快速停堆（见表3-2）。例如当控制棒误提升时，由此引起核裂变增加，使反应堆功率上升。与此相关，反应堆冷却剂温度和主回路压力也随之上升。这就构成了互不相同的停堆判据。

表 3 - 2				反应堆快速停堆的触发信号

事故 / 限值	控制棒失控抽出	给水管破裂	蒸汽管道破裂	主回路破裂
DNBR	○			●
反应堆冷却剂温度	○	○		
主回路压力	○	○		
稳压器水位高	○	○		
稳压器水位低				○
安全壳压力高				○
主蒸汽管道压力变化			●	
蒸汽发生器水位		●	○	
反应堆功率	●			

注　●—首先触发快速停堆的限值。

　　○—触发快速停堆的限值。

3.2.3　相干故障——独立性原则

为了预防具有相干性质的事故（例如火灾、洪水、爆炸、坠机等），各冗余分支或子系统在空间上应尽可能远距离布置，从而不致同时出现失效。倘若这些冗余分支或子系统无法在空间上远距离布置或者隔离的意义不大时，则规定采用相应的屏障隔离措施。图3-6清楚地表明了安全重要厂房的布置中这一原则是如何采取实体隔离与相应的屏障隔离措施的，每个支路形式上划分为4个独立子系统（图中斜线区域）来实施。

3.2.4　故障安全原则

在某些情况下，为应对前述的各种可能的故障以及为应对如像安全设施供电之类的辅助能源丧失事故，提供一种附加的保护，即采用故障安全原则。"故障安全"意味着朝着安全的方向失效，即安全设施的设计应做到其本身的故障都能触发加大安全性的动作。例如断电时控制棒因重力下落导致快速停堆。再如，核电厂的许多

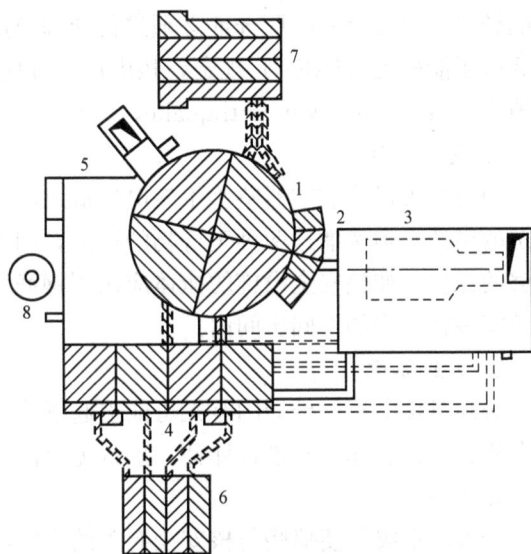

图 3 - 6　安全重要厂房的实体隔离

1—反应堆厂房；2—蒸汽—给水阀门；3—汽轮机厂房；
4—配电设备厂房；5—反应堆辅助厂房；6—应急电源厂房；
7—应急给水厂房；8—排风烟囱

阀门是电动的，没有电，阀门就不会动作，但向反应堆内补充冷却水的阀门，如果必须开启，在失电后就会固定在"开"的位置；而安全壳的隔离阀在失电后就会固定在"关"的位置。

3.2.5　人为错误——自动化

故障的探测和事故控制措施的触发不能依赖运行人员的注意力及其判断。错误判断，尤其是事故发生的前几分钟判断错误的可能性极大。因此重要安全功能（例如事故冷却）均应

依靠自动执行，且自动功能比手动干预的优先度高。

3.2.6 预防意外侵害的措施

对核电厂造成意外侵害的外部或内部的原因见表 3-3。

表 3-3　　　　　　　　　　　　意 外 侵 害 的 原 因

外 部 侵 害	内 部 侵 害	外 部 侵 害	内 部 侵 害
地　震	火　灾	水　灾	厂内其他的飞射物
飞机坠落	含高能量管道的破裂	冰　冻	厂内水灾
工业环境（爆炸等）	来自汽轮机组的飞射物		

各种意外侵害的程度并不相同，对这些意外侵害应作深入的研究，以评估其危险性，并确定最合适的保护措施，保证在任何情况下都能有效地控制反应性，确保对堆芯的冷却和包容放射性产物。

1. 地震

地球表层像一块板石，表面的镶嵌物或坚或软，地震是由于板块之间相互交叉的位移运动而引起的，这一能量的突然释放是由于板块之间的挤压应力超出了地球表层岩石的机械阻力的结果。对每个核电厂选址必须进行地理及历史上的考证以确定历史上可能的最大地震。国际原子能机构（IAEA）规定，核电厂设计应按当地最大地震烈度提高 1 度来计算安全停堆地震（safe shutdown earthquake，SSE）。

2. 飞机坠落

为防止飞机或航空器坠落于核电厂造成的伤害，核电厂的反应堆厂房、燃料厂房、电气厂房的设计必须考虑这两种飞行物的撞击，用于保证安全功能的建筑及必要的设备必须得到足够的保护，如核安全设施的掩体应采用钢筋混凝土结构，应急电源的两台柴油发电机组应分散安装在厂房的不同房间内。

3. 工业环境

必须对核电厂厂址周围有无可能引起爆炸的工业项目（输油或输气管道、爆炸性物品运输车船、武器仓库等）进行评估，确认无可能危及核电厂安全的工业设施。

4. 水灾

严重的水灾将使那些与核安全有关的设施与供电设备有丧失其功能的危险。核电厂为防止发生灾难性决堤时，洪水瞬时涌出淹没厂区，厂区应筑有护堤。

5. 火灾

核电厂应制定规程和设置完善的消防设施，以防止火灾的发生和限制火灾的后果，以达到维持核安全功能的完整性、限制设备的损坏程度和确保人身安全等目的。为此，核电厂必须具备一整套的预防措施，于厂区各部门和建筑物内分布烟、火、温度火灾探测器，以及制定合理的灭火方法和加强人员的训练等。

6. 高能量管道的破裂

从事故分析中，人们认为高能量管道可能在剧烈的冲撞情况下发生断裂。因此，核电厂对高能量管道的安装采用了地理位置的分隔、防飞射物装置的安装和固定，以限制管道移位或断裂情况下对系统或相关部分的影响。

7. 来自汽轮发电机组的飞射物

来自汽轮发电机组的飞射物对反应堆厂房的危险性必须加入评价。从核安全上来讲，同样适合于重要设备的防护。

3.3 非能动的安全设计

3.3.1 核安全的四要素

反应堆正常运行时，裂变产物几乎全部被包容在燃料元件内，从燃料元件泄漏的少量气态裂变产物以及冷却剂中的活化产物几乎都被包容在封闭的一回路系统内。所以，反应堆正常运行时对环境的污染是极其微小的。但是一旦发生严重的堆芯损坏事故，同时又发生一回路压力边界和安全壳破损时，将有大量放射性物质释放到环境中，造成严重污染。

由于运行中的反应堆存在着潜在风险，在反应堆、核电厂的设计、建造和运行过程中，必须坚持和确保安全第一的原则，核电厂运行史上三里岛和切尔诺贝利两次重大事故发生后，人们对反应堆安全性提出了更高的要求。国际核能界认为现有核电厂系统过于复杂，必须着力解决设计上的薄弱环节，提出应以固有安全（inherent safety）概念贯穿于反应堆、核电厂设计安全的新论点。

为了理解固有安全性的定义，下面分析确保反应堆安全的四种安全性要素。

（1）自然的安全性。自然的安全性是指反应堆内在的负反应性温度系数、燃料的多普勒效应和控制棒借助重力落入堆芯等自然科学法则的安全性，事故时能控制反应堆反应性或自动终止裂变反应，确保堆芯不损坏。

（2）非能动的安全性。非能动的安全性是指建立在惯性原理（如泵的惰转）、重力法则（如位差）、热传递法则等基础上的非能动设备（无源设备）的安全性，即安全功能的实现无须依赖外来的动力。

（3）能动的安全性。能动的安全性是指必须依靠能动设备（有源设备），即需由外部条件加以保证的安全性。

（4）后备的安全性。后备的安全性是指由冗余系统的可靠度或阻止放射性物质逸出的多道屏障提供的安全性保证。

固有安全性被定义为：当反应堆出现异常工况时，不依靠人为操作或外部设备的强制性干预，只是由堆的自然的安全性和非能动的安全性，控制反应性或移出堆芯热量，使反应堆趋于正常运行和安全停闭。具备有这种能力的反应堆，即主要依赖于自然的安全性、非能动的安全性和后备反应性的反应堆体系被称为固有安全堆。当前国际核工程界公认的先进核反应堆有池式快堆（integral fast reactor，IFR）和模块式高温气冷堆（modular high temperature gas cooled reactor，MHTGR），它们的特点是以固有安全概念贯穿于堆的整个设计。而过程固有最终安全反应堆（process inherent ultimately safe reactor，PIUS）的设计，则进一步发挥了这个概念，其堆芯浸泡在一个极大的水池内，堆芯产生热量永远小于水池冷却能力，堆芯安全的保证依靠重力和热工水力定律，所以是固有安全性设计。

应该指出，当前那些正在运行着的核电厂的反应堆，它们的安全性虽然也依赖于上述的四种要素，但与具有固有安全性反应堆相比，所依赖的程度和重点是不同的。这些堆均需设置应急堆芯冷却系统、余热排出系统、安全壳及安全壳喷淋系统等专设安全设施，依靠的主要是能动的安全性和后备的安全性，压水堆（PWR）、沸水堆（BWR）和高温气冷堆（HTGR）等都属于这个范畴，它们的安全性是按概率风险评价确保的，属于工程的安全性。

3.3.2　先进的非能动安全系统[2]

AP1000 先进核电厂在成熟的压水堆核电技术的基础上，引入安全系统非能动理念，使核电厂安全系统的设计发生了重要的革新；在设计中采用了非能动的严重事故预防和缓解措施；简化了安全系统配置；减少了安全支持系统；大幅度地减少了安全级设备（包括核级电动阀、泵和电缆等）；取消了 1E 级应急柴油发电机系统和大部分安全级能动设备；明显降低了对大宗材料的需求。

非能动安全系统的采用使 AP1000 比传统的核电厂具有更大的优越性。非能动安全系统不需要操纵员的行动来缓解设计基准事故。这些系统仅仅利用自然力因素，例如重力、自然循环和压缩空气来使系统工作，而不需要采用泵、风机、柴油机、冷水机或其他能动机器。非能动安全系统只需少量的阀门连接，并能自动启动。这些阀门被设计成在失去电源或接收到安全保护启动信号时启动，达到它们的安全保护状态。这些阀门也受多重的可靠气源支持，以避免不必要的启动。

非能动安全系统不需要大规模的能动安全支持系统（例如，交流电源、供暖通风和空调系统 HVAC、冷却水以及有关抗震厂房来放置这些部件），而这些在典型的常规核电厂里是必需的。

AP1000 先进核电厂的非能动安全相关系统包括：

（1）非能动堆芯冷却系统（passive core cooling system，PXS）；

（2）非能动安全壳冷却系统（passive containment cooling system，PCS）；

（3）主控室应急可居留性系统（main control room habitability system，MCRHS）；

（4）安全壳隔离系统（containment isolation system，CIS）。

和传统的核电厂相比，AP1000 的非能动安全系统在电厂安全性和投资保护方面有了重大的提高。它们可以在无需操纵人员行动或交流电支持的情况下建立并长期地维持堆芯冷却和安全壳的完整性。非能动系统设计中考虑了单一故障准则，并且采用概率风险评价来验证它们的可靠性。

AP1000 反应堆的非能动安全系统在典型压水堆的安全系统的基础上进行了显著的简化，这些非能动系统中所包含的设备部件大大减少，从而减少了相应部件的试验、检查和维护。它们不需要能动支持系统，其就位状况很容易被监测。

1. 应急堆芯冷却系统

非能动堆芯冷却系统（见图 3-7）在反应堆冷却剂系统不同位置上出现不同尺寸破口的泄漏和破裂的情况下对核电厂进行保护。PXS 提供了堆芯余热排出、安全注射和卸压等安全功能。采用美国核管会批准的程序所作的安全分析验证了在各种反应堆冷却剂系统破口事件以后 PXS 保护堆芯的有效性，这些压力容器注射管线的破口直径甚至达到 200 mm。对于反应堆主冷却剂管道的双端（double ended）破裂，PXS 为最大峰值包壳温度限值提供了一个 42.2℃ 的裕度。

2. 安全注射和卸压

PXS 利用 3 个非能动水源通过安全注射来维持堆芯冷却。这些注射水源包括堆芯补给水箱、安全注入箱和安全壳内换料水储存箱。这些水源直接与反应堆压力容器的两个管嘴相接，因此在反应堆主冷却剂管道破裂的情形下不会发生注射水流溢出。

长期的注射水由安全壳内置换料水储存箱（in containment refueling water storage tank，IRWST）依靠重力提供，IRWST 位于安全壳内，正好处于反应堆冷却剂环路上方。通常，IRWST 由爆破阀与反应堆冷却剂系统（reactor coolant system，RCS）隔离。水箱被设计成正常大气压，因此在进行安全注射之前反应堆冷却剂系统必须先减压。

RCS 的减压是自动控制的，压力将被减到约 0.18MPa 以便进行 IRWST 的注射。PXS 系统提供了自动降压系统（automatic depressurization system，ADS）四个阶段的减压以保证反应堆冷却剂系统相对缓慢且受控地减压。

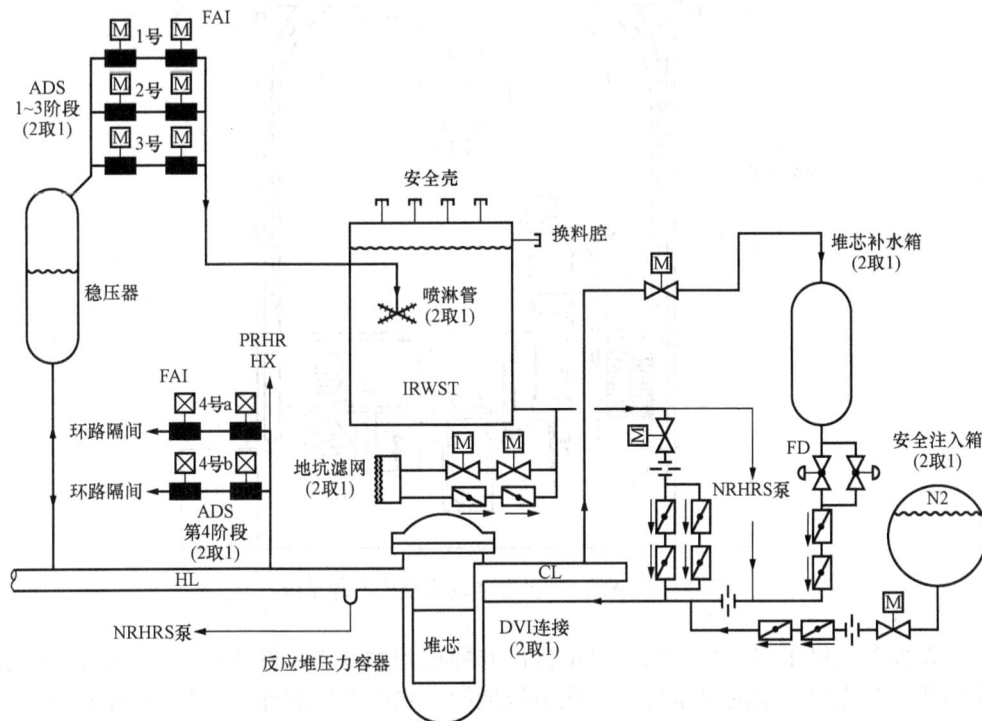

图 3-7　AP1000 的非能动堆芯冷却系统

3. 非能动余热排出

PXS 系统提供了一套 100% 容量非能动余热排出的热交换器（passive residual heat removal heat exchanger，PRHR HX）。PRHR HX 通过入口和出口管线连接到反应堆冷却剂系统环路 1。当需要载出余热而正常的蒸汽发生器给水和蒸汽系统失常失效时，可以投入 PRHR HX。PRHR HX 满足关于给水丧失、给水管道和蒸汽管道破裂的核安全准则。

安全壳内换料水箱为 PRHR HX 提供了热阱。IRWST 中的水在沸腾之前吸收衰变热的时间超过 1 h。一旦开始沸腾，蒸汽会排向安全壳，这部分蒸汽在钢制安全壳容器上凝结，凝结水在收集以后依靠重力重新疏排到 IRWST 中。PRHR HX 和非能动安全壳冷却系统提供了长期的衰变热排出能力，而不需要操纵人员的行动。

4. 非能动安全壳冷却

图 3-8 所示为 AP1000 的非能动安全壳冷却系统，该系统为核电厂提供了安全相关的最

终热阱。正如计算机分析和广泛的测试项目所验证的那样，在一次事故以后，非能动安全壳冷却系统能有效地冷却安全壳，使压力迅速下降并不超过设计压力。

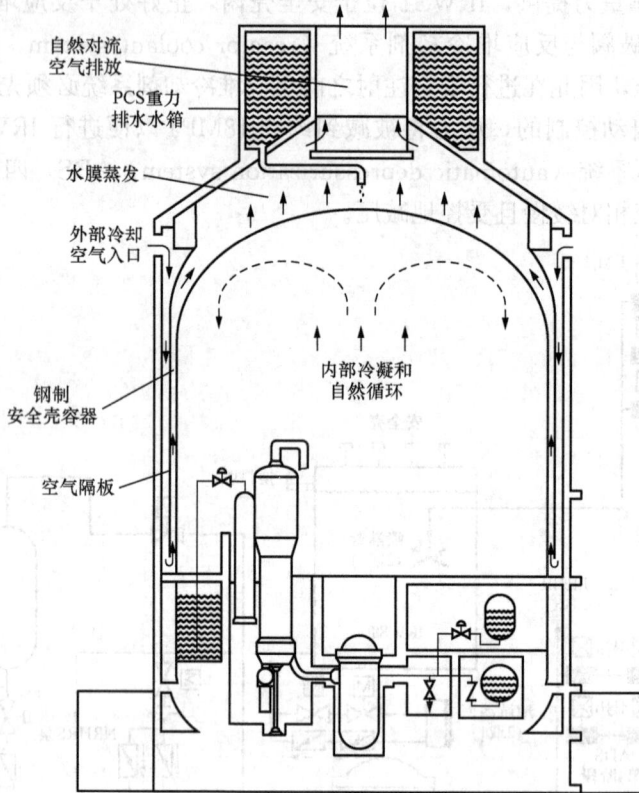

图 3-8　AP1000 的非能动安全壳冷却系统

　　安全壳容器提供了将安全壳内的热量排出并释放到大气中去的传热表面。通过空气流的自然循环把安全壳容器上的热量排出。在事故期间，水的蒸发将作为空气冷却的补充，由重力疏排的水来自位于安全壳屏蔽厂房顶部的水箱。

　　计算已表明，AP1000 先进反应堆已大大降低了在严重事故堆芯损坏情形下的大规模放射性物质释放的频率。在只采取正常非能动安全壳冷却系统（PCS）空气冷却的条件下，安全壳的压力能至少在 24h 内保持远低于预测的失效压力。在设计中改进了安全壳隔离，降低了安全壳外失水事故（loss of coolant accident，LOCA）的潜在性。这种改进的安全壳性能支持了厂外应急计划简化的技术依据。

参 考 文 献

［1］朱继洲. 核反应堆安全分析. 西安：西安交通大学出版社；北京：原子能出版社，2004.
［2］朱继洲. 压水堆核电厂的运行. 北京：原子能出版社，2008.

第 4 章 核 电 厂 的 安 全 评 价

事故分析是核电厂安全分析的一个重要组成部分，它研究核电厂在故障工况下的行为，是核电厂设计过程和许可证申请程序中的重要步骤。正常运行情况下，核电厂安全受到持续的监督和反复的分析，以维持或提高核电厂的安全水平。

事故分析有两种方法：确定论分析方法和概率论分析方法[1]。本章首先讨论核电厂的运行工况与事故分类，在此基础上，讨论设计审评中的确定论安全分析方法，主要就设计基准以内的事故进行分析，即分析核电厂的正常运行和控制系统发生故障后，安全系统能按要求行使功能时主系统的行为。概率论分析方法是指用概率安全评价法（probabilistic safety assessment，PSA），对核电厂复杂系统的各种可能事故的发生和发展过程进行全面分析，从它们的发生概率以及造成的后果综合进行考虑，它已发展成为核电厂安全评价和安全决策的重要工具。

4.1 确 定 论 安 全 评 价 法

确定论事故分析过程中有四个基本要素：

(1) 确定一组设计基准事故；

(2) 选择特定事故下安全系统的最大不利后果的单一故障；

(3) 确认分析所用的模型和电厂参量都是保守的；

(4) 将最终结果与法定验收准则相对照，确认安全系统的设计是充分的。

4.1.1 设计基准事故

根据法规的要求，选用设计基准事故（DBA）是为了考验安全系统的设计裕度。设计基准事故的选择主要依据工程判断、设计和运行经验。目前选用的 DBA（design basis accident）已经定型，这可以从《标准审查大纲》或有关导则中找到。核电厂安全分析报告必须考虑的典型始发事故将在第 5 章中介绍。

设计基准事故的这一分类与选择，大体定型于 20 世纪 70 年代末。由于缺乏技术支持，因而带有一定的随意性。例如蒸汽发生器传热管破裂，核电历史上发生过多次，仍列为第 4 类工况，显然是不合适的。

4.1.2 分析基本假定

确定论事故分析是考验电厂设计总体完整性的主要手段。正因为 DBA 的选择以及分析模型中有很大不确定性，为了确保分析结果的包络性，法规要求采用保守假定。

分析中有两条基本假设：

(1) 被调用的安全系统失去部分设计能力（单一故障假设）；

(2) 操纵员在事故后短期内不作任何干预。

设置这两条假设的本意是试图以此证明在最坏的情况下核电厂仍有能力维持安全状态。这两条假设在多数情况下是适用的。然而，进一步的研究表明，这两条假设是不充分的，有时不是保守的。某些系统在某些事故下无故障比单一故障更不安全,而操纵员的干预有时会使机组状况急剧恶化。

除最严重的单一故障外,分析中还有其他四个附加的补充保守假定:

(1) 事故同时合并失去厂外电源;

(2) 反应性价值最大的一组控制棒卡在全提棒位置不能下插;

(3) 分析中只考虑安全相关设备,不计及非安全设备的缓解功能;

(4) 必要时考虑合并不利的外部条件。

根据美国联邦法规 10 CFR50 附录 K 的要求,分析所用核电厂参量应取对结果不利的保守值,例如:①功率:增加 2% 测量不确定性,即取 102% 额定功率;②温度:根据事故性质,增或减 2.2℃;③主系统压力:根据事故性质,增或减 0.21MPa;④保守的仪表与控制棒响应时间延迟;⑤不取用第一个停堆信号。

4.1.3　验收准则

判定确定论分析结果是否符合安全法规要求,采用了一套定量的判据,这些判据被称为验收准则 (acceptance criteria)。四类事故严重程度不同,验收准则也有所区别。换句话说,DBA 的验收准则与特定 DBA 的发生频率有关。越容易发生的事件,其验收准则越严格。

定性的反应堆热工水力学设计准则如下:

(1) 正常运行和运行瞬变工况下预计不发生燃料损伤;

(2) 事故后反应堆可以转入安全状态,只有一小部分燃料元件受损,事故中释出的放射性物质应当对公众不构成威胁;

(3) 在最严重事故引起的瞬变之后,反应堆可以转入安全状态,且堆芯结构能维持次临界和可接受的冷却特性。

为了保证燃料不发生烧毁或熔化,对于 Ⅰ 类和 Ⅱ 类工况,有如下定量准则:

燃料芯块的最高温度不超过 2260℃,这与燃耗末期燃料芯块的熔化温度 2590℃ 相比,留有大于 300℃ 裕量;

燃料线功率不超过 59.0kW/m,这与前一条表述的是同样内容。考虑到压水堆平均线功率约为 17.8kW/m,可以推知堆芯热点因子 F_Q 不得大于 3.3;

最小偏离泡核沸腾比 DNBR,在用临界热流量 W-3 公式估算时,不得小于 1.3,这可以保证在 95% 的置信度下 95% 的燃料元件不发生烧毁;

燃料元件包壳外壁面温度不超过 425℃。

第 Ⅳ 类工况是预计电厂寿期中不会出现的事故,事故后允许有部分燃料元件损坏,称为极限事故,因而此类事故不遵守 DNBR 准则。经过对燃料元件和包壳的仔细研究,提出了更为具体的验收准则,即最终验收准则。

大破口失水事故是最富挑战性的极限事故,其最终验收准则共五条。

(1) 包壳最高温度不得超过 1204℃。该准则的设置意图是防止锆水反应的激化。当锆包壳温度达到 850℃ 时,锆水反应显著发生,它所产生的热功率每 50℃ 左右上升一倍。1200℃ 时,锆水反应热已与局部衰变热功率相当;超过 1200℃,锆水反应有自激励的可能而导致整个包壳熔化、氧化或形成低共熔混合物。

(2) 包壳的局部最大氧化量不超过反应前包壳总厚度的 17%,以防止过量氧化的氢脆导致包壳机械强度不足而破裂。

（3）包壳氧化产氢量不得超过假设所有锆均与水反应所释氢总量的 1%，以限制安全壳内氢爆的危险。

（4）堆芯必须保持可冷却的几何形状。

（5）必须能保证事故后排出衰变热的长期冷却能力。

4.2 概率安全评价法

概率安全评价（PSA）又称概率风险分析（probabilistic risk assessment，PRA），是 20 世纪 70 年代以后发展起来的一种系统工程方法。它采用系统可靠性评价技术（即故障树分析、事件树分析）和概率风险分析方法对复杂系统的各种可能事故的发生和发展过程进行全面分析，从它们的发生概率以及造成的后果综合进行考虑。美国在 1975 年发表了《反应堆安全研究》（WASH-1400）。自从这次具有里程碑意义的研究以来，在方法上已经有了实质性的发展，概率安全评价已经成为核电厂安全评价的一个标准化工具。

1979 年美国三里岛核事故发生后，人们发现这种事故的整个发生发展过程在 WASH-1400 中已有明确预测。从此以后，概率安全评价得到广泛承认。许多工业发达国家和一些发展中国家先后组织了专门小组来研究这一方法，并在各方面得到广泛应用，以此分析设计中的薄弱环节，改进设计、诊断故障、指导运行、制定维修策略等，并逐步发展为进行安全评价和安全决策的重要工具。

确定论法是根据以往的经验和社会可接受的程度，人为地将事故分为"可信"与"不可信"两类。对压水堆核电厂来说，将主冷却剂管道冷管段双端剪切断裂作为最大可信事故，在设计中作了认真考虑，并加以严密的设防。即便这种严重的始发事件发生，因有应急堆芯冷却系统等安全设施的严密设防，未必会产生严重的后果。而对那些后果较轻的事故，例如一回路管道小破口失水事故、核电厂运行中发生的运行瞬变等，未进行深入研究，在核电厂运行管理和人员培训等方面也未予以应有的重视。而 1979 年美国三里岛核电厂事故的主要原因就是由于人们对过渡工况和小破口失水事故的现象缺乏充分的了解，造成因操纵员的误判断而操作一再失误，使原来并不严重的事故一再扩大，成为商用核电史上一次严重的堆芯损坏事故。PSA 法认为事故并不存在"可信"与"不可信"的截然界限，仅仅是事故发生的概率有大小之别，一座核电厂可能有成千上万种潜在事故，事故所造成的社会危害理应用所有潜在事故后果的数学期望值来表示，这个数学期望值就是风险。核电厂风险研究中指出，堆芯熔化是导致放射性物质向环境释放的主要因素，而小破口失水事故和运行瞬变是引起堆芯熔化的主要原因。三里岛事故的教训说明，采用 PSA 法是更为合理的。

可以将风险看成人们从事某种活动，在一定的时间内给人类带来的危害。不同的人对风险可能有不同的理解。这种不一致性可能在风险评价和管理中引起严重的混乱。"风险"一词在字典中定义为："生命与财产损失或损伤的可能性"。按此定义转化为数学上的语言，可能性即为事件发生的概率，如果以每年发生的概率计算即为事件发生的频率，生命与财产损失或损伤即为事件发生造成的后果，"的"即为"乘积"。所以通常将风险定义为事件发生频率和事件后果大小的乘积，即

$$风险 R（损害/单位时间）＝P（事件/单位时间）\times C（损害/事件）$$

风险又可分为个人风险和社会风险两类。个人风险系指在单位时间内由于发生某一确定

事件而给个人造成的后果。社会风险系指对整个社会群体造成的后果。显然，社会风险等于个人风险与该群体内人数的乘积。

作为示例，分析美国汽车车祸带来的风险。根据统计，美国每年大约有 15×10^6 起车祸。每发生一起车祸平均损失 300 美元，每发生 300 起事故大约有 1 人死亡。

这样，因汽车事故造成的经济损失为

$$15 \times 10^6 \text{ 次事故/年} \times 300 \text{ 美元/次事故} = 4.5 \times 10^9 \text{ 美元/年}$$

因汽车事故造成的死亡数是

$$15 \times 10^6 \text{ 次事故/年} \times 1 \text{ 人死亡/300 次事故} = 50\ 000 \text{ 人死亡/年}$$

如美国人口按两亿计算，则平均个人风险为：2.5×10^{-4} 死亡/(人·年)，0.075 次事故/(人·年)和22.5美元/(人·年)。

显然，这些汽车事故的风险在美国认为是可以接受的。如考虑 40 年内每年行驶 50 000km，他们的风险可能是每 300 人中有一人丧生。

类似地，将风险定义用于核电厂。可以求出核电厂给公众造成的风险 R，即

$$R = \sum_{i=1}^{M} c_i p_i \tag{4-1}$$

式中：p_i 为发生 i 种失效模式的事故发生频率；c_i 为由于发生 i 种失效模式造成的后果；M 为所有失效模式的总数。

在上述风险定义中，实质上人们对风险作了线性叠加的假设，这有着明显的缺点，它并没有考虑人们的心理影响。从表面上看，大量的后果轻的小事故和少量的后果严重的事故风险值可以相等。但是，人们总觉得在同等风险值下，少量的严重事故的社会影响要大得多。对于每年汽车事故造成 50 000 人死亡是不足为奇的，因为每一次事故涉及的最多只是少数人死亡，但单一事故造成 50 000 人死亡则是很难接受的。

为了在风险定义中加进这种非线性，将风险定义改为

$$R = \sum_{i=1}^{M} c_i^{\nu} p_i \tag{4-2}$$

式中：ν 为考虑风险可接受性的修正因子，$\nu > 1$，按 NUREG-0739 的推荐，ν 取 1.2。

表 4-1 给出各种不测事故的个人风险。显然，对于高于 10^{-6} 的风险，人们愿意花相当多的钱和时间去采取预防措施。N. Rasmussen 等学者在 1974 年首次发表了为美国原子能委员会所做的一项研究工作，它大体上根据 20 世纪 60 年代后期的科技水平，估计了与反应堆运行有关的风险。他们利用故障树和事件树的概率分析方法估算了不同情况下的各种风险，以求得社会的和个人的风险估计值。他们的结论表明，可以预计美国每年因各类事故而死亡的有 115 000 人，而如果有 100 座核电厂在运行，每百年因反应堆事故死亡的只有 4 人。给出的个人的风险大约为 2×10^{-10} 死亡/(人·年)，这个概率是很小的。换一种说法，可以看出在美国由于 100 座核电厂运行而造成 1000 人死亡的概率，同因陨石冲击造成死亡的可能性相等。因地震造成同样多人死亡的概率可能要大 30 000 倍以上。

由此表可以看出，核电的风险按任何标准计算都应认为是可以接受的。随着设计和工艺的改进、运行经验的积累，核电造成的风险还在逐渐降低。

一般认为人年均死亡概率小于 10^{-7} 是一个可接受的风险值，它比现有社会事故风险水平 6×10^{-4} 死亡/(人·年)要小 3~4 个数量级。

表 4 - 1　　　　　　　　　　　各种原因引起的人身早期死亡风险

事 故	1969 年死亡总人数	个人风险死亡 (人·年)	事 故	1969 年死亡总人数	个人风险死亡 (人·年)
汽车	55 791	3×10^{-4}	落物	1271	6×10^{-6}
坠落	17 827	9×10^{-5}	触电	1148	6×10^{-6}
火灾和高温	7451	4×10^{-5}	火车	884	4×10^{-6}
溺水	6181	3×10^{-5}	雷击	160	5×10^{-7}
中毒	4516	2×10^{-5}	飓风	118	4×10^{-7}
枪击	2309	10^{-5}	龙卷风	90	4×10^{-7}
机械	2054	10^{-5}	其他	8695	4×10^{-5}
小船	1743	9×10^{-6}	所有事故	115 000	6×10^{-4}
飞机	1778	9×10^{-6}			

4.2.1　概率安全评价研究范围和实施程序

在核电厂概率安全评价（PSA）的应用中，可以分为三个级别。

一级 PSA——系统分析。对核电厂运行系统和安全系统进行可靠性分析，确定造成堆芯损坏的事故系列，并作出定量化分析，求出各事故序列的发生频率，给出反应堆每运行年发生堆芯损坏的概率。

一级 PSA 分析可以帮助分析核电厂设计中弱点，指出防止堆芯损坏的途径。

二级 PSA——一级 PSA 结果加上安全壳响应的评价。分析堆芯熔化物理过程和安全壳响应特性，包括分析安全壳在堆芯损坏事故下所受的载荷，安全壳失效模式，熔融物质与混凝土的相互作用，放射性物质在安全壳内释放和迁移。结合第一级 PSA 结果确定放射性物质从安全壳释放的频率。

二级 PSA 分析可以对各种堆芯损坏事故序列造成放射性物质释放的严重性作出分析，找出设计上的弱点，并对减缓堆芯损坏后导致事故后果的途径和事故处理提出具体意见。

三级 PSA——二级 PSA 结果加上厂外后果的评价。分析放射性物质在环境中的迁移，计算出核电厂厂外不同距离处放射性浓度随时间的变化。结合第二级分析的结果，按公众风险的概念确定放射性事故造成的厂外后果。

三级概率安全评价能够对后果减缓措施的相对重要性作出分析，也能对应急响应计划的制定提供支持。

图 4 - 1 所示为核电厂概率安全评价的程序。

1. 初始信息的收集

概率安全评价是一项内容广泛的整体研究工作，需要有大量的信息。所需信息与分析的范围有关，可以分为以下三大类：

（1）电厂设计、厂址和运行的信息；

（2）一般性数据和电厂具体数据；

（3）关于 PSA 方法的文件报告。

第一级分析需要有最终安全分析报告、管路系统图、电气系统图和仪表系统图；关于所研究系统的说明性资料；试验、维修、运行以及审批规程。这些信息是必要的，以便向分析

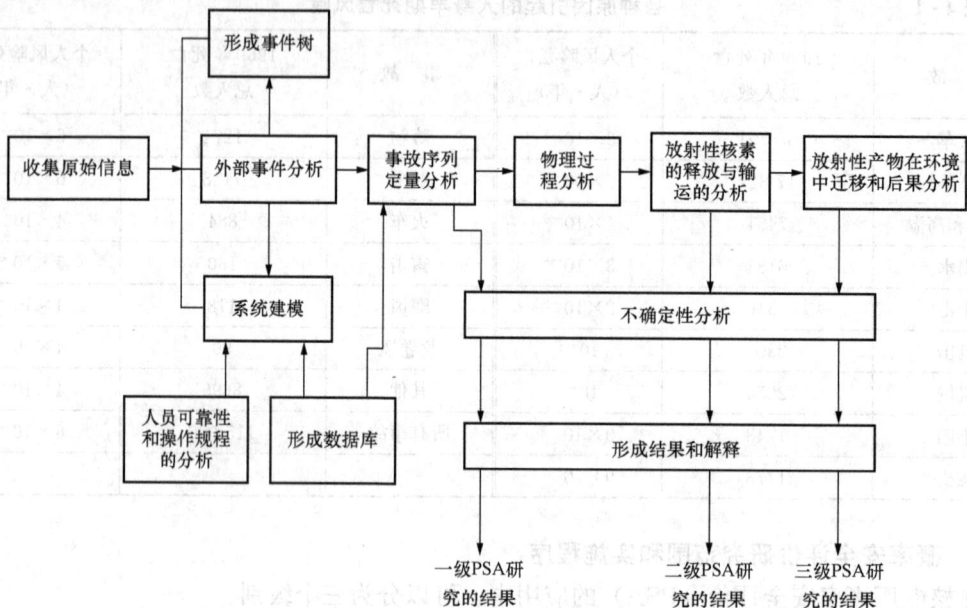

图 4-1　核电厂概率安全评价的程序

人员提供一套尽可能完整的电厂设计和运行的文件报告。

第二级分析所需要的附加信息包括关于反应堆冷却剂系统和安全壳更详细的设计资料。安全壳结构设计的信息应包括它的尺寸、质量和材料。

第三级分析需要厂址处具体的气象数据，以计算放射性核素在环境中的输运问题。

2. 系统分析

此项任务包括事故序列的定义、电厂系统及其运行特性的分析、始发事件、部件失效和人因数据库的形成以及事故序列频率的评估。应该说这是 PSA 工作的主要组成部分，它包括多项分任务。在进行核电厂系统和事故序列分析时，由于相关性而需要作多次反复迭代才能得出正确的结果。

（1）形成事件树。该项任务就是要分析由始发事件与各系统成功或失效组合而形成的各种事故序列，包括确定所要分析的各类始发事件，说明响应始发事件所涉及的系统或采取的行动。对每一始发事件或者具有同一事件树结构的一类始发事件，形成各自的事件树。

所分析的始发事件分为内部始发事件和外部始发事件两大类。

（2）系统建模。这项任务是对 PSA 中所涉及的电厂系统进行可靠性分析。

系统建模的方法有可靠性框图法、故障树方法、马尔可夫分析法、FMEA 法和 GO 法。目前在核电厂 PSA 中广泛采用的是故障树分析法。在系统建模中，应考虑系统试验、维修和人为差错、共模失效以及系统相互作用等因素。

（3）人因可靠性和规程的分析。根据对 LER（执行申请者事件报告）的研究发现，在造成对环境有放射性物质释放的事件中，有 43% 是由于人员差错违章或规程缺乏所造成的。

现有 PSA 研究工作也表明人因可靠性的重要性。因而在 PSA 分析中应包括对试验、维修和规程的审查，应找出可能的人员差错，并在 PSA 中加以分析。

（4）数据库的形成。事故序列定量分析需要有部件的数据库。PSA 中所使用的数据可以有两个来源：① 现有的通用数据；② 电厂运行所累积的特有数据。

（5）事故序列定量分析。该项任务是根据始发事件的发生频率和相应各电厂系统失效概率或人因可靠性，利用计算机程序算出事件树中各事故序列的发生频率。

3. 安全壳分析

安全壳分析由两项分析任务组成。

（1）物理过程分析。堆芯熔化事故将会引起堆芯、压力容器、反应堆冷却剂系统和安全壳内许多物理过程。目前，已经发展了一些计算机程序来分析这些物理过程，其计算结果可帮助人们透彻了解与事故序列有关的各物理现象和预计安全壳是否失效。

对每个所讨论的事故序列建立安全壳事件树。如果预计安全壳会失效，则要分析何时发生失效，何处发生失效以及释放出的能量。

（2）放射性核素释放和输运的分析。对每一种可能造成安全壳破裂的堆芯熔化事故，必须估计释放到环境中去的放射性核素总量。利用计算模型分析事故期间从反应堆燃料释放出的放射性核素总量，并估计安全壳失效之前放射性核素在安全壳内的输运和沉积。该分析的结果是预计每个事故序列下安全壳失效时释放到环境中去的放射性核素总量。

4. 放射性核素在环境中的迁移和后果评价

根据安全壳分析提供的从安全壳释放出来的源项，利用厂址处具体的气象数据和局部地形信息，分析放射性核素在环境中的输运和弥散，计算核电厂周围居民受到的放射性剂量和造成的健康效应。最后给出核电厂放射性物质释放造成的各种后果：早期死亡、晚期癌症死亡和财产损失。

5. 外部事件的分析

外部事件包括有火灾、地震和水淹。这项任务利用电厂系统分析中建立起的模式，可以从外部事件的观点独立地对模式进行分析，或者是对模型加以修正，以明确反映外部事件的影响。为了描绘所分析的外部事件序列，要建立一些附加的事件树。

6. 不确定性分析

不管分析的范围如何，不确定性分析都是 PSA 中的一个必要的组成部分。在 PSA 分析的每一步都有不确定性问题，有些不确定性可能还很大。不管是定性还是定量分析，都要考虑数据库的不确定性、模型化时假设的不确定性以及分析的完整性。

4.2.2 事件树分析法（even tree analysis，ETA）

一个特定事件的后果，不仅取决于始发事件，还与随后的瞬变期间反应堆安全系统能否发挥其正常功能有关。因此有必要分析在一个或几个安全系统故障时的事故后果。事件树是进行风险评价的有效工具。下面以压水堆核电厂的失水事故为例，简要说明事件树的构造和用途。

图 4-2 所示为压水堆核电厂失水事故的事件树。初始事件是一回路系统的主管道破裂，失水事故进一步扩展可能涉及的系统或设备为电源、应急堆芯冷却系统、放射性裂变产物去除系统和安全壳等。假定每个系统或设备有正常和故障两个状态，对事件树的展开取双树叉状，以上树枝代表系统或设备的功能正常，下树枝代表系统或设备的功能失效。如果事件树中包含 n 个系统或设备，则将产生 2^{n-1} 种事故序列。在本例中涉及 5 个系统或设备，故将产生 16 种潜在的事故序列。在更详细的分析中，事件树可涉及更多的系统或设备。譬如在失水事故后，反应堆停堆系统的功能是否正常也可作为一事件。又如在图 4-2 中包含的事件

管道破裂 (A)	EP 电源 (B)	ECI 应急堆芯 冷却系统 (C)	PARR 裂变产物 去除系统 (D)	CI 安全壳 完整性 (E)	事故序列发生概率 $p_i=0.1$ $\quad$ $1-p_i\simeq1$

始发事件 p_A

- $1-p_B$ 成功
  - $1-p_{C1}$
    - $1-p_{D1}$
      - $1-p_{E1}$ → p_A
      - p_{E1} → $p_A\times p_{E1}$
    - p_{D1}
      - $1-p_{E2}$ → $p_A\times p_{D1}$
      - p_{E2} → $p_A\times p_{D1}\times p_{E2}$
  - p_{C1}
    - $1-p_{D2}$
      - $1-p_{E3}$ → $p_A\times p_{C1}$
      - p_{E3} → $p_A\times p_{C1}\times p_{E2}$
    - p_{D2}
      - $1-p_{E4}$ → $p_A\times p_{C2}\times p_{D2}$
      - p_{E4} → $p_A\times p_{C1}\times p_{D2}\times p_{E4}$
- p_B 失效
  - $1-p_{C2}$
    - $1-p_{D3}$
      - $1-p_{E5}$ → $p_A\times p_B$
      - p_{E5} → $p_A\times p_B\times p_{E5}$
    - p_{D3}
      - $1-p_{E6}$ → $p_A\times p_B\times p_{D3}$
      - p_{E6} → $p_A\times p_B\times p_{D3}\times p_{E6}$
  - p_{C2}
    - $1-p_{D4}$
      - $1-p_{E7}$ → $p_A\times p_B\times p_{C2}$
      - p_{E7} → $p_A\times p_B\times p_{C2}\times p_{E7}$
    - p_{D4}
      - $1-p_{E8}$ → $p_A\times p_B\times p_{C2}\times p_{D4}$
      - p_{E8} → $p_A\times p_B\times p_{C2}\times p_{D4}\times p_{E8}$

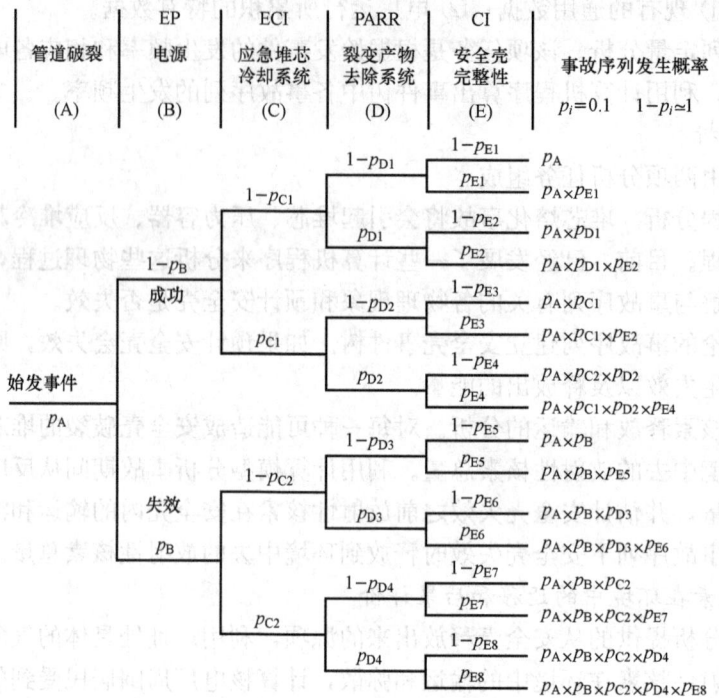

图 4-2 压水堆核电厂失水事故的事件树

也可再细分，以应急堆芯冷却系统为例，就可分为失水初期的应急堆芯注入（ECI）和随失水事故瞬变后的再循环冷却（ECR）。因为，在冷却剂管道断裂的最初几分钟内，应急堆芯冷却系统（ECCS）必须极快地向堆芯注入高压和大流量的冷却水。一旦堆芯被冷却水淹没，对注水压力和注水流量的要求大为降低。

随着分析项目的增加，事件树的规模也就越来越大。为了便于分析，往往要将事件树进行简化。实际上，可根据事件树所涉及的系统或设备的工程性质以及各个系统或设备之间的依存关系，剔除事件树中的某些分支而并不影响事故后果分析的精确度。系统运行中存在着依存关系，即某一系统故障将导致另一些系统运行中止。例如，图 4-2 中如电源 EP 故障，事件树中 ECI、PARR、CI 等功能都因失去电源而失效；这样，图 4-2 可用图 4-3 代替。

由上述分析可知，对于某个始发事件，可以引申出许多事件序列。若用 p_i 表示一个系统或设备的失效率，则其正常运行的概率为 $1-p_i$。假定事件是独立的，那么对一定的事件序列发生的概率就是该序列中各个独立事件发生概率的乘积。事件树中各事件序列涉及的系统或设备的故障概率可借助故障树分析法求得。

4.2.3 故障树分析法（fault tree analysis，FTA）

故障树是用来确定由事件树定出的事故的途径中的各种系统的失效概率。选择系统某一特定事故（或最不希望发生的状态）作为分析目标，以它作为故障分析的出发点，一般称为顶事件（终端事件）；顶事件一经选定后，运用工程和数学的推理，可以进一步深入探查造成这一顶事件发生的其他故障及这些故障如何组合和发展的途径。

图 4-4 是一个用于分析失去工程安全电源事故概率的故障树。在核电厂中，工程安全电源是由交流电源和直流电源两者组成的，不论是交流电源故障或直流电源故障都将使工程

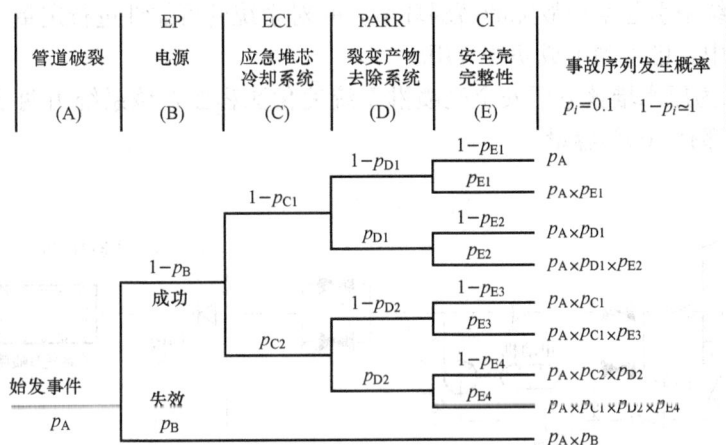

图 4-3 压水堆核电厂失水事故事件树

安全电源失效。因此，以失去工程安全电源为顶事件时，故障树的第一级将是一个逻辑或门。如果交流电源和直流电源的故障概率分别为 p_{AC} 和 p_{DC}，那么，失去工程安全电源的故障概率 p_{EP} 为

$$p_{EP} = p_{AC} + p_{DC}$$

如果有足够的数据可以确定出交流电源和直流电源的故障概率 p_{AC} 和 p_{DC} 时，就可以直接计算出失去工程安全电源的故障概率 p_{EP}。这些数据中如有不知道的，就需要对故障树作进一步的分析。

例如，在发生失水事故中，交流电源的来源有两个，即由地区电网供给的外电源和由备用柴油机发电机组供给的厂内电源。它们之间是相互独立的，只有当两者都发生故障时，才会失去交流电源。因

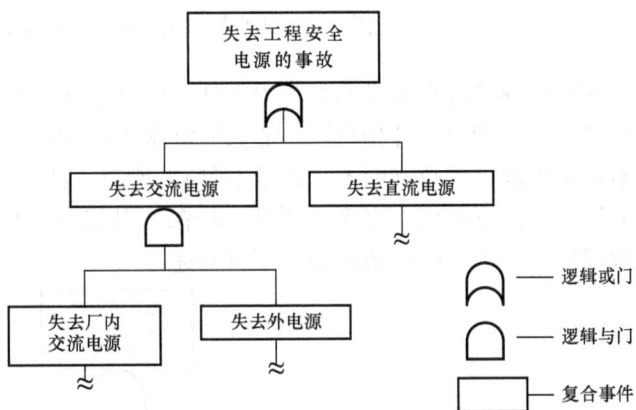

图 4-4 失去工程安全电源事故概率的故障树

此，它们在图 4-4 中，就应由逻辑与门连接在一起，如果失去外电源和厂内电源的概率分别是 p_{NS} 和 p_{ES}，显然，失去交流电源的故障概率 p_{AC} 应为

$$p_{AC} = p_{NS} p_{ES}$$

而失去工程安全电源故障概率 p_{EP} 可写为

$$p_{EP} = p_{NS} p_{ES} + p_{DC}$$

如果不知道失去外电源故障概率 p_{NS} 和失去厂内电源的故障概率 p_{ES} 的数据，则故障树结构还应再往下一级扩展，展开到最后不能或不需要进一步展开的事件为止。

在故障树分析中所得到的故障概率 p_{EP}，即是事件树中电源系统故障概率 p_B。

从以上的例子中可以看出，故障树就是连接初始事件和终端事件，用来分析系统（或设备）产生某种故障原因的一种逻辑结构。故障树分析能帮助弄清产生某一种故障的机理，能

指出复杂动态系统中引起某种故障的薄弱环节，并对系统的可靠性进行定量分析，目前，在反应堆安全分析中，已得到了成功的应用。

图 4-5 所示为压水堆核电厂安全壳喷淋系统简化流程图，该系统由两条喷淋注射回路组成，每条回路都有 100%容量。

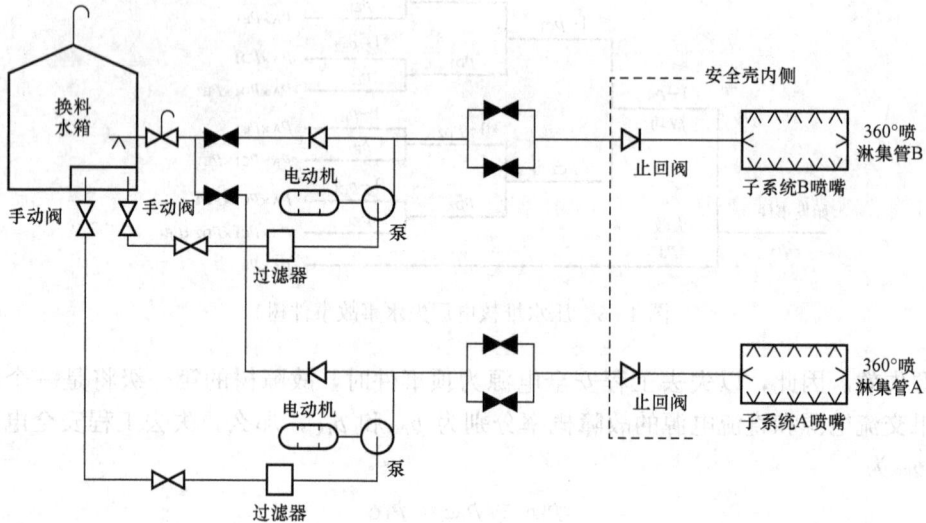

图 4-5 压水堆核电厂安全壳喷淋系统简化流程图

如果选择喷淋水流量不足为顶事件，两条喷淋注射回路同时失效时，顶事件才发生，所以用"与门"和顶事件相连接。造成喷淋水不能到达喷淋管嘴的直接原因有四个，其中每个因素都可引起该事故（喷淋水流量不足），所以，用"或门"与前一级事件相连接。按类似的方法逐级向下扩展，直至无须进一步深究其发生原因的因素时为止。图 4-6 所示为该系统故障树的上部，受篇幅限制，不再赘述。

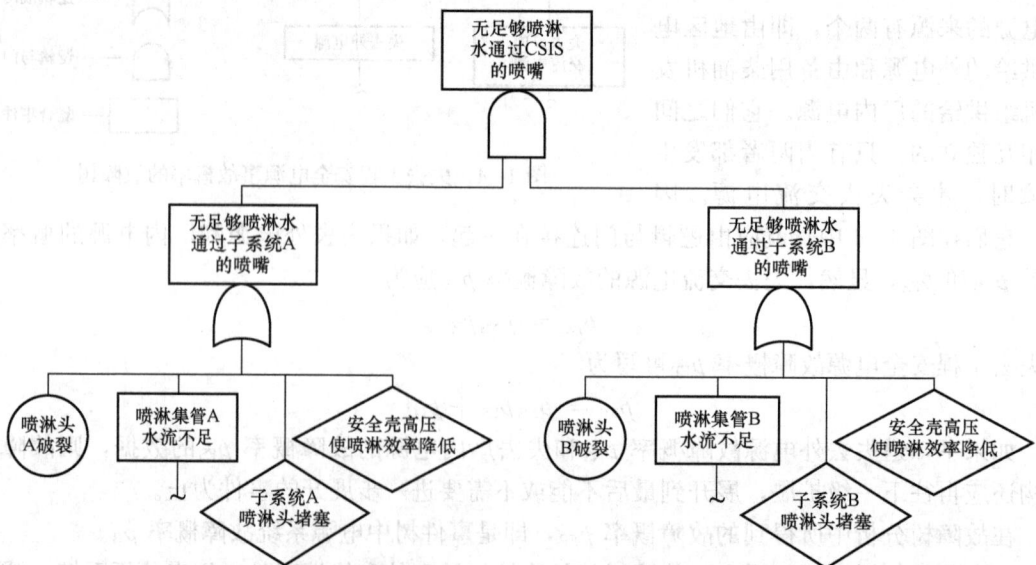

图 4-6 压水堆核电厂安全壳喷淋系统故障树

在图 4-6 中，圆形符号表示底事件，指由系统内部部件失效和人为失误引起的事件，通常应有足够的原始数据，又称基本事件，即它不能再分解，是在设计、运行条件下发生的固有随机事件。菱形符号表示待发展事件，它可能是由于缺乏资料、时间或数值，不需要或无法再作进一步分析的事件，作为底事件处理；其中实线菱形表示硬件故障事件，如果是人为失误引起的故障事件，则用虚线菱形表示。

4.2.4 PSA 研究结果[2]

1975 年 10 月，美国核管理委员会发表的《商用轻水堆核电厂安全研究》报告（WASH-1400）是第一次使用概率风险方法评价核电厂安全性的报告。随后联帮德国等国家也相继发表了应用概率风险法评价核电厂安全性的报告。在这些报告中都阐明了核电厂的风险远比其他能源工业和社会风险小得多的结论，这是因为：

（1）在许多情况下，潜在的反应堆事故后果远比非核事故小，根据对各种最大风险评价的研究，这些后果比人们原来想象的要小得多。

（2）反应堆发生事故的可能性比许多有类似后果的非核事件小得多。这些非核事件主要是指火灾、决堤、爆炸、有毒的化学释放、地震、龙卷风和飞机坠毁等。

图 4-7 和图 4-8 所示为 100 座核电厂和自然灾害或人为因素所造成的风险的比较。分析表明，不仅非核事件引起的伤亡是核事件的 1 万倍，而且其经济损失也大大超过核事故，是核事故的 100～1000 倍。这些报告中还提出了三个重要的论点。

（1）核电厂的主要风险来自能导致燃料熔化的那些事故，在分析了大量的堆芯熔化和非熔化事故后，发现其中有些事故发生的概率十分低，有些事故的后果并不严重，所以能真正导致放射性物质释放的潜在事故并不多。

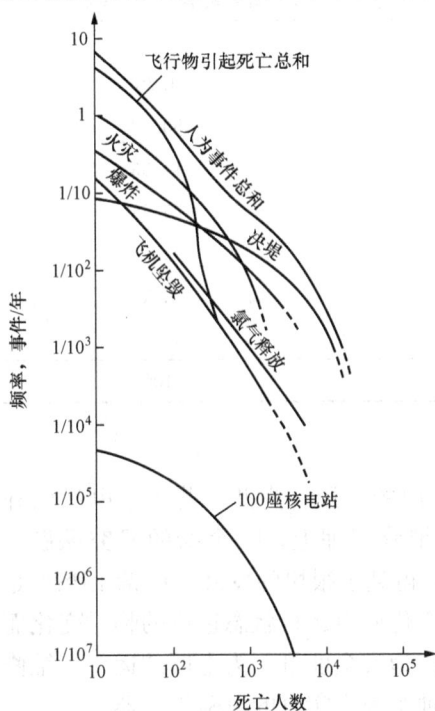

图 4-7 人为事件引起人员死亡的频率　　　　图 4-8 自然事件引起人员死亡的频率

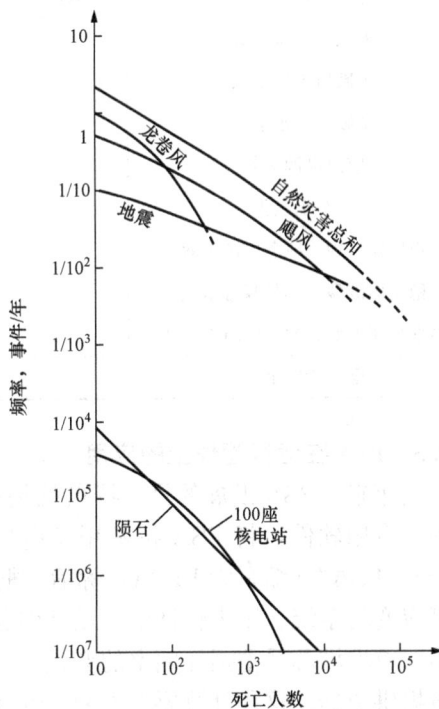

（2）主冷却剂系统的小破口失水事故最易造成燃料熔化，见表 4-2。联邦德国曾对比布利斯（Biblis）B 核电厂（1300MW 压水堆型）进行了风险研究，也证实小破口和瞬态事故是应该考虑的主要事故，见表 4-3。由表 4-2 和表 4-3 可以看出，大破口失水事故引起堆芯熔化的概率占堆芯总熔化概率的 0.6%～6%，而由小破口和瞬态事故引起的却占到 74%～81%。这就说明在反应堆安全研究中应该重视小破口和瞬态事故的研究。

（3）人为失误往往加剧了事故的严重性。三里岛核电厂事故完全证实了这个论点。该事故的诱发原因是小破口失水，但由于人为的多次误操作大大加剧了事故的严重性，以致造成了压水堆堆芯的部分熔化。

表 4-2　　　　　　　　　WASH-1400 关于各始发事件对堆芯熔化频率贡献

始发事件名称	引起堆芯熔化的频率[1/(堆·年)]	在总熔化频率中所占百分比（%）
大破口失水事故	3.4×10^{-6}	5.9
中破口失水事故	6.9×10^{-6}	12
小破口失水事故	2.6×10^{-5}	45.5
压力容器破裂	1.1×10^{-7}	0.2
一回路系统压力边界设备失效	4.8×10^{-6}	8.4
瞬 态 事 件	1.6×10^{-5}	28
全部始发事件	5.72×10^{-5}	100

表 4-3　　　　　　　联邦德国风险研究中关于各始发事件对堆芯熔化的频率贡献

始发事件名称	引起堆芯熔化的频率[1/(堆·年)]	在总熔化频率中所占百分比（%）
大破口失水事故	5.0×10^{-7}	0.46
中破口失水事故	2.0×10^{-6}	1.78
小破口失水事故	5.7×10^{-5}	50.69
应急电源失效	1.3×10^{-5}	11.56
主给水丧失	3.0×10^{-5}	26.68
稳压器破裂、应急电源失效	7.0×10^{-6}	6.71
稳压器破裂、其他瞬态事故	2.0×10^{-6}	1.78
停堆功能失效、预计的瞬态事故	1.0×10^{-6}	0.88
全部始发事件	11.25×10^{-5}	100

4.2.5　PSA 在运行管理上的应用

近年来，PSA 发展的另一特点就是在运行管理方面的应用。为此，若干个电厂已开始发展了专用软件，将 PSA 技术用于电厂的日常运行维修管理上，一个新的研究课题——"Living PSA"（缩写为 LPSA，称活的概率安全评价）得到了很快的发展。所谓 LPSA 是一个可应变的系统，用来估计由于设计引起的电厂永久变化或由运行状态造成的临时变化而导致的反应堆堆芯严重损坏频率的变化。并以这种变化作为安全度量，为电厂的运行、维修和决策提供依据。这种计算要求方便、快速，有人称这种系统为实时的风险指示器。

美国一家公司发展了一个软件系统 PRISIM（plant risk status information management system），现已用于 Arkansas Nuclear One-Unit 1 （ANO-1）。英国中央电力局（CEGB）在

Heysham-2 核电厂（AGR）上采用了一个类似的系统 ESSM（essential system status monitor）。这些系统一方面能提供大量根据电厂基本状况所进行的 PSA 给出的信息，包括支配性事故序列，安全相关系统、子系统、设备的重要度排序，支持系统相关性资料，技术规格书的资料等；另一方面能给出由电厂状态的改变而得到的新的信息，即由一个或多个部件退役而对电厂的安全引起的影响，新条件下事故序列和设备重要度的排序，给运行人员提供决策建议，什么条件下电厂由运行状态转入维修状态，什么条件下电厂由维修状态恢复到运行状态等。

4.2.6　PSA 在新型反应堆设计上的应用

在新型反应堆设计中利用 PSA 有以下优点：

（1）能够评价各种不同的设计选择方案；

（2）识别设计中的缺点；

（3）在事故预防和事故缓解之间建立综合平衡；

（4）从概率安全评价的角度识别各系统和部件的重要性；

（5）找出与人因错误密切相关的一些问题。

为此，各国管理当局建议在设计新型反应堆时使用 PSA 技术。例如在法国和德国联合编写的"未来压水堆核电厂总体安全"文件，特别给出了 PSA 应用指南，强调在设计阶段利用 PSA 作为一种重要工具，可以对电厂的缺点作出深刻的了解，对设备和人因错误等复杂状态作出合适处理。设计阶段的 PSA 能够实现下列目的：支持对设计选择方案的挑选，分析安全系统冗余性和多样性，在安全概念和安全实践之间找到合适的平衡，对改进后的安全水平与当前安全水平作出评价。

在设计阶段 PSA 的实施，可以分成几步进行：在概念设计阶段只作简化评价；在工程设计阶段，当有了更确定的设计资料时，可以进行更完整的研究，分析不同的设计方案，并作敏感性分析。

为了进一步扩大 PSA 的应用范围，也需要作进一步的改进。第一是改进数据库，包括更好的部件可靠性数据、更好的维护经验数据，以及更好的运行核电厂的反馈；还需要根据热工水力程序和源项再评价，对电厂得出各种评价和认识。第二是改进 PSA 方法的本身，特别是对人因工程、共模失效的研究。

参 考 文 献

[1] 朱继洲. 核反应堆安全分析. 西安：西安交通大学出版社；北京：原子能出版社，2004.

[2] 朱继洲. 核电厂安全：2 版. 中国广东核电集团苏州核电学院，2006.

第5章 核电厂安全运行——运行工况和事故分类

5.1 核电厂运行工况与运行限值

5.1.1 核电厂运行工况分类

根据对核电厂运行工况所作的分析，1973 年，美国国家标准协会（American National Standard Institute，ANSI）按反应堆事故出现的预计概率和对附近居民可能带来的放射性后果，在 ANSI18.2—1973 中，把核电厂运行工况分为四类[1]，下面将分别进行介绍。

工况 I：正常运行和运行瞬变

（1）核电厂的正常启动、停闭和稳态运行；

（2）带有允许偏差的极限运行，如少量燃料元件包壳泄漏、一回路冷却剂放射性水平升高、蒸汽发生器传热管有泄漏等，但未超过规定的最大允许值；

（3）运行瞬变，如核电厂的升温升压或冷却卸压，以及在允许范围内的负荷变化等。

这类工况出现较频繁，所以要求整个过程中无需停堆，只要依靠控制系统在反应堆设计裕量范围内进行调节，即可把反应堆调节到所要求的状态，重新稳定运行。

工况 II：中等频率事件

该事件也称预期运行事件。这是指在核电厂运行寿期内预计出现一次或数次偏离正常运行的所有运行过程，出现的频率相对较大，但后果并不严重。由于设计时已采取适当的措施（如采取停堆、禁止提棒、排放蒸汽等措施），它只可能迫使反应堆停闭，可防止事故的进一步扩大，不会造成燃料元件棒损坏或一回路、二回路系统超压，不会导致事故工况。

工况 III：稀有事故

在核电厂寿期内，这类事故一般极少出现，它的发生频率为 $10^{-4} \sim 10^{-2}$ 次/(堆·年)。少量元件可能损坏，但不会严重损坏堆芯，一回路的完整性不会受到损坏，放射性物质可能会有微量扩散，但不影响厂区外的环境。处理这类事故时，为了防止或限制对环境的辐射危害，需要专设安全设施投入工作。

工况 IV：极限事故

这类事故的发生频率可估为 $10^{-6} \sim 10^{-4}$ 次/(堆·年)，因此被称作假想事故。它一旦发生，就会释放出大量放射性物质，将导致放射性物质扩散，对公众造成严重的危害，所以在核电厂设计中必须加以考虑。

核电厂安全设计的基本要求是：在常见故障时，对居民不产生或只产生极少的放射性危害；在发生极限事故时，专设安全设施的作用应保证一回路压力边界的结构完整、反应堆安全停闭，并可对事故的后果加以控制。

我国核行业标准 FJ/T312—1988《压水堆核电厂运行及事故工况分类》是根据美国核学会标准 ANSI 18.2—1973 和美国核管会 NRC RG1.70 中的工况（状态）分类编写的。虽然 ANSI 18.2 已被撤销，但仍被美国的用户要求文件（URD）以及 NUREG 1242《对 URD-II 进化型先进轻水堆核电厂用户要求文件的安全评价报告》等文件所引用，法国的 RCC-P 以及我国参考 RCC-P 编写的 GB/T 15761—1995 中也都有这四类工况的划分。

5.1.2　运行限值和条件

为保证核电厂安全运行，营运单位必须制定包括技术和管理两个方面的运行限值和条件[2]。运行限值和条件必须反映最终设计，并必须在核电厂运行开始之前经国家核安全监管部门评价和批准。运行限值和条件必须包括对各种运行状态（包括停堆在内）的要求，运行限值和条件还必须包括运行人员应采取的行动和应遵守的限制。包含运行限值和条件的有关文件都必须备在控制室，供控操纵员使用。

例如，为保证核电厂燃料元件屏障的完整性，从热工的角度看，大亚湾核电厂目前规定必须确保的两个安全限值是：DNBR>1.22，燃料棒最大线功率密度≤590W/cm。反应堆冷却剂系统升、降温速率不得超过 56℃/h，稳压器的升、降温速率不得超过 112℃/h。

运行限值和条件必须作为营运单位运行核电厂的一个重要依据。对运行负有直接责任的运行人员必须熟练掌握运行限值和条件，并保证遵守。

运行限值和条件可以分为以下几类：

（1）安全限值；

（2）安全系统整定值；

（3）正常运行的限值和条件；

（4）监督要求。

运行限值和条件必须具有如下目标：

（1）防止发生可能导致事故工况的状态；

（2）如果发生这种事故工况，则减轻其后果。

营运单位必须制定和实施监督大纲以保证遵守运行限值和条件，还必须评价监督结果并存档。

营运单位内部监督要求包括安全系统的定期校核、试验、标定和检查。核电厂营运单位必须制定监督大纲，并正确地付诸实施。对监督结果进行评价应列为大纲要求。

运行限值和条件是一个逻辑体系，在这个体系中，上述各类是密切相关的。

图 5-1 所示为以反应堆堆芯重要参数燃料包壳温度为例，阐明正常运行限值、整定值以及安全限值之间的相互关系，它显示了燃料包壳温度可能经受的不同形式的扰动。图 5-1 中假设在安全分析中已确定了被监测参数——冷却剂温度与燃料包壳温度之间的关系，对燃料包壳最高温度已规定了它的安全限值，超过此限值时，大量的放射性物质可能会从燃料中释放出来。在图 5-1 （b）中：

曲线 1 是负荷瞬变范围，这时，尽管有堆控制系统或操纵员的作用，受监测的冷却剂温度仍有可能超出稳态范围，但其上限值不会超过整定值；

曲线 2 是由监测参数指示的预计运行事件范围，被监测参数达到 A 点时，安全系统应立即投入，但由于仪表和设备响应的时滞，这种纠正行动要达到 B 点才真正起作用；

曲线 3 表示当某个安全系统或核电厂其他部分发生事故，且这类事故后果比设计所考虑情况更为严重时，燃料包壳温度可能会超过安全限值，使放射性物质大量释放出来。

图 5-1（a）中曲线 Ⅰ，Ⅱ，Ⅲ与图 5-1（b）中曲线 1，2，3 分别相对应。

5.1.3　运行指令和运行规程

必须制定全面的管理程序，管理程序包括制定、完善、验证、验收、修改和注销运行指令及运行规程（以后统称运行规程）的规则。

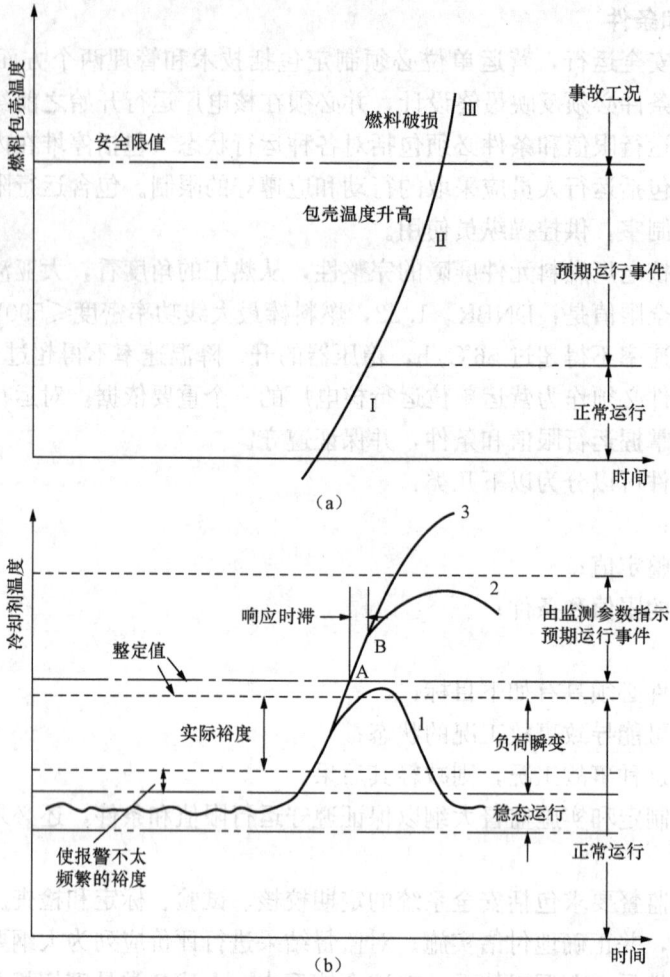

图 5-1　运行限值、整定值以及安全限值的关系

（以重要参数燃料包壳温度为例）

必须根据营运单位的政策和国家核安全监管部门的要求制定全面的适用于正常运行、预计运行事件和事故工况下的运行规程。各运行规程的详细程度必须与该运行规程的目标相一致。在运行规程中提供的指导必须清晰、简洁，并尽可能是已验证和确认为有效的。除制定正常运行规程，以保证核电厂运行在运行限值和条件内之外，还必须对预计运行事件和设计基准事故制定事件导向规程或状态（征兆）导向规程；必须制定应急运行规程或严重事故（超设计基准事故）管理指南。

5.2　核电厂事故分类

为了确保核电厂的安全，规定在安全分析报告中要对工况Ⅱ、Ⅲ、Ⅳ的事件或事故进行详细分析计算，给出定量的结果并评定其是否满足目前的规范和标准。所需分析的事故见表 5-1。

从表 5-1 可以看出，反应堆事故分析涉及反应堆物理、热工、控制、结构、屏蔽及剂量防护等各方面的问题，范围很广。

表 5-1 　　　　　　　　　　　　需作安全分析的事故

预期运行事件	稀有事故	极限事故
1. 堆启动时，控制棒组件不可控地抽出	1. 一回路系统管道小破裂	1. 一回路系统主管道大破裂
2. 满功率运行时，控制棒组件不可控地抽出	2. 二回路系统蒸汽管道小破裂	2. 二回路系统蒸汽管道大破裂
3. 控制棒组件落棒	3. 燃料组件误装载	3. 蒸汽发生器传热管断裂
4. 硼失控稀释	4. 满功率运行时，抽出一组控制棒组件	4. 一台冷却剂泵转子卡死
5. 部分失去冷却剂流量	5. 全厂断电（反应堆失去全部强迫流量）	5. 燃料操作事故
6. 失去正常给水	6. 放射性废气、废液的事故释放	6. 弹棒事故
7. 给水温度降低		
8. 负荷过分增加		
9. 隔离环路再启动		
10. 甩负荷		
11. 失去外电源		
12. 一回路卸压		
13. 主蒸汽系统卸压		
14. 满功率运行时，安全注射系统误动作		

表 5-1 中，蒸汽发生器单根传热管断裂事故由于其发生率偏高，已改作第Ⅲ类运行工况。

1975 年，美国核管理委员会颁布了《轻水堆核电厂安全分析报告标准格式和内容》（第二次修订版）。表 5-2 给出了其中规定需分析的 47 种典型始发事故，它们是目前轻水堆事故分析的主要项目。核电厂设计部门应针对这 47 种事故，对所有设计的核电厂进行计算分析，并证明所设计的核电厂能满足有关的安全标准。

表 5-2 　　　　　　　　　　安全分析报告分析的典型始发事故

1. 二回路系统排热增加
　1.1 给水系统故障使给水温度降低
　1.2 给水系统故障使给水流量增加
　1.3 蒸汽压力调节器故障或损坏使蒸汽流量增加
　1.4 误打开蒸汽发生器泄放阀或安全阀
　1.5 压水堆安全壳内、外各种蒸汽管道破损

2. 二回路系统排热减少
　2.1 蒸汽压力调节器故障或损坏，使蒸汽流量减少
　2.2 失去外部电负荷
　2.3 汽轮机跳闸（截止阀关闭）
　2.4 误关主蒸汽管线隔离阀
　2.5 凝汽器真空破坏
　2.6 同时失去厂内及厂外交流电源
　2.7 失去正常给水流量
　2.8 给水管道破裂

3. 反应堆冷却剂系统流量减少

    3.1 一台或多台反应堆主泵停止运行

    3.2 沸水堆再循环环路控制器故障，使流量减少

    3.3 反应堆主泵轴卡死

    3.4 反应堆主泵轴断裂

4. 反应性和功率分布异常

    4.1 在次临界或低功率启动时，非可控抽出控制棒组件（假定堆芯和反应堆冷却剂系统处于最不利反应性状态），包括换料时误提出控制棒或暂时取出控制棒驱动机构

    4.2 在特定功率水平下，非可控抽出控制棒组件（假定堆芯和反应堆冷却剂系统处于最不利反应性状态），产生了最严重后果（低功率到满功率）

    4.3 控制棒误操作（系统故障或运行人员误操作），包括部分长度控制棒误操作

    4.4 启动一条未投入运行的反应堆冷却剂环路或在不适当的温度下启动一条再循环环路

    4.5 一条沸水堆环路的流量控制器故障或损坏，使反应堆冷却剂流量增加

    4.6 化学和容积控制系统故障使压水堆冷却剂中硼浓度降低

    4.7 在不适当的位置误装或操作一组燃料组件

    4.8 压水堆各种控制棒弹出事故

    4.9 沸水堆各种控制棒跌落事故

5. 反应堆冷却剂装量增加

    5.1 功率运行时误操作应急堆芯冷却系统

    5.2 化学和容积控制系统故障（或运行人员误操作）使反应堆冷却剂装量增加

    5.3 各种沸水堆瞬变，包括1.2和2.1～2.6

6. 反应堆冷却剂装量减少

    6.1 误打开压水堆稳压器安全阀或误打开沸水堆的安全阀或泄漏阀

    6.2 一回路压力边界贯穿安全壳仪表或其他线路系统破裂

    6.3 蒸汽发生器传热管破裂

    6.4 沸水堆各种安全壳外蒸汽系统管道破损

    6.5 反应堆冷却剂压力边界内假想的各种管道破裂所产生的失冷事故，包括沸水堆安全壳内蒸汽管道破裂

    6.6 各种沸水堆瞬变，包括1.3、2.7和2.8

7. 系统或设备的放射性释放

    7.1 放射性气体废物系统泄漏或破损

    7.2 放射性液体废物系统泄漏或破损

    7.3 假想的液体储箱破损而产生的放射性释放

    7.4 设计基准燃料操作事故

    7.5 乏燃料储罐掉落事故

8. 未能紧急停堆的预期瞬变

    8.1 误提出控制棒

    8.2 失去给水

    8.3 失去交流电源

    8.4 失去电负荷

    8.5 凝汽器真空破坏

    8.6 汽轮机跳闸

    8.7 主蒸汽管道隔离阀关阀

《核电厂设计安全规定》（HAF-0200）于 1991 年 7 月 27 日由国家核安全局批准发布；新的《核电厂设计安全规定》（HAF-102）于 2004 年 4 月 18 日由国核安发 2004〔81〕号文件批准发布。新规定中定义电厂运行状态是正常运行（核电厂在规定的运行限值和条件范围内的运行）和预计运行事件两类状态的统称；事故工况是指比预计运行事件更严重的工况，包括设计基准事故和严重事故（超设计基准事故，严重性超过设计基准事故并造成堆芯明显恶化的事故工况），表 5 - 3 所示为核电厂工况分类。

表 5 - 3　　　　　　　　　　　　核电厂工况分类[2]

HAF102 和 IAEA NS-R-1 中的工况分类	运　行　状　态		事　故　工　况	
	正常运行（normal operation）	预计运行事件（anticipated operation occurrences）	设计基准事故（design basis accidents）①	超设计基准事故 beyond DBS
				严重事故（severe accidents）②
RG1.70，ANSI 18.2FJ/T312 中的工况分类	工况Ⅰ：正常运行（normal operation）	工况Ⅱ：中等频率事故（faults of moderate frequency）	工况Ⅲ：稀有事故（infrequent faults）	工况Ⅳ：极限事故（limiting faults）

① 没有明确地考虑作为设计基准事故，但可为设计基准事故可涵盖的那些事故工况。
② 没有造成堆芯明显恶化的超设计基准事故。

事故管理是对在超设计基准事故发展过程中所采取的一系列行动，包括防止事件升级为严重事故，减轻严重事故的后果，实现长期稳定的安全状态。

过去核电厂的安全设计主要考虑设计基准事故，认为反应堆堆芯不会严重损坏和熔化，放射性物质不会大量释放。我国新的核电厂设计安全规定要求适当考虑严重事故。严重事故（severe accidents）是指堆芯遭到严重损坏和熔化甚至安全壳也损坏的一种事故，因而导致放射性物质大量释放到环境，是一种超设计基准事故（beyond DBA）。

核电厂严重事故是指核反应堆堆芯大面积燃料包壳失效，威胁或破坏核电厂压力容器或安全壳的完整性，并引发放射性物质泄漏的一系列过程。核反应堆严重事故可以分为两大类。一类是堆芯熔化事故（CMAs），即由于堆芯冷却不充分，引起堆芯裸露、升温和熔化的过程，其发展较为缓慢，时间量级为小时；另一类是堆芯解体事故（CDAs），即由于快速引入巨大的反应性，引起功率陡增和燃料碎裂的过程，其发展非常迅速，时间量级为秒。

美国三里岛核电厂事故和苏联切尔诺贝利核电厂事故分别是这两类事故的实例，是到目前为止的近 15 000 堆·年的核电厂运行史中，仅有的两起严重事故。在轻水反应堆中，由于其固有的反应性负温度反馈特性和设有专设安全设施，发生堆芯解体事故的可能性极小。

1979 年 3 月 28 日三里岛（TMI-2）核电厂事故，大约 40% 堆芯熔化，由于安全壳保持了完整性，只有极少量气态碘和惰性气体释放，没有人员死亡。1986 年 4 月 26 日切尔诺贝利（Chernobyl-4）核电厂事故，堆芯全部破坏，房顶被炸飞，导致大量放射性物质释放至大气中，即发死亡 31 人。这两起事故使得发生严重事故的频率达到 4×10^{-4}/（堆·年），比早先设想的 $10^{-6} \sim 10^{-5}$/（堆·年）的频率要大得多。

2011 年 3 月，由于日本严重的地震和大范围海啸，导致东京电力公司福岛第一核电厂又发生了燃料严重损毁和一系列爆炸的严重事故。

这三起事故的后果非常严重，带来了环境、健康、经济和社会心理上的巨大影响。有些国家的公众开始拒绝接受核电。

在这种情况下，就要重新审议一下过去核电厂设计和运行不考虑严重事故是否适宜。从发生的频率、后果的严重性、公众接受核电方面等要求现在运行的和将来设计的核电厂要有防止和缓解严重事故的对策措施（见第 8 章）。因为实践已经说明，单纯考虑设计基准事故，不考虑严重事故的防止和缓解，不足以保证工作人员、公众和环境的安全。

5.3　核电厂运行规程与事故处理规程

5.3.1　核电厂运行规程

核电厂系统复杂、设备众多，应制定全面的管理程序（以后统称运行规程）的规则[3]。严格地遵守书面的运行规程必须是核电厂安全政策的根本要素之一。

必须根据营运单位的政策和国家核安全监管部门的要求制定全面适用于正常运行、预计运行事件和事故工况下的运行规程。各运行规程的详细程度必须与该运行规程的目标相一致。在运行规程中提供的指导必须清晰、简洁，并尽可能是已验证和确认为有效的。在主控制室和其他必要的运行位置处的运行规程和参考材料必须有清楚的标识并容易获得，同时必须可供国家核安全监管部门查阅。

必须制定正常运行规程，以保证核电厂运行在运行限值和条件之内。对预计运行事件和设计基准事故必须制定事件导向规程（EOP）或征兆导向规程（SOP）。还必须制定应急运行规程或严重事故（超设计基准事故）管理指南[5]。

必须保证核电厂运行人员对所有运行状态下的核电厂系统和设备状态是熟悉的和能控制的。只有指定的合格运行人员才能控制或指挥核电厂运行状态的任何改变。其他人绝不允许干涉运行人员作出有关安全的决定。

对于运行人员发现核电厂系统或设备的状态或条件不符合运行规程的情况，营运单位必须以书面形式清楚地规定有关人员的职责和联络渠道。

如果需要进行非常规运行、试验或实验，必须要进行安全审查。必须确定专门的运行限值和条件，还必须编制专项运行规程。如果在非常规运行期间违反任何专门的运行限值或条件，必须立即采取纠正措施，而且必须对该事件进行审查。不得进行不必要的或未经充分论证的实验。

国家核安全局 2002 年 5 月发布的《新建核电厂设计中几个重要安全问题的技术政策》指出：现有核电厂已经采取了许多有效控制辐射照射和减少事故发生的措施，尽管如此，发生事故的可能性依然存在，因而仍然要求采取减轻放射性后果的措施。这类措施包括专设安全设施、制定和实施各类厂内事故管理规程及必要时能够采取的厂外干预措施。核电厂的安全设计应该遵循的原则是：导致高辐射剂量或放射性物质大量释放的事件的发生频度极低，发生频度较高的事件没有或只有较小的辐射后果。

在预计运行事件和设计基准事故情况下可使用系统定向的程序，但严重事故情况下宜使用以事故征兆为基础的诊断和处理程序。

5.3.2　事故处理规程（EOP）

以广东大亚湾核电厂为例，以事故为导向的处理规程分为四类，分别用 I、A、H、U 表示[4]。参照法国压水堆以设计基准事故为基础的事故处理程序原来有 I 程序和 A 程序，它们处理的范围包括影响下列安全功能的任何能动或非能动部件的失效：

（1）反应堆功率的控制；

（2）堆芯热量的排出；

（3）裂变产物的包容。

按程序操作应能使反应堆恢复到安全状态和保持在该状态。

I 程序用于处理较小故障和公用系统（供电、压缩空气）的失效。A 程序用于处理管道破裂导致流体流失的事故。

1. I 程序和 A 程序

这些程序都要根据对发展中的事故序列的诊断，来决定采用哪一种程序，故称之为针对事件（event-oriented）的程序，表 5-4 中列出了 I 程序和 A 程序所包含的内容。

表 5-4	I 程序和 A 程序
I0	安全相关设备不能使用的紧急停堆运行条件
I1	紧急停堆
I2.1	厂外断电而未能转为带厂用电运行
I2.2	厂外断电（440kV 及 220kV）而柴油发电机可用
I3	停止多余的安全注水（误投入或不必要）
I4A（B）	厂外断电而柴油发电机系列 A（B）不能用
I9A（B、C）	48V 控制电源系列 A（B、C）失效
I10A（B）	125V 控制电源系列 A（B）失效
I11A（B、C、D）	220V 关键交流母线 LNA（LNB、LNC、LND）失效
I13	30V 控制电源失效
I14	从应急停堆盘使装置热停堆
I15	从应急停堆盘使热停堆转为冷停堆
A0	继安全注入信号后的通用运行程序
A1	程序，处理一回路管道破裂
A1.1	一回路管道小破口
A1.2	大、中破口失水事故
A2	程序，处理二回路管道破裂
A2.1	安全壳以外的蒸汽管道破裂
A2.2	安全壳以内的二回路管道破裂（导致冷却剂降温）
A2.3	安全壳以内的二回路管道破裂（安全壳升温）
A3	蒸汽发生器传热管破裂（SGTR）事故
A7	硼失控稀释
A8	一回路通过稳压器迅速降压
A10	余热排出系统运行时反应堆失水

2. 超设计基准事故程序——H 程序

1978 年以后，法国核安全防护研究所 IPSN 提出，除设计基准事故外，还有一些发生概率极低而可能导致堆芯熔化和放射性物质大量逸出的事故，例如共因失效引起的事故需要考虑。

为此，增加了一些新措施，引入了特殊的 H 程序来对付这些超设计基准事故（见表 5 - 5）。

表 5 - 5　　　　　　　　　　　　　H　程　序

H1　程序　完全丧失最终热阱（特别是丧失设备冷却水功能）
H2　程序　完全丧失蒸汽发生器给水（包括正常和辅助给水），主要是用安全注入和从稳压器安全阀排出的方法排除热量
H3　程序　全厂内外断电，此时特别注意到用水压试验泵提供一回路泵轴封水
H4　程序　在用地坑水再循环阶段，安全注射系统失效，有 H4-U3 措施，用连接管线使安全注入泵同安全壳喷淋泵互为备用以改进长期排出余热的功能
H5　程序　千年一遇的洪水使厂区淹水

根据法国核安全防护研究所于 1990 年完成的概率安全分析，引入 H 程序可大大减小堆芯熔化的概率，例如 H2、H3 和 H4-U3 措施均使堆芯熔化概率下降一个数量级以上。

H　程序仍属于针对事件的程序。

3. 最终事故规程——U 程序

这是针对事件的程序，是基于某一始发事件所引起的设定的发展顺序来编制的。三里岛核电厂事故指出，由于人对系统缺乏了解和诊断错误，人的失误同设备故障叠加可能导致意料之外的严重情况，使操纵员难以驾驭。因此需要一套不管始发事件或其发展顺序如何都能执行的程序。1981 年法国电力公司提出一套针对物理状态（physical-state-oriented）或"病症"导向（symptom-oriented）的程序，能处理未能及时诊断、即不能判断事故原因的一切事故，称为最终程序，即 U 程序。

U 程序是针对极不可能发生的最严重事故为减轻放射性后果而采取的最终程序（见表 5 - 6）。其原则是在堆芯熔化情况下，使第三道屏障成为可靠的最后防线，将排入环境的放射性物质减低到厂区外应急计划能接受的水平。按照法国的厂区外应急计划，为实现 5km 范围内居民的疏散和 10km 范围内居民的进屋掩蔽，要求在估计的放射性排放前 12h 报警。U2、U4 和 U5 程序的目的就是尽量避免放射性物质大量和直接的排放。

表 5 - 6　　　　　　　　　　　　　U　程　序

U1　程序是在多重失效或人为错误情况下，防止堆芯熔化的最终程序。它对于核岛的每一物理状态都规定有对策（操作）
U2　程序是处理事故情况下安全壳不严密（β 模式）
U3　程序是对 H4 程序的补充。H4 程序令低压安全注入泵和喷淋泵互为备用，可以应付两台安全注入泵或者两台喷淋泵同时失效的情况。U3 程序则考虑这四台泵同时全部失效，在这种情况下利用外部移动泵来供水。广东大亚湾核电厂已为实施 H4-U3 程序准备了接口设施
U4　程序是处理堆芯熔至安全壳底板后放射性物质可能经旁路进入大气（ε 模式）。广东大亚湾核电厂已经采取的措施是取消埋入底板的仪表管子以切断这一通道，并装设了热电偶来协助判断熔化深度
U5　程序是处理堆芯熔化安全壳底板产生大量气体使壳内缓慢升压，最终会超过安全壳容许压力（δ 模式）。需装设一个减压过滤系统，将安全壳内的气体和气溶胶经过砂床过滤器排入大气。法国已在压水堆上开始装设此系统，但其设计尚在不断改进中。广东大亚湾核电厂也为装设该系统作了准备

U1 事故规程用在 I、A、H 等事故规程失效的情况下，以现有的尽可能好的方式来保证堆芯的冷却，达到避免、限制或者推迟堆芯的损坏及防止或减少放射性释放。

SPI 规程（事故永久监督规程）的实施是在执行始发事件方法的同时引入状态导向规程的第一步尝试。通过连续监视一些具体参数，安全工程师能确定是否要求运行值放弃正执行的事故规程（I、A 或 H）改执行 U1，退出 U1 的条件是在技术支持中心应急专家小组的建议下由电厂应急指挥决定。

进入 U2 规程是通过 SPI 或 SPU（极限事故永久监督规程）来实现的。其目的在于将放射性降低到最小值，保证安全壳的完整性。

执行某一事故处理规程时，反应堆操纵员应该：①通知安全技术顾问；②通知机组人员（包括相邻机组）；③通知停止放射性废料排放；④通知安全壳内工作人员撤离；⑤根据规程要求通知控制区人员在控制区更衣室集合。

在执行某一事故规程时，在下列情况下才能结束这一规程：

（1）规程内容全部结束；

（2）按规程要求转入其他规程或信号处理卡；

（3）安全技术顾问要求进入 U1。

5.3.3　状态导向规程（SOP）

大亚湾核电厂机组由于采用的是法国 CP2 改进型堆型，其事故处理规程体系是按事件导向法编写事故处理规程（event-oriented procedure，EOP），事件导向法（event-oriented approach，EOA），在法语中是 EVL，即 approche événementielle。

经过十多年的研究与发展，法国核电厂使用的事故处理规程体系已全面转换为状态导向法（state-oriented approach，SOA）体系，即 APE（法语：Approche par états），其规程就叫做 SOP（state oriented procedure）。而 2002 年投产的岭澳一期核电厂机组，则是在大亚湾的基础上"翻版加改进"的。至今仍沿用当时引进的 EOP，因此，每当与法国同行进行联合事故演习时，在使用的事故规程的名称方面，双方的沟通出现了相当严重的障碍，因为，对方相关的演习人员中，已经少有了解 EOP 的人了。

EOP 虽然具有事故处理速度快的优势，但只能针对事故原因单一、事故现象清晰的简单事故运行工况；当遇到多重失效并且现象复杂的事故时，EOP 就无法向操纵员提供适当的事故处理手段，甚至给人以误导。事实上，电厂在运行期间所遭遇的事故，往往是突破了多道屏障，出现多重故障的复杂事故运行工况，显然用适合于单一事故的 EOP 是无法处理的。这是因为，事件导向法（EOA）的基本原理，大致可以简单地描述为：分析事故的机理，在已有的保护与设施中采取最简单、最直接的行动，减轻甚至消除事故原因所造成的后果。一般它只适合于单一事故或简单事故。

状态导向法（SOA）的基本原理大致可以解释为：在事故状态下，针对反应堆安全的薄弱环节，依次采取各种可能的措施以实现缓解甚至消除事故对反应堆的危害；在严重事故后，也尽可能地避免或降低事故对环境与人的影响。因此，状态导向规程（SOP）不但可以用于简单事故（或故障），也能够处理复杂事故或严重事故。

核电机组的安全性，本质上是由设计所赋予的。为了提高未来核电机组的安全水平，必须采用新的技术手段，对设计作实质性改进，不断向理想化的"用户要求条件"（URD）[美国电力研究所（EPRI）制定的《电力公司用户要求》文件，达到优异安全性电厂的水平]提出的先进轻水堆的堆芯融化概率设计要求和国际核能界其他新的安全保卫要求靠拢。另外，我们又必须十分小心，一定要采用经过验证的成熟技术，充分考虑所拟改进的技术成熟性和实用性，考虑核电经营者的经济承受能力，使设计的实现期限不至于长到明显影响总体造价，同时也要使机组在投产后能尽快达到较高的能力因子。

高的安全性是由高的设备设计、制造、安装、调试质量来保证的。全过程的质量保证体系是机组投产以后高安全性的重要前提。

核电运行是一个长期的任务，也是核安全具体体现的过程。为保障长期安全经济满负荷运行，必须在安全管理体系建设、人员培训、设备健全管理和技术创新方面不断努力，坚持以国际先进水平为目标，持续改进。

5.4　　　三里岛核电厂事故后措施

1979 年 3 月，美国三里岛压水堆核电厂 2 号机组（TMI-Ⅱ）事故表明，压水堆的安全措施经受住了事故的冲击。压水堆的纵深防御设计和三道屏障，特别是第三道屏障安全壳，有效地阻止了放射性物质进入环境。然而三里岛核电厂事故也暴露出当时的压水堆核电厂还存在一定缺点。长期以来，人们过分地集中注意和研究极不可能发生的主管道双端断裂事故，而忽视了更可能发生的一些中小事故，对此缺乏了解和准备。在三里岛核电厂事故中，就是由于操纵人员未能识别小破口，错误地关闭高压安全注入泵，以致堆芯严重损坏。它不是因设计基准事故（DBA）中假设的大破口造成，而是由于安全系统故障和运行人员失误的叠加而导致的。法国在三里岛核电厂事故后组织人员到美国现场去调查，对本国压水堆的安全问题进行了认真的研究，提出多项改进措施，这些措施也用到了广东大亚湾核电厂上。

5.4.1　增设安全措施

经过法国中央核安全局（SCSIN）批准的各项三里岛核电厂事故后改进措施，逐步在法国各核电厂中得到了实施。它们已全部包含在广东大亚湾核电厂的设计范围内，其中 18 项主要改进如下：

（1）堆芯欠热度监测系统；

（2）反应堆压力容器水位测量系统；

（3）技术支援中心（TSC）的安全盘、显示屏和键盘；

（4）小汽轮发电机组能在全厂断电情况下，向水压试验泵供电，以保持向一回路泵轴封的注水；

（5）把堆芯温度记录能力提高至 1200℃；

（6）余热排出系统安全阀的改进；

（7）稳压器原卸压阀和安全阀的改进；

（8）在事故情况下将核辅助厂房和燃料厂房中的放射性液体收集送回到反应堆厂房去；

（9）在事故情况下允许进行一回路取样分析；

（10）远距离操作核辅助厂房中的碘过滤器；

（11）修改辅助给水泵的动作逻辑线路，防止它在正常给水泵工作期间投入；

（12）当监测到安全壳内放射性水平太高时，将排气、排水和通风系统自动切断；

（13）安全壳内空气放射性水平的自动测量；

（14）增加蒸汽发生器水位的低—低信号；

（15）修改安全壳内可能受淹设备的布置；

（16）根据电厂运行工况抑制假报警信号；

（17）改进蒸汽发生器的放射性监测；

（18）改进一回路满水情况下对冷却剂压力的控制。

以上（1）、（2）两项是执行 U1 程序所不可缺少的。第（4）项及 H4-H3 程序被美国核管制委员会评为优于美国压水堆的特点并具有重大安全价值。

5.4.2　增设安全工程师岗位

三里岛核电厂事故后，人的因素（或人机关系）引起各国极大的关注。广东大亚湾核电厂采用法国电力公司的做法，在主控制室中增设安全工程师（ISR），作为运行值和运行工程师的补充，做到了人员的冗余性。针对事件的程序由运行人员选择和实施，针对状态的程序由安全工程师决定实施（见图 5-2）。

在紧急停堆或堆内欠热率裕度不足的情况下，运行值必须召唤安全工程师。安全工程师即按 SPI 程序执行事故后对物理状态的持续监督。这样就有两套监督平行作业，互相对照和补充：常规的运行参数监督和特殊的物理状态监督。安全工程师监督的重点是：

（1）临界状态；

（2）一、二回路参数；

（3）安全注入和安全壳喷淋系统的功能；

（4）安全壳内放射性水平。

安全工程师根据监测指示来判断运行值的操作是否正确。如遇超过安全判据，安全工程师即下令停止实施针对事件的程序，改为实施针对状态的 U1 程序。U1 程序为每一种反应堆状态规定了应采取的操作，这些状态由功能或物理准则判定，一切操作均由运行值执行。这时安全工程师按 SPU 程序判断操作的有效程度。

图 5-2　安全工程师的职责

针对状态的程序 U、SPI、SPU 及专职的安全工程师可保证及时制止错误操作，及在任何事故情况下把核电厂保持于安全状态。

自 2003 年起实现群堆管理后，广东核电合营公司（GNPJVC）总经理通过核安全授权，将岭澳核电厂安全运行的直接责任授予岭澳核电厂经理（生产二部经理），电厂的所有活动必须在电厂经理的有效控制和监督之下。安全工程师作为对核安全相关活动进行独立监督与控制的执行者，无疑要研究不同阶段保障核安全的条件，跟踪和分析机组状态，对非正常工况采取必要的措施与行动，实施"突出源头控制，强化过程控制，重视结果控制"。

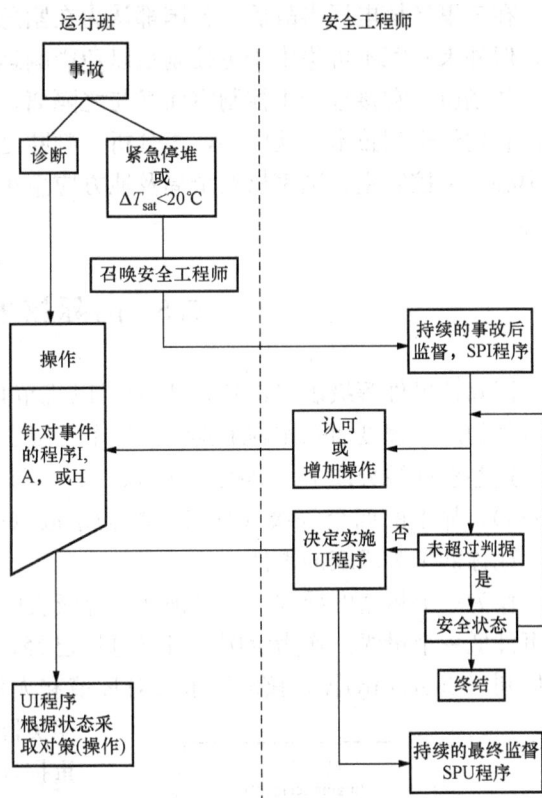

5.4.3　增设安全控制盘

核电厂发生意外瞬变时，操纵员面临大量的数据、信号，无法立即获得急需的信息，这是三里岛核电厂事故提出的重要问题之一。法国的对策是增设安全控制盘，向操纵员和安全工程师提供为正确选择和执行事故程序所需的参数及其演变情况，包括核电装置状态的显示，安全功能的显示等。由计算机综合处理过的这些信息可提高处于紧张情况下的操纵员应变能力，减少人为差错的风险。在操纵员的控制台、安全工程师的工作台以及技术支援中心的屏幕上，均可按键索取综合显示图表或模拟图、逻辑图等，广东大亚湾核电厂也设有安全控制盘。

5.4.4　增设技术支援中心

在三里岛核电厂事故后，各国都认为在紧急情况下有派遣专家组到现场支援核电厂的必要。但外来专家不可集中于主控制室以免影响运行人员的工作。技术支援中心就是外来专家的工作场所。它接近于主控制室而又与之隔离。所有关于核电装置状态、安全功能以及气象的信息均传送到技术支援中心，供分析、判断之用。技术支援中心设有通讯线路与核电厂指挥中心、主控制室、国家核安全局及地方应急小组相通。广东大亚湾核电厂也设有技术支援中心。

5.5　国际核事件等级表

国际核事件等级表（INES）是为了以规范化的统一用语向公众快速通报核电厂所发生的事件的严重程度而采用的工具[6]。这个等级表只对与核安全或辐射安全有关的事件进行分类。这些事件被分成 7 个等级（见图 5 - 3）。图中靠下面的三个等级（1～3）称为故障（incident），靠上的四个等级（4～7）称为事故（accident）。在安全上无严重性的事件定为 0 级，或称低于等级表的事件。

作为一个粗略的导则，可以预计，等级表中每升高一级，纳入该级的事件数将比前一级的事件低一个量级。作为示例，对核电厂已经发生过的核事件进行分级，1986 年苏联切尔诺贝利（ChernobylⅣ）核电厂事故对环境和人们健康造成广泛的影响，被定为 7 级。1979 年美国三里岛（TMI－2）核电厂事故造成堆芯严重损坏，但向厂外释出的放射性很少，根据厂内影响，被定为 5 级。

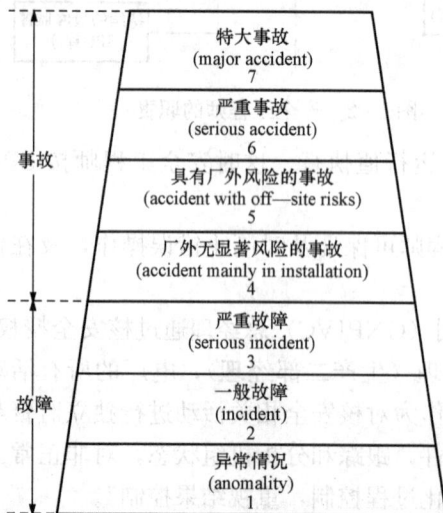

表 5 - 7 阐明国际核事件等级表（INES）的基本逻辑，它从厂外影响、厂内影响和纵深防御削弱的三项准则来考虑各种事件的分级。第一个准则用于造成放射性向厂外释放的事件，最高是第 7 级，代表一个具有广泛的健康和环境影响后果的特大核事故；最低是 3 级，代表很少的放射性释放。第二个准则考虑事件在厂内的影响，它的范围从第 5 级，到第 3 级，这时有重大的污染和（或）工作人员的过量照射。第三个准则适用于使电厂纵深防御削弱的事件，按纵深防御考虑把事件分为 3 级到 1 级。

图 5 - 3　国际核事件等级表

表 5 - 7　　　　　　　　　　　　**国际核事件等级表的基本逻辑**

（表中给出的准则仅是粗略的说明）

准则 等级	准则		
	厂外影响	厂内影响	纵深防御消弱
7 特大事故	放射性物质大量释放； 广泛的健康和环境影响		
6 严重事故	放射性物质较大释放； 完全实施就地应急计划		
5 具有厂外风险的事故	放射性物质少量释放； 部分实施就地应急计划	堆芯严重损坏	
4 厂外无显著风险的事故	放射性物质少量释放； 公众照射剂量在规定限值数量级内	堆芯部分损坏； 严重影响工作人员的 健康	
3 严重故障	放射性物质很少释放； 公众照射剂量为规定限值的一小 部分	严重污染； 工作人员超剂量	接近事故； 丧失纵深防御措施
2 一般故障			具有潜在安全 后果的一般故障
1 异常情况			偏离批准的功能范围
0 等级以下			安全上无严重性

表 5 - 8 是对国际核事件等级的详细说明。

表 5 - 8　　　　　　　　　　**国际核事件等级表用于快速通报事件严重程度**

等级	说明	准则	案例
事故 7	特大事故	大部分堆芯装载（含有短寿命和长寿命放射性裂变产物）向外释放，放射性量相当于 10^{16} Bq ^{131}I。有严重危害健康的可能性，在一个广大的区域内可能涉及不止一个国家的滞后健康影响，有长期环境后果	1986 年苏联切尔诺贝利核电厂事故
事故 6	严重事故	裂变产物向厂外释放，放射性量相当于 $10^{15} \sim 10^{16}$ Bq ^{131}I。极可能需要完全实施就地应急计划以限制严重的健康影响	
事故 5	具有厂外风险的事故	裂变产物向外释放，放射性量相当于 $10^{14} \sim 10^{15}$ Bq ^{131}I。在某些情况下需要部分实施应急计划，例如，就地掩蔽和（或）撤离，以减轻可能造成的健康影响； 由于机械效应和（或）熔化使大部分堆芯严重损坏	1957 年英国温茨凯尔核电厂事故 1979 年美国三里岛核电厂事故
事故 4	厂外无显著风险的事故	放射性物质厂外释放，但厂外个人最高照射剂量仅为毫希沃特量级[①]，除可能需要实行当地食品控制外，一般不需采取厂外防护措施； 由于机械效应和（或）熔化，堆芯有某些损坏； 工作人员所受剂量可能会导致严重危害健康的影响（1Sv 量级[②]）	1980 年法国圣·洛朗核电厂事故

等级	说　明	准　　则	案例
故障 3	严重故障	放射性物质厂外释放超过批准限量，导致厂外个人最高照射剂量为 10^{-1} mSv 量级[①]，厂外不需防护措施； 由于设备故障或运行在厂内造成高辐照水平和（或）污染，工作人员超剂量（个人剂量超过 50mSv）[②]； 安全系统进一步失效就足以导致事故的事件，或者出现某些触发因素就足以使安全系统不能防止事故发生的情况	1989 年西班牙凡德洛斯核电厂故障
故障 2	一般故障	技术故障或异常情况，虽然它们不会直接或立即影响到电厂的安全，但可能会导致今后对安全设施的重新评定	
故障 1	异常情况	功能性的或运行的一些异常情况，这些情况不会造成风险，但它反映了缺少安全措施。这些情况可由设备故障、人为差错或规程不当等原因引起（这些异常情况应当与未超过运行限值和条件的情况加以区分，并按照适当规程进行恰当的管理。这些情况都是典型的"等级以下"）	
0	等级以下	安全上无严重性	

① 该剂量用有效剂量当量（全身剂量）表示，这些准则也可根据情况用国家管理部门批准的相应年排出流的排放限量来表示。

② 为简便起见，这些剂量也可用有效剂量当量（Sv）表示，尽管在造成严重健康影响的范围内应当用吸收剂量 Gy 表示。

5.6　运行中人因问题与安全文化

异常事件（从较小事件至严重事故）最重要的教训之一，是它们经常由人为因素引起的。三里岛核电厂事故就是因为操纵员未察觉稳压器卸压阀不回座而对其液位上升作出错误判断，关小了高压安全注入系统流量而导致堆芯烧毁的。对于 1986 年 4 月苏联切尔诺贝利核电厂四号机组事故，国际核能界经长期分析，认为所获得的教益并没有超出三里岛核电厂事故教训的范围，但进一步说明和强调了人因问题的重要性。

人因问题也涉及核电厂活动的全过程，在决策、管理、设计、建造、维修、运行等各个环节上，都有各自的人因问题，都应当加以研究和改进。然而，一切过程中人因差错所造成的后果，最终都在运行中反映出来。因此，运行中的人因问题更应引起特别的关注。运行中发生的人因差错大体有两种类型。

第一种，操纵员违背既定的操作规程、自行其是的违章行为（程序性错误）；

第二种，操纵员被不正确的思维方式或不完整的数据引入歧途，不知道实际情况，或者认识不到自身行为的重要性，或者不完全理解他们所负责的电厂（知识性错误）。

由操纵员所造成的人因失误，从心理动机上说也可分为两种类型：一种是应当采取行动时由于玩忽职守或不明了事态和对策方法而不能作出正确反应的"消极的"疏忽性错误，另一种是在不该干预时由于粗枝大叶或判断失误而错误地进行了干预，或者应当干预时由于紧张、慌乱、不负责任或视觉错误而采取了错误的干预行动，这是一种盲动性错误。不论是违章还是无知,是疏忽性错误还是盲动性错误,在核电史上都有大量实例。

要消除运行中的人因差错,首先要在设计上作出改进。设计阶段就应当考虑运行中可能出现的人因差错,当操纵员出现差错时,自动控制系统或保护系统就动作,能承受一定程度的人因差错;改进系统的人机接口设计,特别是主控室的设计,把与安全有关的操作和与事故处置有关的数据和控制集中放在合适位置,并提供一些直观简洁的辅助诊断手段,可以尽量减少错误判断的概率,缩短人员的响应时间。

解决运行中人因差错的第二个方面是改进管理和加强人员培训,使人的机智在非常环境中得到最佳发挥。要建立严格的规章制度,对从事核电厂活动的人员实行严格的管理、培训和再培训,使他们取得履行职责的资格和能力,并应长期保存。同时,应当开展研究,研制有充分技术基础的、能对抗人因差错的运行规程。

三里岛和切尔诺贝利核电厂事故的一条重要教训,就是人因问题特别重要。为了减少人因差错,要重视培育安全文化。"安全文化"这一术语的内涵十分丰富,其含义的本质是在核电厂内创造一种气氛,通过管理工作的不断努力,使核电厂整个集体和每一个人都处在一个重视并严格贯彻各项安全要求的环境中。安全文化所要求的,是核电厂内人人都有安全自觉性,把改进安全作为每个岗位的首要职责。核安全工作不能仅仅是安全工程师的事。安全文化的培育,必须从高层做起。对于核电厂厂长来说,培育安全文化是最重要的工作任务。

真正合格的核电厂安全文化有如下重要标志:
(1) 高层管理人员中始终坚持"安全第一、质量第一"的思想;
(2) 工作人员中有普遍重视安全的态度;
(3) 电厂内有良好的纪律和有效的奖、惩制度,有统一的高质量管理;
(4) 制定和实行有效的政策,确保正确的实践活动;
(5) 有明确的责任制,分工明确,有清晰的接口关系;
(6) 有严格的自查自检制度;
(7) 坚持一切技术活动要有充分的技术基础,特别是要有严格、科学的运行规程;
(8) 坚持严格的清点制度;
(9) 有强有力的运行规程支持;
(10) 有良好的行为规范、行为监督和反馈;
(11) 有通畅的上下级(特别是高层和基层工作人员)间直接就安全问题对话的渠道;
(12) 有良好的资料档案管理。

建立这样的安全文化是核电厂的重要目标。核安全管理部门不可能在一个没有安全文化的或安全文化很差的电厂内建立起安全文化。建立和维持安全文化是核电厂职工的事。核安全管理部门的责任是设立运行安全的高标准,比如就以上 12 方面制定量化或半量化考核指标,以此衡量营运单位的表现,从而促进和支持核电厂建立和维持安全文化,共同为核电安全创优而努力。

5.7 核电厂运行安全性能指标

1979 年 3 月 28 日的美国三里岛核电厂事故,特别是 1986 年 4 月 26 日的苏联切尔诺贝利核电厂的灾难性事故,严重扭曲了核电的形象,动摇了各国公众对核电的信任感。人们认识到核事故的影响是没有国界的。因此,无论是哪个国家的核电厂,都有责任保证其核电厂安全可靠地运行,而整个核电界则有共同的责任来不断地改善核电厂的安全可靠性。

1989 年 5 月,美国核动力运行研究所(INPO)、国际电力生产和配电者协会(UNI-PEDE)、英国中央电力管理局等单位发起,在莫斯科成立了世界核电厂营运者联合会 WANO(Worldwide Association of Nuclear Operators),WANO 组织制定了国际上通用的核电厂运行安全性能指标体系,并进行统一管理和协调,有利于加强核电技术、经验和事故情报的交流。WANO 组织至今已成功运作十年,为世界核电厂的安全可靠运行做出了很大的贡献。

根据 WANO 指标的实际应用情况和积累的经验反馈,WANO 组织决定更新最初制定的指标体系,从而进一步提高核电厂的安全可靠性。在亚特兰大、莫斯科、巴黎、东京设立了四个区域中心,协调中心设在伦敦,联系了全球 34 个国家 115 个核电厂运营商。运行经验的信息交流是 WANO 各类计划的基础。每个运营组织都向各自的区域中心提交信息与事件报告,由各区域中心负责审查报告的清晰性和完整性,然后利用国家交换体系分发到 WANO 全体成员共享。

为了给核电厂之间的运行业绩和经验交流提供一个统一的标准,1991 年,WANO 发布了关于核电厂运行安全性能指标的报告,并逐步建立了一套比较完整的性能指标体系。具体性能指标分别如下:

(1) 机组能力因子(UCF);

(2) 非计划能力损失因子(UCLF);

(3) 临界 7000h 下非计划自动停堆次数(UA 7);

(4) 集体辐照剂量(CRE);

(5) 工业安全事故率(ISA);

(6) 安全系统性能(SSPI);

(7) 燃料可靠性(FRI);

(8) 化学指标(CPI);

(9) 热性能因子(TPI),2001 年修改后取消;

(10) 放射性固体废物量(RWV),2001 年修改后取消。

WANO 性能指标体系,具有简单易用的特点,是核电厂营运者之间比较运营业绩和交流经验的标准,主要有以下作用:

(1) 为核电厂提供了衡量核安全、可靠性、效率和人身安全方面的定量指标;

(2) 有助于核电厂运行机构监督核电厂性能、设立努力目标,了解其他核电厂的运行概况;

(3) 为核电厂改进总体性能、调整工作的轻重缓急和资源利用提供了依据;

(4) 为核电厂性能比较提供了一个统一的标准,有助于运行经验交流。

根据多年的实践经验和反馈信息,WANO 性能指标工作组(PIWG)修改了这套指标体系,把倾向于经济方面考虑的热性能因子(TPI)指标和国际范围内缺乏可比性的放射性固体废物量(RWV)指标予以取消,并要求其成员核电厂从 2001 年 1 月起正式启用这一新的性能指标体系。

WANO 成员核电厂每年把各项指标的计算结果汇报给 WANO，并被存入数据库。经分析后 WANO 发布分析结果。一般情况下，WANO 会向其成员核电厂发布每项指标的 3 个分析结果，即 WANO 先进水平、WANO 中间水平和 WANO 平均水平。各成员核电厂可根据分析结果，评价本电厂的运行安全性能。

表 5-9 为 1994 年大亚湾核电厂商运以来到 2001 年的性能指标[7]。

表 5-9　　　　　　　　　1994～2001 年大亚湾核电厂的 WANO 指标数据

序号	WANO 性能指标		1994	1995	1996	1997	1998	1999	2000	2001	2001 WANO 的中间值
1	机组能力因子（UCF）（%）	1 号	77.9	48.99	77.38	82.45	81.03	86.60	86.07	88.02	85.7
		2 号	99.4	81.47	67.75	70.60	84.21	86.10	88.00	90.89	
2	非计划能力损失因子（UCL）（%）	1 号	17.2	35.68	3.95	76.53	82.62	86.40	87.04	89.46	1.40
		2 号	0.5	2.03	8.18	1.50	1.32	0.40	0.18	2.91	
3	7000h 临界运行时非计划自动停堆数（UA7）	1 号	5.39	4.81	5.01	0	0	0	1	0.9	0
		2 号	0	6.72	1.19	3.22	0	0	0	0.9	
4	集体辐射剂量当量（CRE）（man·Sv）		0.201	0.991	0.827	0.754	0.669	0.666	0.565	0.683	0.87
5	低放固体废物量（RWV）（m³）		50	126	97	103	89	92	93	67	—
6	安全系统性能—高压安全注入系统(SP1) 性能	1 号	—	—	—	0.007	0.003	0	0.003	0.001	0.001
		2 号	—	—	—	0.001	0.024	0	0.003	0	
	安全系统性能—辅助给水系统(SP2) 性能	1 号				0.001	0.013	0.002	0.015	0.001	0.001
		2 号				0.001	0	0.001	0.003	0	
7	安全系统性能—应急交流电源系统(SP2) 性能					0.014	0.003	0.011	0.008	0.001	0.004
8	热性能（TPI）（%）	1 号	100	99.75	99.43	98.88	99.7	99.7	100	100	—
		2 号	100	100	99.81	99.53	99.9	99.8	100	100	
9	燃料可靠性（FRI）（Bq/g）	1 号									0.93
		2 号									
10	化学指标（CYI）	1 号	0.535								1.02
11	20 万 h 工业安全事故率(ISA)		0.433	0.157	0.31	0.368	0.132	0.065	0.137	0.129	0.33

机组能力因子（UCF）为一定时期内可用发电量与同一时期内额定发电量之比，用百分数表示；机组负荷因子（ULF）为一定时期内机组的实际发电量与同一时期内额定发电量之比，用百分数表示。据中国国家原子能机构《2008 年中国核电运行年报》，2002～2006 年，我国已投入商业运行的核电机组能力因子和机组负荷因子统计情况见表 5-10[7]。

表 5 - 10   2002～2006 年我国商业运行核电机组能力因子和机组负荷因子统计情况

核电厂名称 \ 项目		机组能力因子（%）					机组负荷因子（%）				
		2002	2003	2004	2005	2006	2002	2003	2004	2005	2006
秦山核电厂		68.37	89.15	99.81	87.02	91.84	66.92	88.74	99.78	86.72	91.44
广东大亚湾核电厂	1号机组	89.74	90.13	87.77	99.95	80.32	89.55	89.57	87.24	99.80	80.31
	2号机组	82.02	84.79	73.91	79.76	99.88	81.55	84.48	73.57	79.44	99.68
秦山第二核电厂	1号机组	74.86	79.69	80.18	90.57	55.24	74.86	81.15	82.22	92.76	55.20
	2号机组	—	—	—	82.82	86.78	—	—	—	85.19	90.30
广东岭澳核电厂	1号机组	99.92	80.68	88.54	83.10	90.08	92.03	76.83	87.76	82.69	89.16
	2号机组	—	90.44	80.43	91.22	92.44	—	85.00	79.92	90.56	91.86
秦山第三核电厂	1号机组	—	90.38	78.16	82.34	96.34	—	87.70	77.28	84.05	98.18
	2号机组	—	87.67	92.85	79.61	86.73	—	86.94	94.03	81.05	88.68

注   在 2006 年世界核电营运者协会（WANO）公布的指标中，压水堆核电机组的能力因子中值为 87.12%，先进值
为 91.19%；重水堆核电机组的能力因子中值为 88.51%，先进值为 86.34%。

2006 年，我国已投入商业运行的核电机组有 7 台实现了全年无非计划自动停堆的良好
业绩。

2002～2006 年，我国已投入商业运行的核电机组非计划停堆次数统计见表 5 - 11[7]。

表 5 - 11   2002～2006 年商业运行核电机组非计划停堆次数统计

核电厂名称 \ 年份		2002	2003	2004	2005	2006
秦山核电厂		0	0	0	2	0
广东大亚湾核电厂	1号机组	1	0	0	0	0
	2号机组	2	0	1	0	0
秦山第二核电厂	1号机组	4	1	1	0	1
	2号机组			1	0	0
广东岭澳核电厂	1号机组			1	1	0
	2号机组		0	0	1	1
秦山第三核电厂	1号机组		3	0	0	0
	2号机组		0	0	1	0
合 计		7	4	4	5	2

注   1. GB 18871—2002《电离辐射防护与辐射源安全基本标准》中规定了工作人员职业辐射的剂量限值，即连续 5
        年的年平均有效剂量不超过 20mSv，任何一年中的有效剂量不超过 50mSv。

     2. 2006 年，我国已投入商业运行的核电厂工作人员所受到的照射剂量均低于国家标准规定的限值，统计数据见
        表5-12[7]。

表 5-12　　　　　　　2002～2006 年商业运行核电厂工作人员的职业照射情况

核电厂名称	项目	年人均有效剂量	年度最大个人剂量	年度集体有效剂量	归一化集体有效剂量
秦山核电厂	2002	1.030	15/30	1.280	0.700
	2003	0.710	10.370	0.798	0.310
	2004	0.110	3.530	0.064	0.024
	2005	0.694	10.000	0.932	0.396
	2006	0.400	8.050	0.538	0.217
广东大亚湾核电厂	2002	0.370	6.780	0.730	0.050
	2003	0.704	8.008	1.848	0.123
	2004	0.674	12.140	1.817	0.310
	2005	0.486	8.145	1.307	0.085
	2006	0.436	5.921	1.205	0.078
秦山第二核电厂	2003	0.158	4.242	0.318	0.089
	2004	0.353	5.443	0.590	0.068
	2005	0.362	7.213	0.738	0.073
	2006	0.335	6.318	0.713	0.086
广东岭澳核电厂	2003	0.620	11.331	1.520	0.010
	2004	0.417	8.060	1.006	0.069
	2005	0.433	8.010	1.008	0.072
	2006	0.284	7.155	0.722	0.046
秦山第三核电厂	2003	0.185	3.274	0.171	0.019
	2004	0.369	8.015	0.810	0.077
	2005	0.504	9.350	1.368	0.135
	2006	0.272	8.090	0.519	0.045

　注　广东大亚湾核电厂、广东岭澳核电厂、秦山第三核电厂，秦山第二核电厂的年度集体有效剂量是两台机组的统计值。

　　按照国家环境保护法规和环境辐射监测标准，中国核电厂对放射性排出流的排放量进行严格的控制，对核电厂周围的环境进行有效的监测。2006 年环境监测结果表明，各商业运行的核电厂运行期间放射性物质排出流的排放量均未超过国家标准限值，统计数据见表5-13[7]。

表 5-13　2006 年商业运行核电厂放射性物质排出流的排放量及占国家标准规定排放年限值的百分比

核电厂名称 \ 项目		秦山核电厂		广东大亚湾核电厂		秦山第二核电厂		广东岭澳核电厂		秦山第三核电厂	
		年累计排放量(Bq)	占国家标准规定排放年取值的百分比(%)	年累计排放量(Bq)	占国家标准规定排放年限值的百分比(%)	年累计排放量(Bq)	占国家标准规定排放年限值的百分比(%)	年累计排放量(Bq)	占国家标准规定排放年限值的百分比(%)	年累计排放量(Bq)	占国家标准规定排放年限值的百分比(%)
气态排出流	惰性气体		2.70E+04	2.34E+12	9.36E-02	1.22E+08	4.88E-08	1.90E+12	7.60E-02	2.69E+11	1.08E-02
	卤素	0	0	1.69E+07	2.25E-02	1.01E+06	1.35E-03	6.00E+06	8.00E-03	0	
	气溶胶	0	0	5.11E+06	2.56E-02	8.61E+06	1.81E-03	6.40E+06	8.20E-03	1.65E+06	8.25E-04
液态排出流	惰性气体	3.09E+12	2.06E-00	5.71E+13	3.81E+01	2.68E+18	1.79E+01	5.01E+13	3.34E+01	3.19E+13	
	其余核素	2.18E+08	2.91E-02	8.96E+08	1.19E-01	3.09E+09	4.10E-01	2.91E-08	3.88E-02	1.66E+06	2.20E-01

注　1. 放射的排出液的排放量与核电机组的功率大小有关。

　　2. 表中的气态和液态排出流的排放量在统计计算时，对于低于探测限值的情况，各核电厂分析方法不同。

国际核事件分级表（INES）将运行事件分为 7 级，较高级别的（4～7 级）定为事故，较低级别的（1～3 级）定为事件，对不具有安全意义的定为 0 级。

2006 年，我国已投入商业运行核电厂共计发生了 9 起运行事件，其中有 6 起 0 级事件，3 起 1 级事件，没有发生 2 级及 2 级以上事件。

2002～2006 年，我国商业运行的核电厂运行事件（包括核电厂商业运行当年调试期间的运行事件）统计见表 5-14[7]。

表 5-14　2002～2006 年商业运行核电厂运行事件统计

核电厂名称 \ 级别		0 级运行事件					1 级运行事件				
		2002	2003	2004	2005	2006	2002	2003	2004	2005	2006
秦山核电厂		8	3	3	5	1	1	0	1	0	0
广东大亚湾核电厂	1 号机组	6	5	3	2	1	1	0	0	0	1
	2 号机组	2	6	5	1	0	0	0	2	1	0
秦山第一核电厂	1 号机组	20	7	4	0	0	1	0	0	0	0
	2 号机组	—	—	3	0	0	—	—	1	0	0
广东岭澳核电厂	1 号机组	14	6	1	3	0	0	1	0	1	0
	2 号机组	—	3	4	0	0	—	2	0	0	1
秦山第三核电厂	1 号机组	—	11	9	4	1	—	0	0	0	0
	2 号机组	—	10	4	1	0	—	0	0	1	1
合　计		50	51	37	19	6	5	3	4	3	3

参 考 文 献

［1］ ANSI N18. 2—1973. Nuclear Safety Criteria. for the Design of Stationary Pressurized Water Reactor Plants.

［2］ 王继东 . 核安全法规和标准中核电厂工况分类的相互对照 . 核安全，2008，22（4）9-12.

［3］ 国家核安全局 . HAF-0200（91）核电厂设计安全规定（1991 年 7 月 27 日批准发布）（HAF-102 新版核电厂设计安全规定 . 2004 年 4 月 18 日国核安发 2004［81］号文件批准发布）.

［4］ 国家核安全局 . HAF-103 核动力厂运行安全规定，2004.

［5］ 国家核安全局 . 核电厂核事故应急管理条例，1993.

［6］ IAEA. The International Nuclear Event Scale（INES），2001.

［7］ 中国国家原子能机构（CAEA）. 2008 中国核电运行年报，2008.

第6章 核电厂典型事故

6.1 各类运行工况的安全准则

从第5章核电厂运行工况与事故的分类中可以看出，在核电厂运行寿期内，对核电厂安全可能产生影响的事故可以分为以下类型：

（1）起因于内部的事件。加强对保护系统部件或装置可靠性的研究，可以限制这类事件的发生频率和影响后果的严重性。

（2）起因于外部的事件。这类事件的发生频率一般是不可控的。

对起因于内部的事件，在表6-1中按四类运行工况给出每类事件出现概率的大小、放射性后果的严重程度及其相应的安全准则。这四类工况应用于设计基准事故的设计准则中。其中，没有考虑出现频率小于每台机组每年 10^{-7} 量级的事故，即超设计基准事故。但是，从严重事故发生时的频率、后果的严重性、公众对核电的接受度等方面，已经证明单纯考虑设计基准事故，不对超设计基准事故做出补充评价，是不足以保证工作人员、公众和环境的安全的。

表6-1   四类运行工况及其安全准则

运行工况	概　率	放 射 性	安 全 准 则
Ⅰ．正常运行与运行瞬态			燃料不应受到损坏； 不应要求启动任何保护系统或专设安全设施
Ⅱ．中等频率事件（预期运行事件）	$10^{-2} \sim 1$		燃料不应受到任何损坏； 任何一道屏障不应受到损坏（屏障本身出故障除外）； 采取纠正措施后机组应能重新启动； 不应发展成为后果更为严重的事故
Ⅲ．稀有事故	$10^{-4} \sim 10^{-2}$	全身 5mSv 甲状腺 15mSv	一些燃料元件可能损坏，但其数量应是有限的； 一回路和安全壳的完整性不应受到影响； 不应该发展成为后果更为严重的事故
Ⅳ．极限事故	$10^{-6} \sim 10^{-4}$	全身 0.15Sv 甲状腺 0.45Sv	燃料元件可能有损坏，但数量应有限； 一回路、安全壳的功能在专设安全设施作用下应能保证

超设计基准事故可分为三类：

（1）其后果与第Ⅳ类事故明显相似的事故。例如，完全失去蒸汽发生器给水，一回路失水时又发生蒸汽发生器传热管破裂事故（APRP＋RTGV），这类事故没有特殊问题，在已完成设计的保护系统中已采取减轻其后果的措施。

（2）比第Ⅳ类事故后果更为严重的事故，但这类事故出现的频率与第Ⅳ类事故是同一量级的。例如，蒸汽管道破裂加上蒸汽发生器传热管破裂，这类事故也已有所研究，并针对其后果采取了专门措施。

（3）出现概率极低的事故。事故的后果将是不能接受的，例如：压力容器破裂，对这类事故尚未作仔细研究。

6.2　三道屏障的完整性

6.2.1　燃料棒的完整性

导致燃料棒包壳破坏有三种可能性[1,2]，即燃料芯块熔化、沸腾危机、芯块—包壳间的相互作用。

1. 燃料芯块熔化

未辐照过的二氧化铀熔化温度为 2800℃。这个温度随着辐照每 10 000MW·d/tU 约降低 32℃。当考虑所有可能的辐照时，温度应为 2700℃。考虑到计算误差，采用燃料芯部的温度极限值为 2590℃（4700°F）。

为了对熔化保持一定的裕度，对Ⅰ和Ⅱ类工况，采用的准则为

$$芯块芯部的温度 \leqslant 2260℃（4100°F）$$

通过对燃料棒 UO_2 热导率的分析可以把燃料中心温度与线功率联系起来（见图 6-1）。前面的准则可表述为

$$线功率 \leqslant 590W/cm$$

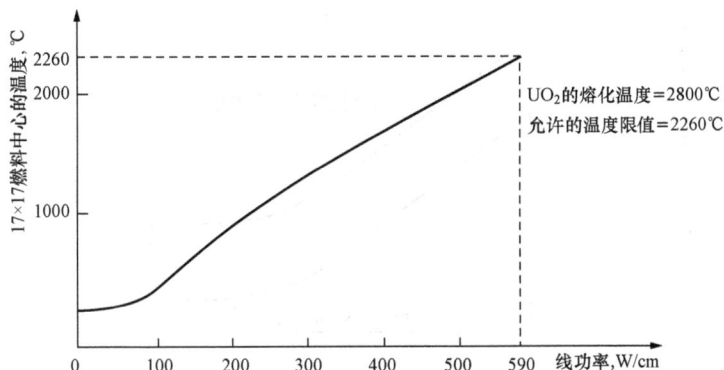

图 6-1　燃料中心温度随线功率的变化

当核电厂在额定功率运行时，平均线功率为 178W/cm。

2. 沸腾危机

为保护燃料包壳，人们还力求避免出现沸腾危机（偏离泡核沸腾 DNB）。因为如果有沸腾危机，包壳与冷却剂间的热交换就急速下降，包壳的温度就会上升。这种温度上升可能导致包壳损坏，甚至熔化，并激化锆—水（$Zr-H_2O$）反应：

$$2H_2O + Zr \longrightarrow ZrO_2 + 2H_2$$

为了避免出现这种沸腾危机，要求比值

$$DNBR = \frac{临界热流密度}{实际热流密度}$$

在堆内各部位大于一个极限值。

对电功率为 900MW 的压水堆，临界热能量和 DNBR 用"W3 关系式"估算。在此情况

下，该准则为

$$DNBR > 1.3$$

即能够在95％的情况下，以95％的可信度防止烧毁。

3. 芯块—包壳间的相互作用

当功率变化时（从而温度也变化），燃料棒受到机械应力的作用，这是由于燃料包壳热膨胀系数不同造成的。这就是芯块与包壳的相互作用（PCI），在极端情况下，将导致包壳爆裂。

实验分析表明，当功率上升时，在同一点上同时出现以下三个条件时，包壳破裂的风险将达到不允许的程度：

（1）局部燃耗超过8000MW·d/tU；

（2）最终的线功率超过：

360W/cm，持续时间大于15min；

460W/cm，持续时间小于15min。

（3）初始和最终的线功率偏差大于一个限值，该限值取决于下面两个条件的，即局部燃耗和最终功率的保持时间，如图6-2所示。

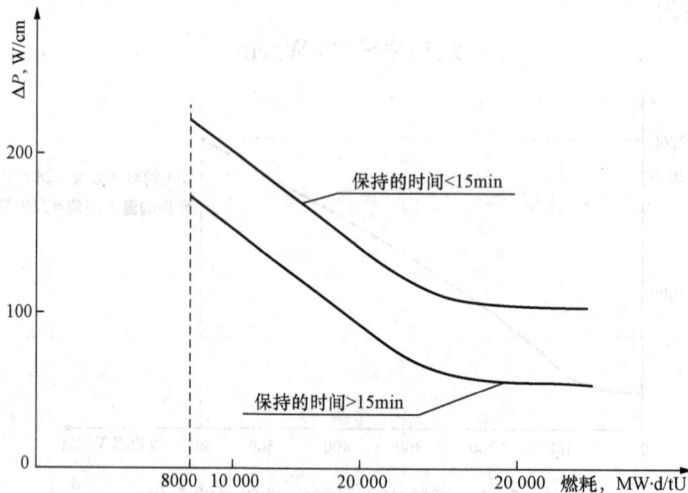

图 6-2　芯块—包壳间的相互作用

（与允许的线功率变化有关的阈值随燃耗的变化）

6.2.2　一回路承压边界的完整性

按照运行工况的类别应遵守的准则是不同的：

对于第 I 类工况，调节系统使稳压器的压力保持在额定值(15.5MPa)附近。

对于第 II 类工况，应检验一回路的任何点压力不超过设计压力(17.13MPa)，并且稳压器没有充满水；因为稳压器在充水时，其动作可能损坏阀门，并阻碍其回座。还应当避免稳压器卸压箱(RDP)爆破膜的破裂。

对于第 III 类和第 IV 类工况（除了一回路破裂以外），应当保持一回路压力边界的完整性，为此，应检验一回路最大压头部位（主泵出口）的压力不超过设计压力的 1.1 倍(18.84MPa)。

应注意到，关于最大压力的准则适用于所有压力装置（性能准则）。

6.2.3　安全壳的完整性

如果安全壳内的压力不超过设计压力（0.5MPa），其完整性近期内就能得到保证，但在远期，应采取措施以限制热应力。

安全壳是阻挡、包容来自燃料及一回路系统放射性物质进入环境的最后一道屏障。为了确保安全壳的完整性，必须仔细考虑安全壳在最严重事故条件（例如轻水堆的失水事故）下所承受的应力，即要确定安全壳可能承受的压力、温度、冲击和其他负载。一般认为，安全壳系统的事故负载有五个来源：

(1) 储能；

(2) 核瞬变能；

(3) 衰变热；

(4) 化学反应能；

(5) 与厂址有关的能量。

储能是指事故发生时储存在燃料、冷却剂和一回路系统其他部件中的显热和潜热；核瞬变能是因核偏差造成反应堆事故时裂变产生的瞬时热能；衰变能是事故发生时堆芯内裂变产物和锕系元素连续产生的热能；放热化学反应能是一种潜在的事故原因；与厂址有关的能量是指一些人为事故及核电厂外部发生的自然力量。

如前所述，安全壳的主要作用是作为包容一回路系统放射性泄漏物质的屏障，防止放射性物质进入环境。要完成这个任务，安全壳必须能承受设计基准事故时可能产生的最大压力。在多数情况下，该压力是由于一回路系统压力边界出现破口而引起的，随后反应堆冷却剂从破口喷放到安全壳空间。

尽管安全壳的设计压力足够高，可承受假想事故时的升压，但却不能保证泄漏为零。泄漏率必须规定得很小，例如在设计压力下，每天（24h）安全壳整体泄漏率为容积的 0.1%。由于泄漏率是安全壳压力的增函数，因此希望随着冷却剂的释放，迅速降低安全壳压力，以减少泄漏到环境中放射性物质的量。为此，通常设置了热交换器、喷淋系统、蒸汽抑制设施或其他有效的安全系统，对安全壳空间进行冷却。

6.3　没有流体流失的设计基准事故

设计和建造核电厂时所研究的事故与事件可以分为两类[1,3]：

(1) 以损失一回路或二回路的流体为特征的管道破裂事故。如蒸汽管道破裂事故（RTV）、给水管道破裂事故（RTE）、失水事故（APRP）。

(2) 没有流失流体的设计基准事故，有反应性引入事故，一回路流量不正常事故，一回路压力不正常事故，蒸汽流量不正常事故，蒸汽发生器给水不正常事故。

6.3.1　反应性引入事故

1. 定义

正常运行时（不管机组在什么状态）堆芯的反应性由两种方法调节：对于快作用，通过移动控制棒调节，对于慢作用，通过改变一回路水冷却剂的硼浓度调节。

机组上发生的所有事故（或事件）肯定迟早会迫使人们集中注意力于堆芯的反应性变

化。这里仅限于研究由这两种反应性调节方式的不正确运行直接引起的事故（或事件）。这里涉及的反应性事故有下列几种：

(1) 反应堆在次临界状态下，调节棒束因控制棒驱动机构故障而失控提升（Ⅱ类事故）；

(2) 反应堆在功率运行状态下，调节棒束因操纵员误动作而失控抽出（Ⅱ类事故）；

(3) 硼酸的失控稀释（Ⅱ类事故）；

(4) 功率运行下一组调节棒束失控提升（Ⅲ类事故）；

(5) 一个调节棒束弹出，它引起的反应性变化速度和前面情况不一样（Ⅳ类事故）。

2. 起因

反应性事故的起因可能有下面几种：①机械故障；②电气故障；③人因故障。

机械故障涉及控制棒驱动机构或该机构的承压罩壳；电气故障涉及控制棒操作或调节系统；人因故障说明没有遵守运行规程或没有注意所发出的报警信号。

有些事故需要好几个故障同时出现才会发生，例如，调节棒束失控提升起因于 5 个独立的电气、机械故障以及报警信号出现时操纵员没有进行干预。

硼失控稀释事故可能由化学与容积控制系统或硼和水补给系统的机械故障引起，或者由人因故障引起，造成硼稀释的水可能来自蒸汽发生器的破裂管子所泄漏的二回路侧的水，或者在中间热交换器泄漏时来自核岛设备冷却水系统的水（即余热排出系统的中间热交换器和主泵轴封回路的中间热交换器）。

3. 危险性

反应性事故可能对燃料元件造成严重后果。因为反应性上升引起热通量增大，接着引起燃料元件和冷却剂的温度升高。由此导致出现 DNB 的危险，以及导致燃料元件内超功率的可能性（它可能引起燃料元件熔化）。

如果堆芯中反应性的增加不均匀，出现 DNB 和超功率的危险就更大，并导致热通量和温度的空间分布不对称。

如果反应性下降不均匀，由于中子和控制系统的负反馈效应将导致同样的危险，在后一种情况下为了保持总功率不变，将引起原来没有受影响的区域内功率增大。功率的增加将波及第二道屏障，即超压将导致稳压器水位升高和安全阀组打开。

4. 保护方法

(1) 设计阶段考虑的保护。设计阶段所采取的预防措施主要考虑调节棒束移动。无论是 A 模式（核电厂的基荷运行）或 G 模式（核电厂跟负荷运行），棒束操作均服从下列要求：

1) 同一分组的全部棒束应该同时移动；

2) 同一组的两个分组棒束的相对位置差别不应大于一步；

3) 各调节棒组应该按规定次序操作；

4) 各调节棒组的位移应该事先规定好，以便在相继的两组之间有最佳的重叠（＜100 步）。

此外，控制棒束的供电采用下列方式：

1) 不可能同时提升三个分组；

2) 当提升两个分组时，不可能再提升第三个分组的一个棒束。

因此，失控提升不可能涉及两个控制棒组。

(2) 自动保护。对于一些反应性事故将通过各种报警信号提醒操纵员。如果他们不能及时干预，保护系统就将投入工作。它们的动作有下列两种类型：

1）禁止控制棒束提升（规程的和/或机械的）；

2）紧急停堆。

表6-2列出了各种事故所设计的紧急停堆、最早出现的紧急停堆和可能出现的紧急停堆信号。

表 6-2   反应性事故保护信号

事　故	类别	设计的紧急停堆信号	设计的最早出现的非紧急停堆信号	可能出现的紧急停堆信号
调节棒束失控提升 反应堆次临界	II	功率量程（低阈值）中子通量密度高，		
反应堆带动率运行	II	超温 ΔT	功率量程（高阈值）中子通量密度高	
功率运行下一组调节棒束的失控提升	III		超温 ΔT	中子通量密度高
一棒束或一棒组跌落	II	通量密度变化率高		
硼酸失控稀释 在停堆时 （压力容器封闭）	II		功率量程（低阈值）中子通量密度高	
功率运行	II		超温 ΔT	
一个调节棒束弹出	IV	能量密度变化率高		中子通量密度高

6.3.2　一回路流量不正常事故

1. 定义

只有在任何一台主泵的压头和一回路压力损失之间出现不平衡量情况下，才引起一回路流量变化。一回路流量故障是由电动机转矩及摩擦转矩的变化引起的。

下列事件之一可以产生这样的变化：

（1）电动机转矩消失（失去电源）；

（2）电动机转矩下降（电压下降或者频率以小于2.5Hz/s的速度下降）；

（3）电动机转矩成了阻力矩（电源频率以大于2.5Hz/s的速度下降）；

（4）摩擦力矩增大（像转子转动受阻这样的机械方面的原因）；

（5）电动机转矩增大（一台主泵启动）。

按照故障的不同原因，这些事件可能影响一台、两台或全部三台主泵的运行。所考虑的瞬态范围如下：

三个环路运行时，

1）三台主泵全部失去电压（失去外电源）；

2）两台主泵断电；

3）一台主泵断电；

4）频率以4Hz/s的速度下降（一回路流量明显降低）；

5）一台主泵转子转动瞬时受阻。

两个环路运行时,

1) 两台运行的主泵断电;

2) 一台运行的主泵断电;

3) 频率以 4Hz/s 的速度下降;

4) 一台主泵的转子转动突然受阻;

5) 一个不运行环路的主泵意外启动(引起一回路流量增大)。

2. 危险性

在一回路流量逐渐下降期间,在这个瞬态工况的最初时刻,由燃料传送到冷却剂的热通量、一回路压力和堆芯入口水温变化不大。

出现的结果是,堆芯的入口和出口冷却剂的焓差随流量的变化而明显地变化,因为蒸汽含量上升,流量下降,因而临界热流密度下降,出现膜态沸腾的概率增大(烧毁比下降)。于是,就可能出现燃料元件包壳破裂事故,并导致放射性产物释放到一回路冷却剂中。

在一回路流量降低速度很快的情况下,在堆芯所有最热的通道将出现沸腾,并引起压头损失增大,从而导致通过堆芯冷却剂流量下降速度更快。此外,在这些工况下,一回路压力将迅速上升,这将可能引起一回路机械损伤。在蒸汽发生器内的传热效率下降,将加剧一回路压力上升。

一回路流量增大导致堆芯温度降低,从而引起反应性和功率上升。在这些工况下,其危险性是出现沸腾危机。

3. 保护

保护措施的作用和定义分两种情况介绍。

(1) 由于一回路流量降低对堆芯造成一定的影响,所以,必须要产生紧急停堆动作。图 6-3 指出了一回路流量降低的可能原因及后果。保护措施应该在保护动作的快速性和一定时机的选择之间进行折中,以便满足运行要求。

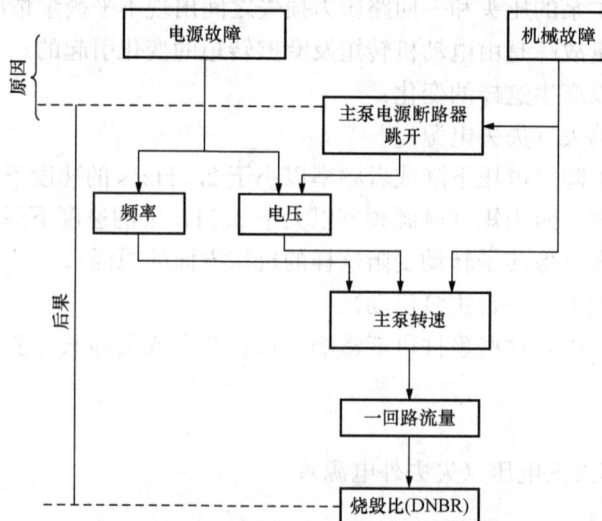

图 6-3　一回路流量降低的可能原因及后果

最初,在法国 Fessenhiem 和 Bugey 机组上,保护系统由下列参数测量线路组成,即电压、频率和流量。电压和频率的测量可能对影响全部 3 台主泵的故障进行迅速保护，这个保护动作应采用三取二（2/3）逻辑；流量测量保证了对任何一台主泵故障，尤其是一台主泵出现机械故障的情况下进行保护，这里运用三取一（1/3）逻辑（每个环路采取 2/3 逻辑）。

为了提高电厂的利用率，在外电网出故障期间，任何情况下都有良好的保护效能，在 CP1 和 CP2 机组的设计中，电压和频率测量用主泵转速测量来替换，该保护的逻辑采取三取二（2/3），流量低保护没有变。

此外，还有一个针对主泵电源断路器跳开的特殊保护，它可以对这类故障进行最快速的保护。

总之，对一回路流量事故的各种保护线路包括：

1）主泵转速极低保护；

2）一回路的一个环路内流量低保护；

3）主泵电源断路器跳开的保护。

这些保护线路控制紧急停堆。此外，主泵转速极低的信号，将使主泵的断路器跳开，以便在电源的频率严重偏低的情况下利用主泵的惯性。保护线路的精确度和延迟时间见表 6-3。

表 6-3 保护线路的精确度和延迟时间

原　因	保护动作	整定值（%额定值）	线路的延迟时间（s）
主泵转速下降	甩负荷	93.8±0.1	
	紧急停堆	91.9±0.1	0.7
	主泵断路器跳开	91.9±0.1	0.4
流量低	紧急停堆	88.8±3	1

（2）在一回路流量增大的情况下（一个不运行环路的主泵启动），通过下列保护动作保护反应堆：

1）通过功率量程的中子注量率密度信号，产生紧急停堆；

2）通过中子注量率密度增加速率高信号，产生紧急停堆；

3）通过流量低信号和同时出现 P8 允许线路的信号（功率 $>30\% P_n$，有一个环路的流量 $<88.8\%$ 额定流量），产生紧急停堆。

对一回路流量不正常事故所采用和设计的保护信号列于表 6-4 中。

表 6-4 对一回路流量不正常事故所采用和设计的保护信号

事故名称	事故类别	设计的保护信号
完全失去外部电源	Ⅱ	主泵转速低
一回路流量明显降低	Ⅲ	主泵转速低
一回路流量局部减少	Ⅱ	一回路流量低
主泵的转子转动受阻	Ⅳ	一回路流量低
一个不运行环路的主泵启动	Ⅱ	P8 允许信号（功率 $>30\% P_n$，有一个环路的流量 $<88.8\%$ 额定流量）

6.3.3 一回路压力不正常事故

1. 原因

一回路压力严重下降的大部分事故是由一回路设备的故障所产生的（通过稳压器降压）。

（1）机械故障会导致稳压器的一个主喷淋阀、一个辅助喷淋阀或一个安全阀的意外打开。

（2）压力调节系统出故障，可能出现下列情况：

1）造成控制稳压器压力的主喷淋阀和一个安全阀打开，停止电加热器的控制线路出现控制作用不正确；

2）控制稳压器的其他两个安全阀打开的控制线路出现控制作用不正确。

此外，在安全注入系统意外启动（预先没有紧急停堆）的最初时刻，将使一回路压力下降。产生该事故的原因可能是操作人员的误操作，或者是泵的误启动，或者是保护线路的电气故障所产生的信号。

只有稳压器的安全阀打开而不关闭是第Ⅲ类事故，其他的降压事故都属于第Ⅱ类事故。

2. 危险性

在一回路压力剧烈下降期间，DNBR 的数值下降，堆芯出现烧毁现象的概率上升。

在没有紧急停堆的情况下，有可能出现燃料棒包壳的破裂事故，从而导致放射性产物释放到一回路内。

在紧急停堆之前（在短期内），要监视的参数是 DNBR，DNBR 的数值必须保持大于 1.3。

在紧急停堆之后（在中期内），危险的过程将涉及设备的性能。应该避免出现下列情况：

（1）稳压器卸压箱的爆破膜破裂。当稳压器放出流体的总量超过卸压箱的设计容量时，将使爆破膜破裂，一回路冷却剂将释放到安全壳内。

（2）主泵的气蚀现象。

（3）稳压器的安全阀的操作故障及其排放管线的损坏。在稳压器充满水，这些机构带水操作时，可能产生这类故障。

3. 保护线路的描述

在通过稳压器产生降压的情况下，反应堆的自动保护措施如下：

（1）通过超温 ΔT 线路产生紧急停堆信号。

（2）稳压器的隔离阀自动关闭。如果三个压力测量值中有两个小于固定的整定值（13.9 MPa），将产生该操作。

（3）通过稳压器内压力低信号产生紧急停堆。当三个压力测量值中有两个低于固定的整定值（13.1MPa）时，将产生紧急停堆，该线路还含有一个超前—滞后模块。

（4）安全注入。如果三个压力测量值中有两个小于固定的整定值（11.9MPa）将启动安全注入系统。

在安全注入系统意外启动时，反应堆的保护措施如下：

（1）如果出现安全注入信号，将立即产生和安全注入系统同时启动的紧急停堆；

（2）操纵员手动产生紧急停堆；

（3）如果越过"稳压器的压力低"整定值，将产生紧急停堆操作。

首先，人们打算利用自动保护系统避免出现沸腾危机。然后，通过操纵员的操作消除故障，并尽早地停止安全注入操作，以避免稳压器充满水和稳压器的安全阀带水操作。

表 6-5 列出了各种压力不正常事故工况下采用的保护信号。

表 6-5　　　压力不正常事故保护信号

事　故	类别	保护信号
一回路瞬时降压	Ⅱ	稳压器压力低；超温 ΔT_t
安全注入系统意外启动	Ⅱ	稳压器压力低
稳压器的一个安全阀意外打开，不关闭	Ⅲ	稳压器压力低；超温 ΔT_t

6.3.4　蒸汽流量不正常事故

1. 定义

"蒸汽流量不正常"的事故包括下列两种：

(1) 蒸汽流量意外上升使一回路过冷，在这个研究中不包括蒸汽管道破裂(RTV)事故。

(2) 蒸汽流量意外下降使一回路欠冷，这里，蒸汽流量可能一直降到零。

本章所介绍的事故是"负荷过分增加"和"甩负荷和（或）汽轮机脱扣"。它们都属于第Ⅱ类事故。

2. 原因

在没有发生破口的情况下，蒸汽流量上升事故只可能在负荷上升时出现，引起负荷上升的原因有下列几种：

(1) 操纵员的误操作；

(2) 蒸汽旁路控制系统出故障；

(3) 汽轮机速度调节系统出故障（负荷限制器出故障）。

引起蒸汽流量下降的原因有：

(1) 由于下列原因使蒸汽隔离阀关闭：

1) 机械故障；

2) 保护系统出故障；

3) 错误的关闭信号。

(2) 由于下列原因使汽轮机主汽门关闭：

1) 保护系统出故障；

2) 汽轮机调节系统出故障；

3) 降负荷线路出故障；

4) 机械故障；

5) 反应堆和汽轮机保护系统的要求（在电网出故障后，防止汽轮机超速）。

(3) 由于下列原因使汽轮机的截止阀关闭：

1) 保护系统出故障；

2) 机械故障；

3) 在紧急停堆以后反应堆保护系统的要求；

4) 在汽轮发电机脱扣以后（凝汽器不能用）汽轮机保护系统的要求。

3. 蒸汽流量上升

(1) 物理特性。蒸汽流量上升将引起从一回路提取能量的数量增加。当二回路提取的能量大于反应堆堆芯产生的能量时，将引起一回路冷却剂降温。因而，一回路冷却剂收缩，接着引起一回路的压力下降。

同时，一回路温度下降将引起堆内中子注量率密度上升，它表现为燃料温度上升。最后，反应堆稳定在大于初始功率的新功率水平。

（2）危险性。蒸汽流量上升的后果是一回路温度下降，对避免烧毁是有利的，但降温引起一回路冷却剂收缩，会导致一回路压力下降，这是不利于避免偏离泡核沸腾（DNB）出现的。不能事先估计它的综合效应，如果出现偏离泡核沸腾，燃料包壳将有损坏的危险。

通过负反馈效应使功率回升，可能导致线功率密度超过设计值。

最后，在紧急停堆以后，如果降温的原因不消失，反应堆将有可能再次达到临界。

（3）保护方法。

1）在设计上通过最小值选择器，在下列三个线路产生的信号中选择一个最小信号去控制汽轮机的主汽门的开度：①汽轮机转速调节线路；②ΔT 保护线路，它的作用仅仅是使负荷下降；③负荷限制器。

在正常运行时，只有这些线路中的第一个参与控制主汽门的打开和关闭。在正常情况下，其他两个线路所发出的信号对选择器的低选所选择的限制信号来说是不起作用的。如果需要功率以比较大的幅度上升，汽轮机将通过速度调节系统跟踪这个要求，一直到达相应的限值为止（一般情况下，它由负荷限制器规定）。

按照预期的故障，负荷增加将遇到下列限制，见表 6-6。

表 6-6   预期的蒸汽流量不正常   （%）

预 期 的 故 障	达到最大功率	限 制 的 性 质
正常运行没有任何故障	100	负荷限制器
限制器调整错误	105	限制器的最大参考值
限制器没有投入工作	110	C4* 或 C3** 信号
限制器没有投入工作+C4 出故障	117	二回路可能的最大流量

* C4 禁止信号，超功率 ΔT 的 2/3 通道给出<3%超功率 ΔT 定值。闭锁调节棒提升，汽轮机降负荷。

** C3 禁止信号，当达到超功率 ΔT 第一阈值时出现，或汽轮机第一级叶轮背压换算功率<15%P_n 时出现，闭锁控制棒自动提升线路。

重要的是要注意到发生下列瞬态过程时，应该把这瞬态重叠到上述故障之一中去，即来自电网的升负荷要求；或者汽轮机速度调节功能出故障。

2）自动保护。在蒸汽流量上升的情况下，可以采取的保护措施如下：

a）紧急停堆。通过下列信号产生：①稳压器压力低；②超功率 ΔT 信号；③超温 ΔT 信号；④蒸汽发生器水位高；⑤中子注量率密度变化过快；⑥中子注量率密度高（高阈值）。

b）汽轮机脱扣。当超越"蒸汽发生器水位极高"阈值时，允许信号 P14（一台蒸汽发生器水位高高，四取二逻辑）引起汽轮机脱扣和下列操作。

c）汽动给水泵跳闸（也可以通过安全注入信号产生）。

d）隔离给水调节系统（也可以通过安全注入信号产生）。

e）安全注入。安全注入系统根据稳压器压力极低信号启动。

f）蒸汽发生器的辅助给水系统在出现安全注入信号以后，蒸汽发生器的辅助给水系统启动（两台电动的辅助给水泵启动）。

3）手动保护。在功率上升期间，操纵员应该调整流量限制器的整定值，通过限制功率10％阶跃变化来进行这样的调整。

4. 蒸汽流量下降

（1）物理特性。和前一种情况相反，蒸汽流量下降将引起一回路冷却剂升温，因为二回路不能带走一回路所产生的全部热量。一回路冷却剂膨胀（由于温度升高所引起）将引起压力上升和稳压器内水位升高。

因为蒸汽不断产生，蒸汽流量下降还将引起蒸汽发生器内二回路压力上升。

（2）危险性。蒸汽流量下降使一回路温度上升，这对避免偏离泡核沸腾不利。另外，由此产生的一回路压力上升是一个有利因素，因为它推迟了可能出现的偏离泡核沸腾。总之，最后效果无法预先估计到。

压力上升可能危及一回路的完整性，因而有损于第二道屏障。为了限制一回路内的压力，根据完全失去负荷的原则来设计稳压器的安全阀组。

最后，蒸汽流量下降将引起蒸汽发生器内压力升高，在没有保护的情况下，可能超过设计压力。

（3）保护方法。

1）在设计上，根据失去全部负荷的原则设计超压保护措施。

a）稳压器安全阀组是根据下述的第Ⅲ类事故设计的：失去全部负荷和滞后的紧急停堆，一直到出现稳压器水位高信号（遇到的最后一个阈值）。

安全阀组整定压力根据下列要求选定：

大于稳压器的压力高阈值（16.5MPa）；

对于在第Ⅲ类事故情况下，压力低于设计压力110％的回路来说，选取尽可能低的压力，采用了整定压力等于设计压力，即17.24MPa+1％（整定误差）。

这些阀所需要的最大容量应该可以用它们全开时的压力（整定压力＋1％误差＋3％累积误差）限制其所在部位达到的最大压力，即17.92MPa。由此得到最小容量在17.92MPa时蒸汽量为397t/h。

b）蒸汽发生器的安全阀总共安装了7个，其中3个阀组成第一组，另外4个阀组成第二组。

第一组阀根据第Ⅱ类事故进行设计，即失去全部负荷和不滞后的紧急停堆。

在这样的第Ⅱ类事故期间，压力应该小于设计压力（8.46MPa）。考虑到积累误差，整定压力取为8.30MPa。在这个压力下，为了遵循安全准则，需要的最小容量为580t/h。

第二组阀是根据和稳压器安全阀同样的事故设计的，但采用了不同的假设，它不仅是为了增大一回路的压力，而且也加大二回路的压力。这些阀整定在8.70MPa，也就是说，整定在设计压力以上，考虑到积累误差，在8.96MPa时阀全开，需要的最小容量为1910t/h，这里包括第一组的阀共有7个。

2）自动保护。在出现蒸汽流量下降的事件以后，由下列触发信号实施紧急停堆：①汽轮机轮脱扣，旁路阀不打开；②稳压器压力高；③超温 ΔT 高；④稳压器水位高。

6.3.5 蒸汽发生器给水不正常事故

1. 定义

主给水系统的运行不正常时，如同蒸汽流量故障一样，这些事故的后果有下列两种：一种是完全失去主给水流量（第Ⅱ类事故），这将导致一回路冷却剂欠冷；另一种是给水超流量或给水过冷，将导致一回路冷却剂过冷的事故。

2. 原因

蒸汽发生器失去主给水的事故可能由下列原因所引起：

(1) 电厂全部失去供电，引起主泵停运；

(2) 一台主给水泵停运；

(3) 调节阀门意外关闭。

给水超流量事故可能由下列原因引起：

(1) 调节系统功能出故障；

(2) 给水调节阀意外打开。

3. 流量降低

(1) 物理特性。给水流量降低使热量导出能力降低。在蒸汽发生器内的水位接近管板的高度时，进一步加剧传热效率的降低。

由于传热效率降低，使一回路冷却剂的温度升高。一回路冷却剂膨胀引起稳压器水位上升，从而导致一回路压力上升。水位上升可能导致（在完全失去给水流量时）稳压器充满水。

最后，启动辅助给水系统，可以恢复一回路的正常冷却。

(2) 危险性。对堆芯来说，主给水流量降低将引起一回路温度升高。这些危险性已在上一节详细叙述过，它们是：①出现偏离泡核沸腾(DNB)；②超功率；③一回路内超压。

(3) 保护方法。

1) 自动保护。自动保护系统实施下列保护：降低堆芯产生的热量（紧急停堆），保证导出一回路所产生的热量的功能（辅助给水系统供水），保护汽轮机（汽轮机脱扣）。

a) 紧急停堆。根据下列信号之一可以实现紧急停堆：

蒸汽发生器水位极低；

蒸汽发生器水位低，同时在给水流量和蒸汽流量之间出现不平衡信号；

失去电源所发出的信号。

b) 汽轮机脱扣。根据紧急停堆信号和 P4 允许信号（停堆主、旁路断路器打开，汽轮机跳闸；低冷却剂平均温度，允许关回水主控阀；允许快速打开两组旁路线，闭锁另两组）使汽轮机脱扣。

c) 主给水管线隔离和汽轮机给水泵停运。由 P14 允许信号（一台蒸汽发生器水位高高，四取二逻辑）或安全注入启动信号隔离主给水系统和停止汽动给水泵的运行。

d) 辅助给水系统启动。蒸汽发生器的辅助给水系统将根据信号启动其电动或汽动辅助给水泵，或全部辅助给水泵。

2) 辅助给水系统最小流量的设计。辅助给水系统是为了在失去主给水、失去全部供电和二回路管道破裂等事故工况下，导出反应堆内剩余热量而设计的。

通过研究完全失去蒸汽发生器的主给水以后反应堆的性能，来确定辅助给水系统的最小流量和需供水的蒸汽发生器数量。为了在最严重的事故情况下进行这样的设计，考虑了完全失去外电源的故障（主泵停运），这将引起蒸汽发生器内传热效率下降，启动辅助给水泵后，水进到蒸汽发生器的时间有延迟，会加剧该事故的后果。

在进行这种分析研究时，假设堆芯产生的热量达到最大限度，而一回路至二回路之间的热交换效率降到最低。

研究结果表明：如果能提供 80m³/h 的流量在两台蒸汽发生器之间分配，则既不会发生稳压器的安全阀带水操作事件，也不会使得供水的蒸汽发生器的管板露出。如仅用一台蒸汽发生器，在没有冷却的环路内温度升高引起的膨胀将使稳压器充满水。

4. 主给水超流量或过冷

（1）物理特性。这两种工况对一回路造成的后果是相似的。因为它们都会导致一回路冷却剂过冷。由此产生的一回路冷却剂收缩引起压力下降，温度下降将会引起功率上升。

根据具体情况，一回路可能演变到一个新的稳定状态，在这个新的稳定状态中，一回路的参数（功率、压力和温度）值将大于相应的额定值，有可能超出设备的设计值。

（2）危险性。对堆芯和一回路来说，危险性属于一回路冷却剂意外降温时所固有的危险。这些危险已在上一节描述过，它们是偏离泡核沸腾（DNB）、超功率、一回路系统内超压。

关于二回路的情况，给水超流量可能导致水进入蒸汽管道，这有可能损坏汽轮机。

（3）保护方法。通过蒸汽发生器的水位极高的信号（允许信号 P14），实施下列保护：①紧急停堆；②汽轮机脱扣；③启动辅助给水系统；④隔离主给水系统和停止汽动给水泵的运行。

安全注入系统根据稳压器压力极低信号投入工作，向堆芯紧急注入高浓度硼水，以避免反应堆在急剧降温时达到临界状态。

6.4 蒸汽发生器传热管破裂事故

6.4.1 定义与原因

蒸汽发生器传热管破裂（RTGV），包括一根传热管破裂和多根传热管破裂，也包括冷却剂轻微连续泄漏的管子裂纹。该事故造成第二道屏障失去完整性，导致一回路与二回路间联通。在上述情况下，都有水从一回路向二回路泄漏，二回路将被具有放射性的一回路水污染。另外，蒸汽发生器传热管破裂（RTGV）导致第三道屏障即安全壳的旁通；传热管破裂的蒸汽发生器产生的蒸汽已被污染，在紧急停堆以前仍然被送往汽轮机，然后直接排到凝汽器或大气。

核电厂运行实践中，根据设计者和安全部门的观点，将蒸汽发生器的单独一根传热管完全断裂作为这种类型事故的包络情况；多根传热管断裂被认为可能性很小。这是因为采取了机械措施，防止给水带来的异物剧烈地撞击一根或多根传热管；并借助于 U 形管的支撑隔板，限制了发生事故的传热管的撞击，避免了邻近传热管的破裂。

从二回路一侧连续的小泄漏在它们发展成传热管破裂以前将很快地被探测到，并且容易被控制住。二回路的污染水平通过以下途径监测：

（1）由核取样系统在蒸汽发生器的排污回路内，连续取样测量其放射性，以确定受影响的蒸汽发生器；

（2）测量从凝汽器中抽出的不凝结气体的放射性。

可能引起蒸汽发生器传热管断裂的主要原因如下：

（1）管子承受机械和热应力；

（2）二回路水产生腐蚀，特别是由于管板处的沉积物，使管板上方的管壁局部变薄及传热管发生裂纹；

（3）一回路水产生的腐蚀；

（4）颈缩效应（denting）（支撑管板的缝隙由逐渐长大的腐蚀产物所淤塞，并引起蒸汽发生器传热管收缩）。

为了减少蒸汽发生器传热管断裂的风险，采取了以下预防措施：

（1）采用高韧性材料因科镍 INCONEL-600（690）的传热管；

（2）对二回路给水进行全挥发的化学处理，目的是避免传热管腐蚀；

（3）改进管束底部流动情况（缩小低速区）；

（4）改变 U 形传热管支撑隔板的几何形状（采用四瓣梅花瓣形孔，缩小传热管与管板之间的接触面积）；

（5）在 U 形管与蒸汽发生器管板接触的全部高度上进行胀管。

6.4.2 事故过程及后果

1. 没有人为干预时的物理性能

研究在最初 30min 内，没有任何人干预时的一回路和二回路的性能。

（1）一回路。在事故第一阶段，一回路的性状与一回路出现小破口（裂口的当量直径稍小于 25mm）的情况相似。在完全断裂的情况下，裂口的等效面积为 $2\pi\dfrac{d^2}{4}$（d 为管的直径），即等效直径等于 $\sqrt{2}d$。大亚湾核电厂蒸汽发生器传热管直径为 19.05mm，裂口的等效直径为 26.9mm。

把出事故传热管的两部分的压力损失考虑进去，破口的流体流动不是声速的，所以泄漏流量仅取决于一回路与二回路之间的压力差。

破口的出现，导致一回路水流失，所以一回路压力下降，压力下降在初始的瞬间，被上充流量的增加所补偿（见图 6 - 4）。

由于最大上充流量不足以补偿泄漏流量，接着是一回路压力下降。当压力下降到稳压器低压阈值时，引起控制棒束下落，使反应堆紧急停堆，汽轮机脱扣。

核功率的停止表现为一回路剧烈降温，因而一回路水收缩，加速

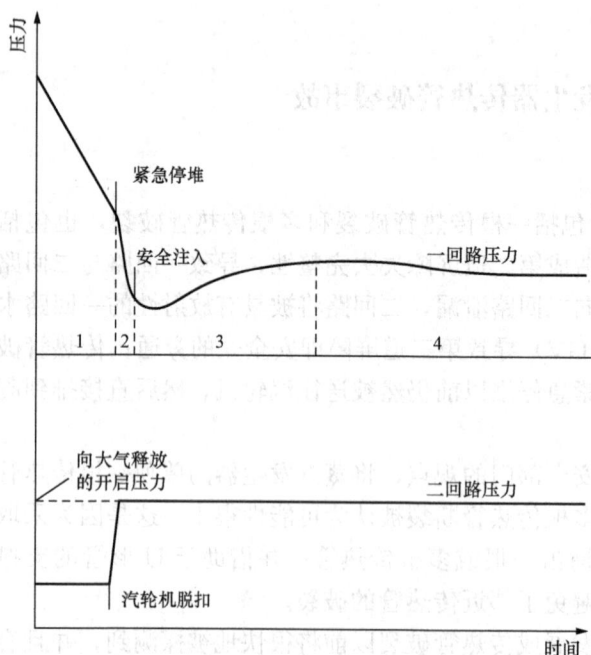

图 6 - 4 RTGV—操纵员干预前一回路和二回路的压力变化

1—由于泄漏降压；2—由于泄漏和一回路水收缩而降压；
3—由于安全注入和通过辅助给水系统部分补偿使压力重新上升；
4—稳定状态，安全注入流量=泄漏流量

一回路压力下降。当一回路压力低于稳压器压力的极低阈值时，触发安全注入系统投入工作，后者将化学和容积控制系统隔离（见图 6-4 和图 6-5）。

高压安全注入泵的流量一旦大于破口流量时，一回路压力回升并稳定在由剩余功率水平以及同时通过破口和与二回路间的热交换导出的能量所决定的一个值上。然后，由于蒸汽发生器辅助给水系统的启动，一回路压力缓慢减小。辅助给水系统以较冷的水充满蒸汽发生器，所以增大了二回路的冷却能力。由此引起泄漏流量稍微下降和安全注入流量稍微增大。

在事故的第一阶段，稳压器的水位降低，因为化学和容积控制系统仅部分地补偿一回路水的损失。紧急停堆以后，由于一回路水收缩而继续降压。在安全注入系统投入工作后，一回路中的水量趋于稳定，稳压器中的水位很可能超出测量范围。

在没有任何人为干预的情况下，一回路压力稳定于高于二回路压力的某个值上，这个值使得破口处的流量被安全注入

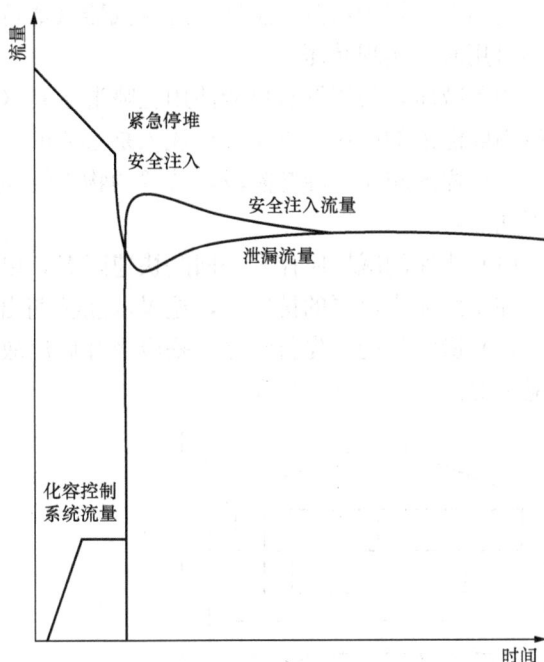

图 6-5 RTGV—操纵员干预前流量的变化

系统所准确地补偿，于是剩余功率通过破口，同时通过蒸汽发生器管束中的热交换输送到二回路。

（2）二回路。泄漏的出现造成有传热管断裂的那个蒸汽发生器二回路一侧有来自一回路的水和能量，并导致二回路被污染。

紧急停堆以前，如果调节系统在工作，三个蒸汽发生器中的水位将保持恒定；而紧接着断裂发生，故障蒸汽发生器的水位将瞬时升高（由于在热交换区域提供的能量和水量，引起膨胀）。

没有水位调节时，由于提取的蒸汽总量（由蒸汽流量调节保持恒定）与进入的水量（恒定的给水流量＋断裂传热管破口流量）之间不平衡，故障蒸汽发生器中的水位连续增长。同时，故障蒸汽发生器产生的蒸汽流量的增加，会引起从另外两个蒸汽发生器提取的蒸汽流量减小，由此导致在水和蒸汽流量之间不平衡的影响下，这两个蒸汽发生器的水位稍有增加。

在事故的这一阶段，二回路压力变化不大（见图 6-4）。

汽轮机脱扣后，如果通向凝汽器的汽轮机旁路系统不可用，将导致蒸汽压力增高，直到对空释放阀开启。如果通向凝汽器的汽轮机旁路系统可用，它的开启使一回路压力下降更加明显。

蒸汽发生器辅助给水系统的两个电动辅助给水泵，由于安全注入系统投入工作而启动，使得三个蒸汽发生器的水位回升。故障蒸汽发生器的水位增长快得多，因为一回路水经过断裂的传热管进入二回路，与辅助给水系统的水相加。这个蒸汽发生器在辅助给水系统的两台泵和一台汽动辅助给水泵供水时，有被灌满的可能。

2. 操纵员干预的后果

操纵员的第一项工作当然是识别事故和找出发生故障的蒸汽发生器。

一旦辨认清楚，就应当采取措施隔离掉故障的蒸汽发生器，以限制蒸汽向大气排放。为了消除泄漏，应该采取措施对一回路减压。

由两个完好的蒸汽发生器通过凝汽器（如可用时）排出能量或向大气排出能量（如凝汽器不可用时）实现减压。

为了减压，稳压器有可能使用主喷淋装置（如主泵在工作）或辅助喷淋装置。为了得到足以消除泄漏的减压，停止安全注入是必要的。

在这样的减压—冷却阶段，装置的物理性能随着操纵员反应的不同变化很大。应当注意以下四点：

（1）快速的减压应伴有一回路快速降温，以避免整体沸腾，同时也可避免在顶盖下面沸腾，在主泵应当停泵的情况下，这里可能长期出现沸腾。

（2）操纵员的首先行动之一是应当开启出故障蒸汽发生器的排污水系统（17t/h），目的是避免灌满这个蒸汽发生器。

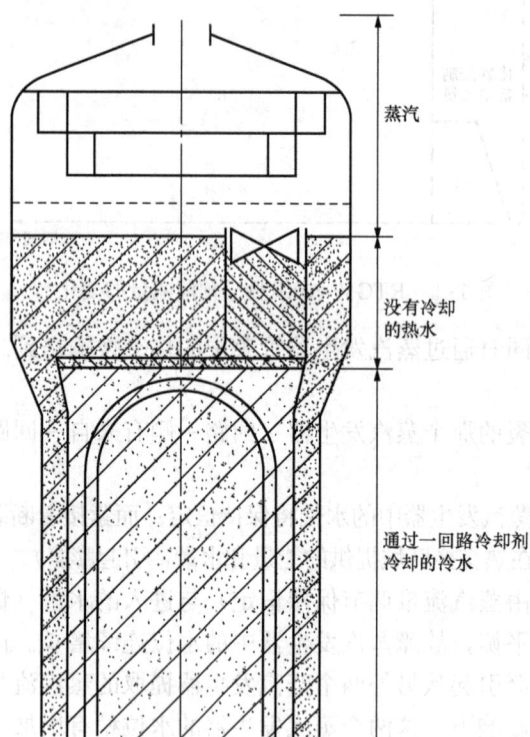

图 6-6　RTGV—逆向热交换时
蒸汽发生器的图示

（3）隔离了断管的故障蒸汽发生器后，当由完好的蒸汽发生器冷却时，后者的内压力固定在释放阀的整定阈值水平；当一回路压力小于二回路压力时，泄漏会反向，因而有稀释一回路水的风险。

（4）在一回路由两个完好的蒸汽发生器冷却，可能导致一回路温度低于出故障的蒸汽发生器的水温；于是出现反方向的热交换，即出现断管蒸汽发生器的水由一回路水冷却的现象。

在逆向热交换状态下（见图6-6），故障蒸汽发生器的管束区内充满冷水。在这些水上面是较热的水和蒸汽垫层，蒸汽垫层几乎不参与热交换。在反向热交换时，只是冷却了下部的水，强化了在蒸汽发生器内的分层现象（在相邻的水层或不同的相之间不混合，只有微弱的热交换）。所以蒸汽的凝结非常有限，在管束的上面的热水冷却非常缓慢。

3. 事故后果

这个事故的主要后果是一回路冷却剂污染了二回路给水，如果再加上凝汽器不可用，被污染的蒸汽通过故障蒸汽发生器的释放阀排向大气。同时还有使断管蒸汽发生器和蒸汽管道充满水的风险。由水排放的放射性物质比蒸汽排放的大得多（质量流量更大），液态放射性排放更危险。此外，蒸汽发生器的安全阀带水操作能造成它们卡在开启的位置上。

与所有的一回路失水事故一样，RTGV 也具有使堆芯冷却不足的风险。故障蒸汽发生器隔离以后，泄漏的方向可能逆转。由于一回路水被二回路水稀释，有可能造成一回路冷却剂硼浓度减小的风险。

6.4.3 保护方法

在设计方面，已采取一些措施，避免故障扩大。虽然不存在按这个事故设计的保护系统，但有一定数量的操作，能够限制事故的后果，这些操作开始是自动的，随后是手动的。

这个事故将导致第二道屏障失去完整性，保护系统的作用要保持第三道屏障的完整性，或者当失去这道屏障完整性时（例如，排向大气的释放阀的开启），要予以恢复。

1. 自动保护和报警系统

在出现传热管破裂事故时，会出现稳压器压力低、蒸汽发生器排污水或凝汽器凝结水抽取系统放射性剧烈增加的报警信号。

根据稳压器压力低信号，产生紧急停堆，紧急停堆引起汽轮机脱扣；蒸汽由汽轮机旁路系统排向凝汽器或排向大气；然后，安全注入系统启动，同时，蒸汽发生器的正常给水停止，并启动辅助给水系统。

2. 手动保护

对这个事故，自动保护系统保证了堆芯安全，但不足以限制放射性物质排放，应由操纵员发挥作用来限制后果。为此，操纵员首先应当识别事故，鉴别出故障蒸汽发生器，使一回路冷却剂通过破口向二回路的泄漏量降为0，以及将排向大气的受污染的蒸汽流量降为0；然后，在泄漏方向反转后，在过渡到冷停堆期间，操纵员应监督一回路冷却剂的硼浓度，按相应事故处理规程完成相应操作。

6.4.4 事故处理规程 A3

规程 A3 首先是识别出故障蒸汽发生器，然后将它隔离，以便限制向外界释放的放射性蒸汽，最后使一回路降温降压以便将机组过渡到冷停堆状态。

1. 识别和隔离出故障蒸汽发生器

故障蒸汽发生器的识别是通过蒸汽发生器的排污水放射性的报警实现的。判断是通过比较蒸汽发生器水位的演变情形来确认的，即断管蒸汽发生器的水位增长应比两个完好的蒸汽发生器的水位增长快。

操纵员应当关闭蒸汽管道的隔离阀、汽动辅助给水泵的供汽阀和有关的蒸汽发生器的辅助给水系统的另外两个调节阀，同时还要关闭向大气释放的隔离阀或者采取措施更好地改变释放阀的整定值。

2. 一回路的冷却和降压

一回路的冷却是由两个完好的蒸汽发生器来保证的，当最大速度为 56℃/h 时，使用通向凝汽器的汽轮机旁路系统，或者汽轮机旁路系统不能用时，排向大气。

这个阶段，完好的蒸汽发生器内的水位通过辅助给水系统的流量控制，出故障的蒸汽发生器内的水位增长通过排污水流量来控制。

为了减压必须停安全注入系统。如果主泵没有停止，可采用正常喷淋降压，并重新恢复稳压器的水位。在有充分的 ΔT_{SAT} 裕量（饱和裕度）的条件下，允许此时停止安全注入系统。

在停主泵的情况下，应使用辅助喷淋降压。

消除一回路至二回路间的泄漏后，目标是实现冷停堆，同时要监视一回路冷却剂的硼浓度（一回路被反向泄漏稀释），需要时加以调节。

6.4.5 事故实例

1. DOEL 核电厂的 RTGV 事故

1979 年 6 月 25 日，比利时的 DOEL 核电厂 2 号机组（392MW，二回路）发生了蒸汽发生器断管事故。

发生事故时，一回路正在升温（255℃），在额定压力（15.4MPa）下，反应堆处于次临界，所有的控制棒束插入堆内。二回路水当时的参数约为 4.0MPa 和 255℃。

还应指出，两个蒸汽发生器之一已有一段时间在二回路侧出现微弱的放射性。

（1）事故经过。蒸汽发生器 B 发生传热管断裂，表现为稳压器水位迅速降低，以及一回路压力降低（约 0.2MPa/min）。最后估计，一回路至二回路间泄漏的初始流量为 40t/h。

虽然在蒸汽发生器上已经有一定水平的放射性，但在启动安全注入前，就迅速判断出"蒸汽发生器上的 RTGV"事故，特别是借助于故障的蒸汽发生器内水位迅速上升来判断。因为反应堆没有带功率，在紧急停堆后没有水位下降。

操纵员应进行如下操作：

隔离出故障蒸汽发生器的蒸汽管道；

改变蒸汽发生器 B 排向大气蒸汽的释放阀的整定点（7.85MPa）；

通过蒸汽发生器 A 向大气释放，冷却一回路。

事故发生时反应堆正处在次临界，安全注入在 20min 后介入（稳压器内压力下降至 11.6MPa），没有得益于紧急停机时的收缩效应。

然后由正常喷淋，接着通过停安全注入保证一回路减压，这就允许在事故发生后约 3h 隔离蒸汽发生器 A，并过渡到余热排出系统投入运行。

蒸汽发生器 B 按逆向热交换运行，因此其中的二回路降温和压力下降是缓慢的。一回路冷却剂只冷却蒸汽发生器底部的冷水，这就增加了蒸汽发生器内的分层现象。蒸汽凝结很少，管束上方的热水冷却缓慢（见图 6-6）。

（2）评述。故障完全被控制住并且对环境和设备没有任何影响。

2. GINNA 核电厂的 RTGV 事故

1982 年 1 月 25 日，GINNA 核电厂（在纽约州内 Rochester 附近，位于 Wayhe）的蒸汽发生器 B 发生蒸汽发生器传热管断裂，这个核电厂是西屋压水堆，双环路。事故发生时反应堆带额定功率（420MW）运行。

检查发现破口是"狭长的切口"形，长 10cm，中部宽 2cm，位于管板上方 13cm 处，在热端一侧，估计初始一回路向二回路的泄漏为 50L/s。美国 NRC 估计：有 136t 一回路冷却剂流到二回路；蒸汽发生器 B 向大气释放 53t 水和蒸汽；释放到大气中总放射性为 122Ci。

其放射性产物的组成如下：

（1）稀有气体氪、氙、氩的 90Ci 以及氚的 25Ci，其中大部分来自空气喷射器。

（2）碘同位素的 5Ci 和钴、钼、钡、铯的 2Ci，其中大部分是蒸汽发生器 B 的安全阀开启时释放的。

6.5 蒸汽管道破裂事故

6.5.1 定义与原因

蒸汽管道破裂事故（RTV）除了指蒸汽回路的一根管道（主管道或管嘴）出现实际的

破裂所产生的事故以外，还包括蒸汽回路上的一个阀门（安全阀、排放阀或旁路阀）意外打开所导致的事故。

这些事故在发生初期都是表现为蒸汽流量突然上升，与负荷意外上升表现出的特点是相当接近的。

按照破口的大小，蒸汽管道破裂事故可以是属于Ⅱ、Ⅲ类和Ⅳ类事故。如果破口的尺寸小于二回路上的一个阀门打开所构成的破口，那么所有具有这类破口的蒸汽管道破裂事故就是Ⅱ类事故；第Ⅲ类事故是破口尺寸大于二回路上的一个阀门打开所形成的破口，而且不能自动将蒸汽管道隔离；比上面更严重的蒸汽管道破裂事故是第Ⅳ类事故。

在发生蒸汽管道破裂情况下，应遵守下述准则：

（1）对于Ⅱ类事故，反应堆不应回到临界状态；

（2）对于Ⅳ类事故，烧毁比（DNBR）也要大于1.3。

这些准则比Ⅱ和Ⅳ类事故的常用准则限制性更强。

破裂现象可能出现在下列部位（见图6-7和图6-8）：

（1）蒸汽发生器与安全壳之间；

（2）位于蒸汽隔离阀下游的支架与蒸汽联箱之间；

（3）蒸汽联箱上或在联箱与汽轮机之间。

在上述第三种情况下，蒸汽管道破裂对称地影响三台蒸汽发生器，

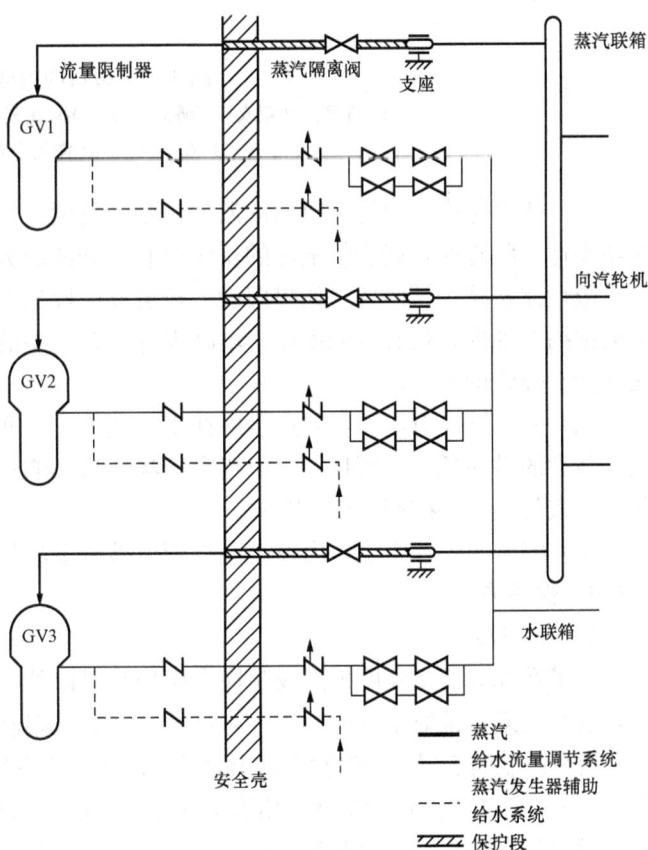

图6-7 水与蒸汽管道图

而其他两种情况与之相反，不是对称地影响三台蒸汽发生器。

应该注意，蒸汽管道破裂事故不考虑在安全壳与支架之间会发生破裂事故，这是由于在建筑布局上采取了措施，这段管道具有很高的可靠性。

二回路上的一个阀门意外打开可能是由于调节系统的误动作、机械故障或操纵员的误操作所造成的。

对于纯粹的破裂来说，其原因可以是过大的机械应力或热应力、制造缺陷、内部飞射物、地震等。

为了保护蒸汽管道，尤其是要防止同时出现几处破裂，已采取了预防措施（如防冲击装置、自锁装置等）。

6.5.2 事故后果

蒸汽管道破裂事故对三道屏障都将造成一定的危险。

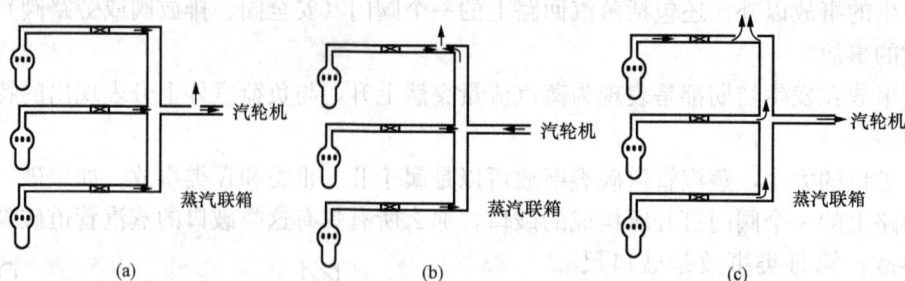

图 6 - 8　破口的类型
(a) 在蒸汽联箱或其下游的破口；(b) 在蒸汽联箱上游的小破口；
(c) 在蒸汽联箱上游的大破口

（1）燃料包壳。因为慢化剂的温度系数为负值，所以如果一回路水温度下降，当反应堆在功率运行状态时，就会使堆芯的反应性有上升的趋势；当反应堆在停堆状态时，就会导致负反应性储备减少。而且，如果假设一根负反应性最大的控制棒卡在堆外，即使其余的全部棒束都插在堆内，也有可能使反应堆临界并有升功率的趋势。因而，在卡棒部位周围的燃料元件棒有烧毁的危险。

（2）一回路。对压力容器产生冷冲击。此外，一回路在低温下重新增加压力会产生"脆性"破裂的潜在危险。而且，二回路突然降压将影响蒸汽发生器内部部件（二次侧）的性能并可造成传热管束破裂（RTGV）。

（3）安全壳。在安全壳内发生蒸汽管道破裂事故将会导致安全壳的温度和压力上升。

6.5.3　保护方法

1. 设计阶段

除了在 6.5.2 提到的抗震或防冲击保护装置以外，为了限制蒸汽管道破裂事故所造成的危险及其后果，采取了下列两个预防措施：①流量限制器；②"保护段"。

流量限制器安置在蒸汽发生器出口处，属于蒸汽发生器的一部分。不管破口出现在什么部位，它都可把事故的影响限制为相当于直径为 406mm（每个蒸汽发生器）的破口泄漏流量。

设置蒸汽隔离阀可以避免 3 个蒸汽发生器同时排空。然而，如果假设一个阀体破裂，或靠近隔离阀的蒸汽管道破裂，将不可能确保对隔离阀的操作。为此，对安全壳与隔离阀下游支架之间的这段管道要根据与"保护段"有关的制造要求来设计和建造，确保不会在此管段出现破裂。

2. 自动保护

自动保护的目的是：①如果反应堆在功率状态，将反应堆停闭；②避免堆芯重返临界或者至少是限制其后果和持续期限；③限制一回路过冷；④限制安全壳内的温度和压力上升（在蒸汽管道破裂事故出现在安全壳内时）。

自动保护包括以下内容：

（1）紧急停堆。根据下列信号之一产生紧急停堆操作：

1）一回路压力低；

2）中子注量率密度高；

3）中子注量率密度上升速度快；

4）超功率 ΔT；

5）超温 ΔT；

6）安全注入信号；

7）蒸汽发生器水位高；

8）蒸汽发生器水位极低；

9）蒸汽发生器水位低，同时给水流量—蒸汽流量不平衡。

（2）安全注入。为了限制蒸汽管道的大破口所造成的后果，需要向堆芯引入大量的负反应性，即向堆内注入高浓度的硼水。

安全注入系统投入的触发信号包括：

1）一回路压力极低；

2）蒸汽管道之间的差压大；

3）蒸汽流量大，同时出现一回路平均温度极低；

4）安全壳压力达到高 2 阈值；

5）蒸汽流量大，同时出现超前蒸汽压力低。

超前蒸汽压力低限阈值是针对蒸汽管道破裂事故而设置的。根据超前滞后数值计算，当出现蒸汽管道破裂事故时，在出现蒸汽流量大信号之前 5s 内就可以得到蒸汽压力低的信号。

（3）正常给水系统隔离和辅助给水系统启动。当出现安全注入信号或蒸汽发生器水位极高时，蒸汽发生器的正常给水系统中断运行。

启动两台辅助给水电动泵是根据安全注入信号或者蒸汽发生器内水位极低信号或者正常给水汽动泵出现故障。还可能由两个蒸汽发生器水位极低信号启动辅助汽动泵。

要注意的是，辅助汽动泵和辅助电动泵不用同一个信号启动也是针对蒸汽管道破裂事故而考虑的。其实，在出现蒸汽管道破裂事故情况时，为了不使一回路的过冷现象加强，更可取的做法是限制向蒸汽发生器内注入水的数量。

（4）蒸汽管道隔离。下列信号之一产生蒸汽管道隔离操作：

1）蒸汽流量高，同时出现一回路平均温度极低；

2）蒸汽流量高，同时出现超前蒸汽压力低；

3）安全壳内压力达到高 3 阈值；

4）蒸汽压力极低。

使蒸汽管道隔离的安全壳内压力极高的信号阈值是针对安全壳内发生的蒸汽管道破裂事故而设计的。在破口尺寸较大的情况下，安全壳内压力高 3 阈值触发信号可以作为蒸汽流量高同时超前蒸汽压力低信号的冗余。根据在这个情况下对安全壳的压力所进行的计算，将这个阈值确定为 0.19MPa。

（5）安全壳喷淋系统的投入。由安全壳的压力"极极高"第 4 阈值的信号启动安全壳喷淋系统。

3. 手动保护

为了限制一回路的过冷度，如果可能的话，操纵员应该隔离破口，并且还应隔离受事故影响的蒸汽发生器的给水管路。

为了将反应堆保持在次临界状态，操纵员还要对冷却剂进行加硼操作。最后，还应限制一回路升压。

6.6　给水管道破裂事故

6.6.1　定义与原因

1. 定义

如果蒸汽发生器上游的二回路管道破裂，导致给水流量突然下降，从而至少有一个蒸汽发生器排空，称为给水管道破裂事故（RTE）。实际上，这是指位于安全壳内止回阀下游的一根给水管道（并且仅是一根）破裂，见图6-9。因为在止回阀上游有破口的情况下，只是部分或全部失去正常给水流量，蒸汽发生器不会排空。这里不讨论此情况。

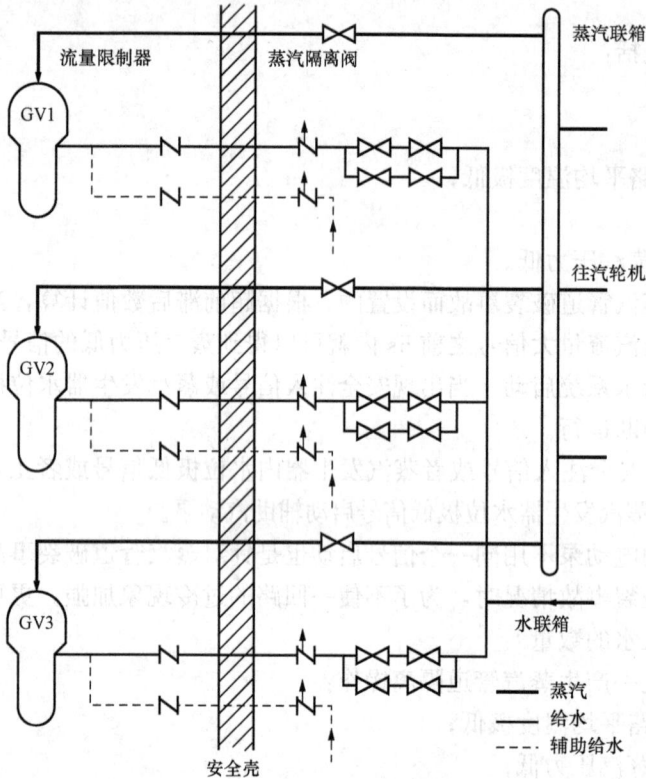

给水管道破裂事故（RTE）是第Ⅳ类事故。这类事故要求在最初30min内（认为这一时刻是足够使操纵员进行干预的）一回路水没有出现整体沸腾。应当指出，这项不沸腾的准则比第Ⅳ类事故常用准则更严格。

实际上，蒸汽发生器的排污水系统管道破裂与RTE很相似。但是研究表明，排污水管道截面积20cm²，即直径约为5cm，与主管道的截面积（约1000cm²）相比是很小的，它不会使机组的冷却能力出现故障。

图6-9　水及蒸汽管道示意

2. 事故原因

最合理的假设是给水管道上因机械应力或热应力引起破裂。应指出，在管道设计中对内部飞射物已采取了预防措施，此外还装备了防地震和防冲击装置（保护阀瓣的支撑，防冲击框架）。这些装置使得两条或三条管道同时破裂很不可能。

6.6.2　事故过程及后果

1. 没有人为干预时的物理变化过程

（1）二回路。事故表现为：受影响的蒸汽发生器的给水突然中断，并且另外两台蒸汽发生器的给水流量大幅度下降。

受影响的蒸汽发生器由于与安全壳相通，它将很快排空。只要给水分配环被淹没，液态水就从破口排出，随后是乳状液，再以后是干燥蒸汽排出蒸汽发生器之外。

只要从破口流出来的是水，二回路压力受影响就不大。当从破口流出的是蒸汽时，二回路压力将下降。当受影响的蒸汽发生器管束干涸时（在其中不再产生蒸汽时），下降更为严重（见图 6 - 10）。

受影响的蒸汽发生器压力的降低，导致不受影响的蒸汽发生器的蒸汽通过管道流向受影响的蒸汽发生器，使不受影响的两个蒸汽发生器的压力也下降，由于此项流量形成的压降，使不受影响的蒸汽发生器与受影响的蒸汽发生器之间的压力有微小的不同（见图 6 - 10）。

降低的给水流量和增大的蒸汽流量（由于同时给汽轮机和受影响的蒸汽发生器供汽）之间的不平衡，导致不受影响的蒸汽发生器逐渐排空。

由于紧急停堆引起的汽轮机脱扣，导致 3 个蒸汽发生器内压力回升。

当将蒸汽隔离时，不受影响的蒸汽发生器不再通过第三台蒸汽发生器向破口排汽，它们的压力上升直到安全阀（或旁路阀）开启阈值；反之，受影响的蒸汽发生器不再有蒸汽供应，它的压力急剧下降并稳定在等于安全壳内的压力。

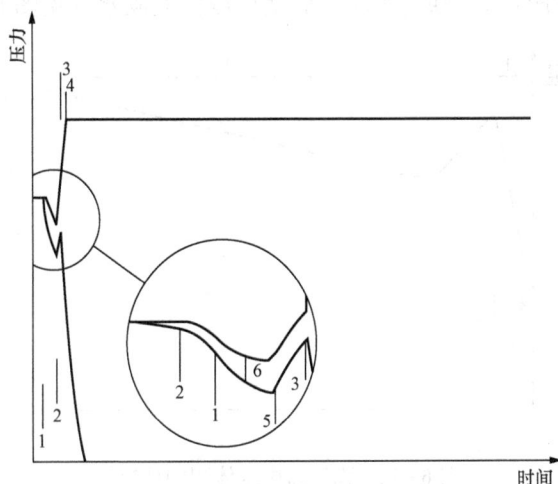

图 6 - 10　蒸汽发生器出口处的压力情况

1—受影响蒸汽发生器的管板露出水面；

2—紧急停堆，棒束落下；

3—蒸汽管道隔离；

4—不受影响的蒸汽发生器安全阀开启；

5—破口处蒸汽的流出；6—反向流量形成的压降

辅助给水系统投入工作，不能阻止不受影响的蒸汽发生器继续排空。因为只要受影响的蒸汽发生器给水管段没有被隔离，辅助给水系统的水就会通过破口流失。

（2）一回路。紧急停堆以前，在某些假设条件下，短期内这个事故可能表现为一回路过冷，因为通过破口排出的能量加上传送给汽轮机能量使需求总能量上升。然而，这个现象只能是短时间的，这是由于受影响的蒸汽发生器"变干"，从而使蒸汽发生器中的传热能量下降。此项传热能量下降表现为与受影响的蒸汽发生器相连的一回路环路内水温上升，导致一回路压力上升，直升至稳压器的安全阀开启的阈值。

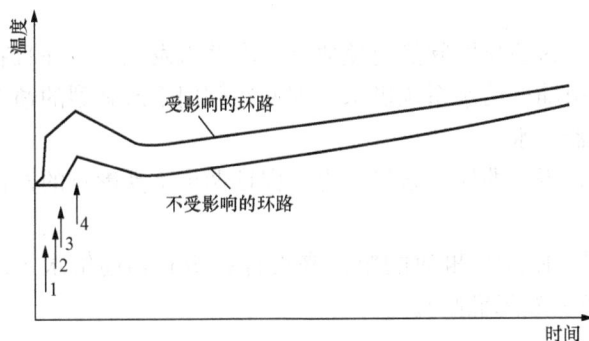

图 6 - 11　一回路平均温度的情况

1—受影响蒸汽发生器的管板露出水面；

2—紧急停堆，棒束落下；3—蒸汽管线隔离；

4—不受影响的蒸汽发生器安全阀开启的效应

由于汽轮机脱扣和蒸汽隔离，由紧急停堆引起的不受影响的环路中的温度下降，只是在蒸汽发生器的安全阀开启后才变得明显起来（见图 6 - 11）。

不过出现的温度下降仅是暂时的，因为蒸汽发生器的传热效率下降，即使大部分流量会从破口流失，但最终会造成一回路温度上升，辅助给水系统投入工作。

这个阶段整个期间，稳压器的水位和一回路的压力随着平均温度的变化而变化，先是上升，然后是下降，最后又上升。由此导致，首先是稳压器的安全阀再次打开，然后，由于一回路冷却剂膨胀和安全注入的联合影响，而使稳压器充满水（见图 6-12）。

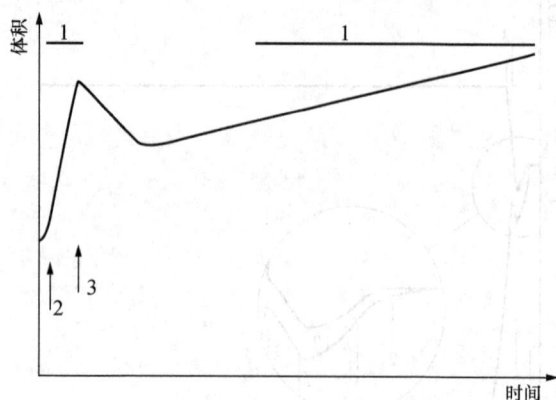

图 6-12　稳压器中水体积的情况
1—稳压器安全阀开启；2—受影响蒸汽发生器的管板露出水面；
3—不受影响的蒸汽发生器安全阀开启的效应

没有操纵员介入时，装置向以下状态演变：

1）被淹没的稳压器通过安全阀排出水；

2）一回路的压力等于这些阀的整定压力；

3）一回路、二回路间的不良传热，不可能通过蒸汽发生器将全部剩余功率导出，因为蒸汽发生器内的传热能力下降；辅助给水系统的大部分流量从破口流失；一回路温度随着该回路中出现整体沸腾的风险而相应增加。

2. 操纵员干预及后果

操纵员的首要任务当然是识别事故和事故涉及的蒸汽发生器。一旦查明受影响的蒸汽发生器，就隔离它的给水管道，避免给水从破口流失。这样，辅助给水系统的全部流量就送至两个不受影响的蒸汽发生器。由此使它们的水位回升，从而使一回路与二回路间的传热效率得到改善，可以导出剩余功率，引起一回路降温。一回路冷却剂的收缩可以使稳压器水位复原，于是装置可以过渡到热停堆状态。

3. 事故后果

给水管道的断裂对三道屏障造成的风险：二回路给水丧失引起一回路冷却性能恶化，可能导致一回路内出现整体沸腾；稳压器安全阀开启引起一回路冷却剂流失，使得堆芯部分露出水面，从而有产生包壳破裂的危险；另外，从破口流出的流体（给水）会引起安全壳内温度和压力上升。

6.6.3　保护方法

1. 设计方面

在蒸汽发生器入口管线上装有止回阀。这些止回阀能避免放空三个蒸汽发生器，并且在这些阀门上游处发生断裂的情况下，保证由辅助给水系统供水；即使在阀门下游破裂的情况下，也能保证向两个不受影响的蒸汽发生器供水。

在蒸汽发生器的辅助给水管道上装了孔板，即使有破口，也可保证两个不受影响的蒸汽发生器的最低流量。

应当指出，一般是根据给水管道破裂（RTE）事故的统计来设计孔板和辅助给水系统泵扬程/流量特性参数的（对各台泵应用单一故障准则）。

2. 自动保护

对这个事故，自动保护的目标是：首先是限制要导出的功率（紧急停堆），然后是二回路恢复最低限度的冷却功能，以便限制由破口造成不受影响的蒸汽发生器放空（隔离蒸汽），并且恢复它的最小给水流量（启动辅助给水系统），补偿（至少部分地）由阀门流失的水，并且吸收剩余热量（安全注入系统投入工作），如有必要，限制安全壳的压力和温度上升（安全壳喷淋系统投入工作）。

（1）紧急停堆。在给水管道破裂事故时，紧急停堆的触发信号是：

1）一回路压力高；

2）一个蒸汽发生器内水位低，同时给水流量和蒸汽流量之间不平衡；

3）一个蒸汽发生器内水位极低；

4）超功率 ΔT；

5）安全注入信号。

（2）隔离蒸汽。它由出现以下信号之一引起：

1）超前的蒸汽压力低，同时在两个蒸汽管线内蒸汽流量高；

2）安全壳内压力高 3（第 3 阈值）；

3）蒸汽压力极低。

（3）启动辅助给水泵。

1）根据一个蒸汽发生器水位极低的信号，或由安全注入信号引起启动两台电动辅助给水泵。

2）根据两个蒸汽发生器水位极低信号启动汽动辅助给水泵。

（4）安全壳喷淋系统投入工作。安全壳喷淋系统可根据安全壳压力高 4 阈值的信号启动。

3. 手动保护

为了保证一回路的充分冷却，操纵员应当隔离受影响的蒸汽发生器的给水管道并将辅助给水系统（ASG）的全部流量导向两个不受影响的蒸汽发生器。正像人们所看到的那样，二回路管道破裂的情况是至少在一个蒸汽发生器内压力异常低。隔离蒸汽后，就容易确定受影响的蒸汽发生器。这是因为在这个蒸汽发生器中压力最低。

6.6.4 事故规程

与给水管道破裂事故（RTE）配合的规程为 A2.3 规程："在安全壳内二回路出现破口引起升温"。从规程 A0 开始，操纵员根据以下准则选择"二回路破口规程"之一：1 个蒸汽发生器的蒸汽压力比其他两个蒸汽发生器压力低 2.0MPa，或 3 个蒸汽发生器压力低于 4.0MPa。然后根据准则，堆芯出口温度大于 292℃，过渡到规程 A2.3。

如果破口导致一回路温度瞬时降低，操纵员应能应用蒸汽管道破裂以后所采用的规程 A2.2。这种混淆不会有严重后果，因为在两种情况下要采取的操作是相同的。其实很明显，在安全壳中发生给水管道破裂事故（RTE）或蒸汽管道破裂事故（RTV）中由于稳压器内水位变化明显不同，所以以采用两个独立的规程。

1. 识别并隔离受影响的蒸汽发生器

在完成一些关于隔离蒸汽和安全壳喷淋（如果已经启动）的验证工作后，操纵员应识别受影响的蒸汽发生器，即压力最低的那一个。这项识别还可以由"蒸汽发生器给水管线破裂"报警信号来确认。于是操纵员关闭所涉及的蒸汽发生器的辅助给水系统的调节阀、向大气卸压的隔离阀、汽动辅助给水泵的进汽阀和排污水隔离阀。

2. 主泵和高压安全注入系统（ISHP）的操作

要持续验证压力—温度组合是否与主泵的良好运行相容。在不相容的情况下，要停主泵。在稳压器内有足够的饱和裕度和充分水位的前提下，高压安全注入系统（ISHP）的两台泵之一可以停运，然后可以考虑过渡到化学和容积控制系统运行状态。

3. 远期的操作

远期操作有以下内容：

（1）持续监督安全壳内温度和压力，必要时，启动安全壳的喷淋系统；

（2）安全壳喷淋系统工作期间，监视堆和乏燃料池水冷却和处理系统换料水箱的水位，并且可能要验证是否要过渡到再循环状态；

（3）在热停堆情况下，使核蒸汽供应系统稳定下来（压力、稳压器水位、温度）；

（4）最后过渡到冷停堆。

6.7 失 水 事 故

6.7.1 定义与原因

引起压水堆冷却剂丧失事故（LOCA），即失水事故的原因有：

（1）一回路一根管道或一个辅助系统出现破裂；

（2）这些系统上的一个阀门意外打开（或不能关）；

（3）主泵的轴封或阀杆泄漏。

管道破口可能有很多种形式（见图 6-13），包括管道的局部断裂和完全断裂、管接口断裂和管道裂缝等。下文中，不论发生哪种失水事故均用破口这个词。

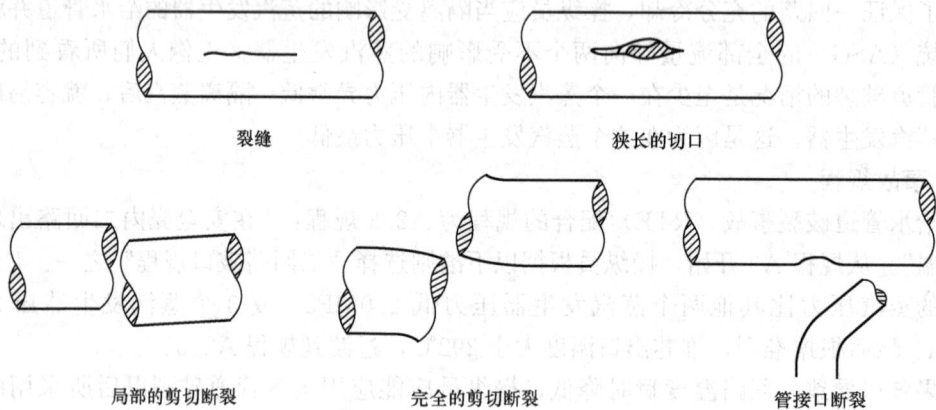

裂缝　　　　　狭长的切口

局部的剪切断裂　　　完全的剪切断裂　　　管接口断裂

图 6-13 管道破口的各种类型

失水事故的后果随破口的大小、位置和装置的初始状态的不同而有明显的不同。

（1）在通过蒸汽发生器来冷却的情况下，一回路破口分为下列几种情况：

1）微小破口，能通过化容控制系统的上充得到补偿；

2）小破口，能通过高压安全注入系统（ISHP）得到补偿；

3）中破口，导致压力大幅度下降，一回路在一段时间内保持在有压力的状态；

4）大破口，引起一回路压力迅速下降直至等于安全壳内的压力。

大破口和中破口的区别还取决于物理特性方面，特别是降压速率不同。对于大破口，其速率大到在降压期间不能分相（死角部位附近破口可能除外）。

（2）余热排出系统运行时的破口。根据 LOCA 的发生频率和/或后果，失水事故（LO-CA）分为Ⅱ、Ⅲ类和Ⅳ类事故。

第Ⅱ类为可快速地隔离的破口（例如，稳压器的一个或两个安全阀组意外打开）。对于这类事故，DNBR（烧毁比）仍大于 1.3。

在第Ⅲ类中，包括稳压器的一个安全阀组意外打开后不回座，一回路小破口。

对于第Ⅳ类失水事故（中破口、大破口、稳压器气相管道破裂），应遵守以下准则：

1）包壳温度的最大计算值不应超过 1204℃（2200℉）；

2）包壳的计算总氧化量在任何一点不应超过氧化前的包壳厚度的 17%；

3）锆水反应所产生的氢的总量应小于其最大潜在氢产生量的 1%；

4）堆芯的计算几何形状应维持可冷却条件；

5）在堆内长半衰期的放射性产物衰变所需的时间内，应能保证长时间的冷却。

这些准则，是美国核管会（NRC）于 1973 年 12 月发表的，在这些准则中同时对计算准则及应考虑的和可不考虑的物理过程作了说明。

造成 LOCA 的原因有：1 个阀门偶然打开或不能关闭，操纵员的错误，控制或调节系统的故障，设备故障。

通常下列原因可能诱发失水事故：①地震；②回路上的机械压力或热应力；③制造上的缺陷；④内部飞射物。

6.7.2　事故过程及后果

1. 破口的位置

用蒸汽发生器冷却时，至少对中破口和大破口来说，破口在一回路上的位置对事故的发展和后果起着很大的作用，因为它是影响死角流动的主要参数之一。

从对堆芯热工水力学的影响来看，冷段（主泵与压力容器之间）的破口将最为严重。因为在此情况下，只有在堆芯部分排空后才能有蒸汽从破口流出。

从对堆内构件（棒束、导向管等）的机械影响来看，热段的破口是最严重的，降压波在到达压力容器之前没有任何减弱。这一论点仅是对大尺寸破口是正确的。

除了有必要的说明以外，总是假设破口位置是：

（1）当研究对堆芯造成的热工水力学影响时，在冷段；

（2）当研究对堆内构件造成的机械的影响时，在热段。

2. 大破口

（1）无人为干预时的物理特性。

1）降压的力学影响。当出现破口时，降压波幅度（它取决于破口的部位、破口的尺寸和形成的时间）为 5.0～10.0MPa，以约 1km/s 的速度在一回路中传播。当这个降压波到达压力容器时，波峰就在下降通道产生一个负压。于是，对压力容器本体产生一个巨大的冲击力（大约 1500t），这个力比地震产生的力还大很多。

此外，控制棒驱动机构和堆内构件将经受严峻的考验，尤其是当破口出现在热段时，因为此时，波峰没有经过减弱就到达压力容器。

在出现大破口的情况下，一回路的支撑件和固定这些支撑件的钢筋混凝土工程将经受巨大的应力，这个应力是应该在设计中考虑的。

主泵超速。当一台主泵的下游出现一个大破口时，这台主泵的出口处压力将突然下降，使这台主泵超速运转。在极端的情况下，转速可能达到额定转速的180%；相反，当破口出现在这台主泵的上游时，泵内的流动将反向，使得转动方向也换向。在某些情况下，这台主泵的反向转速甚至可能达到额定转速的200%。

很明显，在这种情况下，主泵惯性飞轮的离心力是很重要的。所以，对惯性飞轮的设计时应该考虑能抗拒这种作用。

2）热工水力性能。装置的热工水力性能依次分为以下几个阶段：①一回路降压，排空；②堆芯再淹没；③燃料棒再浸湿。

a）降压阶段。一旦出现破口，一回路将迅速排空。通过破口流出的流体来自两侧的管道，因而在一回路中会出现一个流速等于零的点，这就是静点。这个点的位置随时间而变化并影响堆芯的冷却工况。当堆芯出现这个点时，点的邻近区域对流换热就很弱。这时就只能通过热传导和辐射导出燃料棒的热量。

影响静点移动的主要因素有：①在一回路的各个部位出现的整体沸腾（急骤蒸发）；②压头损失（特别是在蒸汽发生器和主泵内）；③破口两端上游流体的特征；④在流速低的区域内出现的相分离；⑤主泵特性（目前，主泵特性在两相情况下不太明确的）；⑥破口的位置。

压力下降。一回路排空伴随着压力下降，当压力降到一回路的最热区域（冷却剂出口腔，热段）的饱和压力时，相应的区域将出现整体沸腾（急骤蒸发），这就有使堆芯流动反向的趋势，因为这些区域都位于堆芯之上。在热区的这种"急骤蒸发"之后，压力继续下降，但由于回路内产生了大量蒸汽，压力下降速度变慢了。以后，冷区"急骤蒸发"趋向于恢复堆芯内的正常流动，并且仍然减慢降压速度。破口的质量流量跟随压力变化，并且蒸汽含量越高，下降越快。然后，安全注入箱（压力约4.0MPa）投入工作，使破口的质量流量暂时上升（蒸汽含量下降）。在事故发生后很短时间内，当一回路的压力和安全壳内压力平衡时，这个降压阶段结束（见图6-14）。

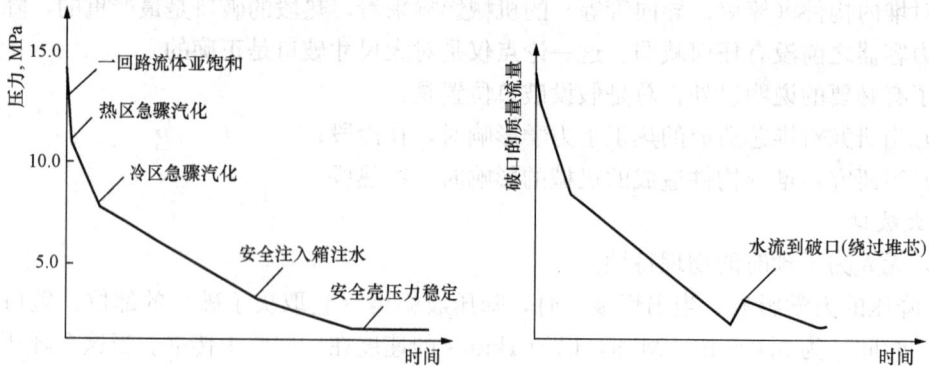

图 6-14　大破口：一回路压力变化情况

DNB（偏离泡核沸腾或烧毁）的出现。在降压阶段，因为功率还相当高，堆芯将出现烧毁现象（DNB）；然后，甚至在没有发生紧急停堆之前，增大的空泡率就使核裂变链式反应停止。

由于DNB的出现，流体和燃料包壳之间的传热系数大大下降（因子为100～1000），而堆芯功率仍然还高，这将引起燃料包壳的温度明显上升（见图6-15）；同时，由于核功率下降，燃料棒中心的温度降低。

当堆芯几乎不再只含有不流动的蒸汽时，传热系数（蒸汽热传导＋辐射）便稳定下来。尽管这个传热系数很小，但主要是因为功率下降，燃料包壳的温度上升速度减慢了。流体（水或蒸汽）到达堆芯会短暂地引起"流体的流通重新开始"，从而使温度下降。这个阶段称为绝热阶段。

由于一回路压力下降，安全注入箱几乎瞬间就产生一个很大的流量。当一回路的压力稳定在安全壳

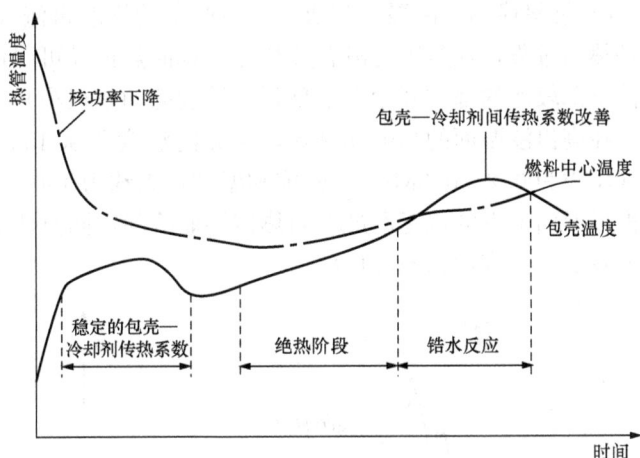

图 6-15　大破口：包壳和燃料元件的温度变化情况

内的压力时，由于安全注入箱内氮气垫层的压力下降，因而注入流量下降。

安全注入箱的大部分水直接由堆芯上升的蒸汽带到破口（至少当破口出现在冷段时这样）。尽管堆芯被绕过，还是有一定数量的水下降到压力容器底部（由于热管道的冷水被汽化而推迟了此过程），但是，这些水还不能淹没堆芯。然而，安全注入箱的水可以冷凝在堆芯产生的一部分蒸汽，因而有利于降压的过程。

反应堆状态在降压期间除了压力容器底部和下降通道含有少量水以外，整个一回路充满蒸汽，安全注入箱已有一部分被排空。

b）堆芯再淹没。随着安全注入箱的注水，堆芯内水位逐渐上升，然而不能浸湿燃料棒。因为在燃料棒四周有一层蒸汽膜，这种蒸汽膜妨碍燃料棒和水之间的传热。这个阶段称为再淹没阶段。

所产生的蒸汽穿过回路带走一些小水滴。这些小水滴在堆芯内加热，如果它们不能留在冷却剂出口腔的构件中，在它们通过蒸汽发生器期间将汽化（甚至过热），蒸汽发生器由于其热惯性一直保持很高温度；蒸汽流在到达破口并流失之前通过主泵（假设破口出现在冷段）。

严格地说，堆芯再淹没是通过低压安全注入来保证的。这种再淹没仅仅是一个依靠重力的移动过程，它的原动力在于堆芯和下降通道之间的水位差（确切地说，是水柱的重量之差）。于是，所产生的压差被流过回路的蒸汽和水滴（尤其是在蒸汽发生器、主泵和再淹没初期的堆芯内）的压头损失所抵消，堆芯的水位逐渐回升。

为了使依靠重力产生的再淹没能发生，在冷段进行注入（通过安全注入箱和低压安全注入回路）。设计低压安全注入系统是为了在再淹没期间提供一个至少等于堆芯可承受的流量，从而保持下降通道的水位。

在这个阶段，主要依靠蒸汽对流来保证冷却，因为通过堆芯的蒸汽流量很大。但是，很大一部分热量传递是通过燃料元件棒的干涸段和水蒸气中夹带小水滴之间的热辐射来进行的。

很快，堆芯就被水淹没了，即用含液态水比例很大的乳状液一直充到堆芯顶部，但是，燃料包壳并没有被水浸湿，它们仍然被一层蒸汽膜围住。

c）燃料棒的再浸湿。与依靠重力产生的堆芯再淹没的过程不同，燃料棒的再浸湿基本上是热力过程，这是因为沿着燃料棒的轴向热传导可以使"再浸湿面"或"浸水面"从燃料组件下部较冷的部位开始向上蔓延（散发的功率很小）。

在高出浸湿面的高度几毫米，包壳的温度要从 1000～1100℃（热管段）降到附近的水温（压力为 0.2～0.3MPa 时的饱和温度，大约为 130℃）（见图 6 - 16）。该温度差使刚好位于再浸湿面上方的包壳通过轴向热传导而冷却，同时使液体浸湿这个部位，于是再浸湿逐渐向上发展，一直达到堆芯顶部。

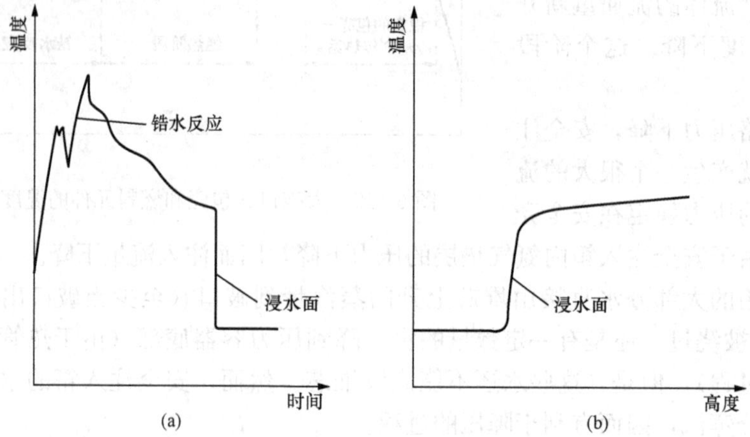

图 6 - 16　大破口：再浸湿过程
(a) 包壳温度随时间变化；(b) 包壳温度沿元件棒高度变化

d）远期特性。堆芯被再淹没后，能量释放在安全壳内。在安全注入和安全壳喷淋系统转入再循环运行以后，这些能量通过安全壳喷淋系统的换热器从安全壳中排出。

（2）操纵员干预下的物理特性。由于失水事故过程的发展速度很快，仅能用自动保护手段进行及时的干预。因此，操纵员只能进行一般的干预，即检查系统和保护装置性能是否良好，当堆芯存在硼结晶危险的时候，需将安全注入从冷管段倒换到热管段。

失水事故发生时，为了保证再淹没和再浸湿，开始时在冷管段进行安全注入。如果破口出现在冷段，就有可能失去三分之一的安全注入。这时，水在堆芯汽化，这些蒸汽（不含硼）通过破口流出，所以在堆芯内存在浓缩的硼水。

由于操纵员事先没有任何方法知道破口将出现在什么地方，所以，为了避免出现上述现象，在硼浓度达到溶解度的极限以前，操纵员应将大部分安全注入水注入热管段。考虑到应留有较大的裕度，应该在事故发生后大约 18h 进行这种转换操作。

一旦在热管段注入，当破口出现在冷管段时，就没有任何注入水直接流失，尽管它与自然循环的流动方向相反，注入水还是流过堆芯并在破口流出。然而，当破口出现在热管段时，进行安全注入转换操作时，就有损失三分之一安全注入的危险。这时的流动非常复杂，可能在堆芯产生的蒸汽将被安全注入水冷凝或者在破口流失，因而在堆芯也存在硼水浓缩的危险，所以操纵员应该在没有达到溶解度的极限以前将安全注入倒换到热管段。

在倒换安全注入期间，堆内的水（浓缩的硼水）有被安全壳积水坑的水（硼浓度较低的水）替换的危险。为了避免临界，一定不能降到积水坑的最小浓度值以下，此浓度取决于燃料的燃耗。

因此，操纵员通常要进行一系列的操作，以便时而将安全注入转到这个方向，时而转向另一个方向。

6.7.3　事故后果

根据定义，压水堆失水事故（LOCA）至少使第二道屏障暂时失去完整性（见图 6-17），并对其他两道屏障和一回路的部件和支撑构件产生危险。

1. 对包壳的危险

某些类型的破口（大破口、中破口、压力容器下部封头的破口、余热排出系统运行情况下的破口）能引起堆芯至少部分失水，因而造成包壳破损。这些破损可能是因下列原因造成：

（1）包壳的氧化作用（$Zr + 2H_2O \rightarrow ZrO_2 + 2H_2$），它是放热化学反应；

（2）包壳在温度升高的作用下脆化。

此外，还会阻止包壳的冷却。

2. 对安全壳的危险

不论破口的确切位置或大小，一回路的冷却剂喷入安全壳，会造成安全壳的压力和温度逐步上升。

在大破口工况时，安全壳将承受最大的应力（设计工况），而其他两道屏障也受到损害，因而出现放射性物质释放到大气的危险。

如果在事故后有过多的氢排放到安全壳内，安全壳就有氢爆的危险。

3. 对一回路的危险

在出现大破口时，破口发生后出现的降压波可能损害一回路的部件和堆内构件。

发生破口时，管道和设备受到水的撞击可能受损，特别是主泵可能承受特别严峻的运行条件，可能一开始就损害飞轮的完整性。

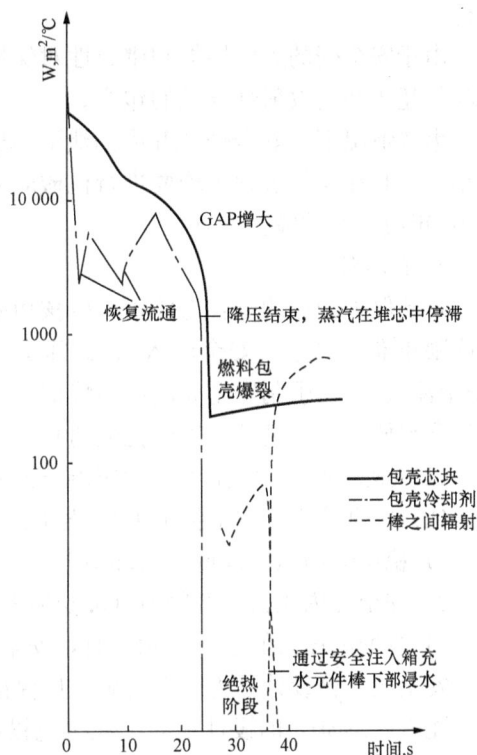

图 6-17　大破口：传热系数

6.7.4　保护方法

1. 设计阶段

在一回路设计期间，人们研究了对一回路 11 种可能的破口位置下各个部件承受的压力情况。压力容器的计算考虑了能承受热冲击和破口引起的压力波的应力，在这些事故条件下，寿期末的压力容器（即它已受到最大限度的辐照）没有脆性破裂的危险。

在所研究的 11 种破口事件中，应力（对 200ms 积分）均超过了安全地震应力。

按下列四个基本准则设计一回路：

（1）某一环路的主管道破裂不应导致另一环路的主管道破裂；

（2）某一环路的某一段的破裂不应导致同一环路的另一段破裂；

（3）一回路管道破裂不应导致二回路管道破裂；

（4）一回路管道的破裂不应导致一回路设备（压力容器、蒸汽发生器、主泵）损坏。

在遵守这些准则后，证明了下列装置的预先选择是合理的：支撑腿、支架、环、消振器、抗撞击框架、抗滑动装置等。在安全壳内隔间的水泥屏障的设计中同时考虑了大破口下的管道撞击和局部超压的影响。

应指出，主泵有超速和可能反向运行的危险，同时还应注意到飞轮所承受的应力。为了保证飞轮的稳定，采取了专门的预防措施；为了避免主泵反向运行，安装有棘轮防倒转机构。

由于安全壳的力学性能和密封性对保护公众极其重要，所以安全壳设计考虑了承受破口引起的超压和将放射性物质的包容。

事故情况下，安全壳 24h 内的泄漏率应该小于安全壳内所含气体质量的 0.3%。在机组启动之前和在运行过程中均要进行机械应力和密封试验：①在第一次换料停堆期间；②以后每 10 年做一次试验。

2. 自动防护

自动保护的目的是：①停止产生核功率（事故紧急停堆）；②当出现堆芯失水危险时避免或限止堆芯失水（安全注入）；③压力容器下封头再充水（在大破口时）和堆芯再淹没（安全注入）；④限制安全壳内压力峰值，特别是温度升高（安全壳喷淋系统）；⑤禁止放射性物质释放到安全壳外（安全壳隔离）。

（1）紧急停堆。它是根据稳压器压力低信号（13.1MPa）发生的。

（2）安全注入。它根据下列信号启动：

1）稳压器内压力极低（11.9MPa）；

2）安全壳内压力高 2 阈值（0.14MPa）；

3）当堆内压力低于 4.6MPa 时，安全注入箱自动排放。

安全注入箱设计是为了在大破口后保证压力容器下部封头和下降通道的再充水，而低压安全注入（ISBP）的设计是为了在再淹没阶段提供一个保证堆芯冷却的最低流量，并且也为了在必要的情况下长时间地导出剩余的功率。

至于高压安全注入（ISHP）的设计是为了能够补偿 2.5cm 的破口当量直径所引起的泄漏（考虑高压安全注入 ISHP 中一个回路管线出故障）。高压安全注入（ISHP）启动阈值（11.9MPa）选得足够低，这是为了避免在不是必须的情况下（特别是在紧急停堆以后）启动安全注入；但又足够高，以便在热区沸腾前安全注入能起作用。

（3）安全壳隔离。第一阶段的安全壳隔离是通过安全注入信号产生的；第二阶段的隔离是根据安全壳内压力高 4 阈值（0.24MPa）产生的。

（4）安全壳喷淋。根据安全壳压力高 4 阈值（0.24MPa）的信号启动喷淋系统。此阈值的选择考虑了在 30min 之前，操纵员不进行干预的所有工况下安全壳的热应力都是允许的。

另外，安全壳喷淋系统的热交换器的设计考虑了在进入再循环之后能把安全壳的能量排出去。

（5）主给水调节系统的隔离和辅助给水系统的启动。当稳压器内压力低信号（13.1MPa）和一回路平均温度低信号（285℃）同时出现时，切断正常给水，而使辅助给水系统投运。

在所有的情况下，当安全注入信号出现后，将隔离主给水调节系统和启动辅助给水系统。

3. 手动保护

手动保护主要是指操纵员为保证远期冷却所采取的一些操作。

为了保证安全壳的密封性，操纵员可以手动启动安全壳喷淋系统。

为了阻止堆芯硼结晶，操纵员应该在冷段和热段上进行安全注入转换操作。

对于余热排出系统运行情况下的破口，操纵员可能手动启动低压安全注入（ISBP），而且把化学和容积控制系统的流量提高到最大值。

一般来说，对所有类型的破口，最佳的保护方法是通过蒸汽发生器来降温（因而也降压），这样就减小了泄漏流量，同时增加了安全注入流量。

6.8　未紧急停堆的预期瞬态

6.8.1　定义

未紧急停堆的预期瞬态（ATWS），是指没有紧急停堆或机组跳闸的预期瞬态，在这些瞬态中，虽然一回路或二回路参数超过了保护定值，但控制棒组件未插入堆芯。

ATWS 的事故发生频率等于紧急停堆发生故障的概率和未紧急停堆时有明显后果的事故瞬态频率的乘积。

美国核管会（NRC）的目标是要将 AWTS 的事故发生频率降到每台机组每年 $10^{-7} \sim 10^{-6}$，大致相当于第Ⅳ类事故的发生概率。而实际上，第Ⅱ类瞬态的 AWTS 为每年 10^{-4}（每台机组每年紧急停堆发生故障的频率为 $10^{-5} \sim 10^{-4}$，可能出现的第Ⅱ类瞬态为每年 6 次），这个数值远大于 NRC 规定的限值。而对于第Ⅲ类、第Ⅳ类事故，得到的 ATWS 事故发生率大约为每台机组每年 10^{-6}。

对未紧急停堆的预期瞬态，有三种解决办法：

（1）降低Ⅱ类事故频率，实际上难以做到。

（2）提高紧急停堆的可靠性，这一要求只有在设置第 2 个紧急停堆系统时才能实现。

（3）限制 ATWS 所产生的后果，这是目前较现实的解决办法。

在发生 ATWS 期间应遵循的准则是：

（1）对于燃料包壳温度和放射性后果，应遵循对第Ⅳ类事故的安全准则。

（2）保持一回路压力边界的密封性。ATWS 期间主要系统或设备（主泵、安全阀组等）的变形在允许范围之内，一回路主系统承压可以达到 110% 设计压力，达到 20.0MPa 左右。

（3）安全壳设计压力应保持在 0.5MPa 以下。

（4）反应堆可以过渡到安全停闭状态，导出剩余功率，并向冷停闭过渡。

6.8.2　完全失去蒸汽发生器正常给水

假设在一开始就完全失去了蒸汽发生器的正常给水。在瞬态过程中发生的一系列紧急停堆信号没有被考虑，而假设在 30s 后出现汽轮机脱扣和按温度调节方式旁路阀打开到 50% 的开度（美国西屋公司 Westinghouse 的保留假设）。

在瞬态期间，蒸汽发生器内水的质量下降。最初，一回路与二回路之间传热效率没有明显下降，因而，一回路的温度基本保持恒定不变。

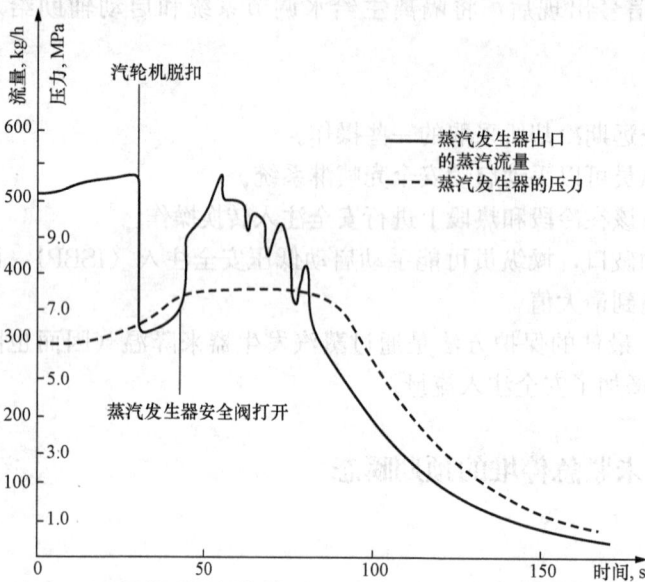

图 6 - 18　失去正常给水后蒸汽发生器出口蒸汽
流量和蒸汽发生器压力的变化

接着，汽轮机脱扣导致蒸汽流量暂时下降，从而导致蒸汽发生器所吸收的功率下降，这就引起了蒸汽发生器出口的一回路水温上升，并因此堆芯出口水温上升。考虑到慢化剂的负反应性温度系数，堆芯水温上升就引起核功率下降。

接近 35s，稳压器安全阀打开。

接近 40s，蒸汽发生器的安全阀打开（见图 6 - 18），于是，通过蒸汽发生器导出的功率回升，从而出现一回路温度和核功率的虚假稳定现象。

事故开始以后，蒸汽发生器内水的总量下降，当蒸汽发生器内只有 5t 左右的水时，一回路至二回路传热效率突然下降，导出的功率迅速下降，一回路温度剧烈上升。由于一回路温度的这种剧烈上升使得堆芯提供给一回路的功率严重下降。

在堆芯产生的核功率与蒸汽发生器吸收的功率之差达到最大值，即将近 110s 时，出现一回路压力峰值（见图 6 - 19）。于是，稳压器充满了水，并且有大量的汽水混合物或水通过安全阀排出。安全阀是在将近 80s 时打开的。

图 6 - 19 的分析如下：

一回路流量，首先在温度上升的影响下降低（一回路水的比体积上升）；然后，将近 130s 时，一回路处于饱和状态，假设主泵产生汽蚀现象并停泵（压力峰值已经过去）。

稳压器安全阀的流量，在一回路压力达到最大值时，即将近 110s 时，达到最大值。

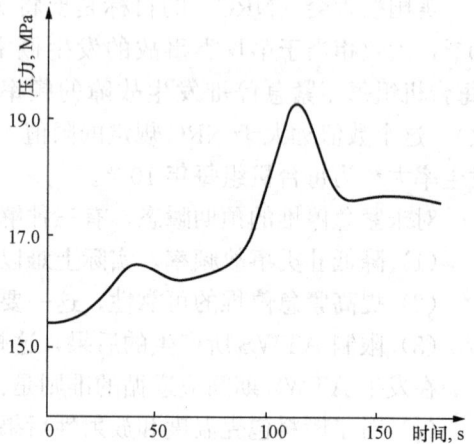

图 6 - 19　失去正常给水后稳压器压力的变化

堆芯出口的平均蒸汽含量稳定在 7%，对应于比较高的空泡率。这时，反应堆内按两相温差环流方式运行。考虑到通过蒸汽发生器导出的功率，所有的蒸汽将在管束内凝结，并且一回路冷却剂离开蒸汽发生器时都处于亚饱和状态。

核功率稳定在 8%P_n（额定功率）左右，相当于辅助给水系统流量汽化所需要的功率。由于一回路温度上升，反应性逐渐下降，一直降到其值等于 -700pcm，然后，在多普勒效应的影响（核功率下降）和慢化剂温度系数的影响相互抵消之前，反应性变为正值。实际上，由于失去蒸汽发生器正常给水而使得一回路平均温度开始上升，然后由于功率下降使平均温度也下降。最后，失去蒸汽发生器正常给水和主泵停运的联合影响使一回路温度上升，它将稳定在 330℃ 左右。关于一回路流量,它将稳定在额定流量的 8% 左右,这是温差环流流量数值。

稳压器和一回路的压力变化过程以及稳压器内水的体积变化过程:将近 60s 时,稳压器充满水;将近 200s 时,一回路平均温度开始下降;由于一回路温度下降使得稳压器恢复了正常水位。

最后,机组参数稳定,其值如下:

压力	15.1MPa
功率	$8\% P_n$(额定功率)
一回路平均温度	330℃
稳压器水位	50%
蒸汽发生器内水总量	1.7t
压力容器出口蒸汽含量	4%

从安全观点看,这些数值是可以接受的。考虑到最后功率水平,堆芯内没有达到临界热通量数值。堆芯内热交换情况是良好的,不会出现燃料包壳破损现象。

6.8.3 完全失去外电源

这个事故表现为主泵和给水泵停运。一回路流量迅速下降(见图 6-20),并且堆芯的剩余功率通过各环路中建立的自然循环方式导出。一回路流量降低引起一回路平均温度升高(见图 6-21),因而造成烧毁比(DNBR)下降和一回路压力上升(见图 6-22),通过打开稳压器的安全阀可以将一回路压力峰值限制在 17.0MPa。一回路冷却剂膨胀表现为稳压器充满水(见图 6-22)。

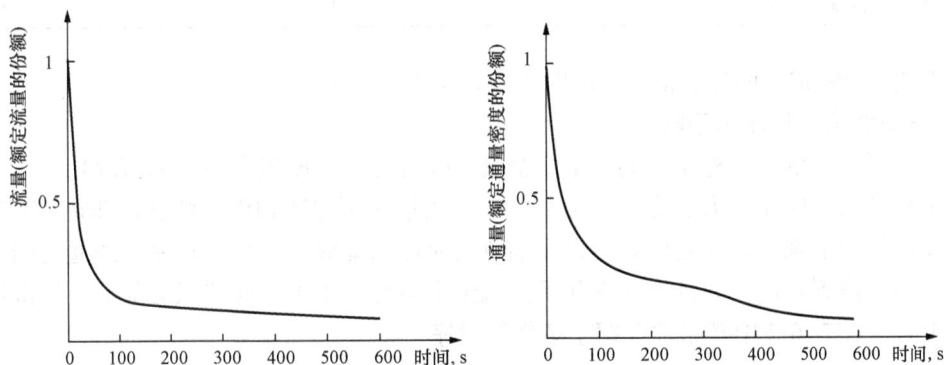

图 6-20 完全失去外电源:压力容器中的流量和中子注量率密度

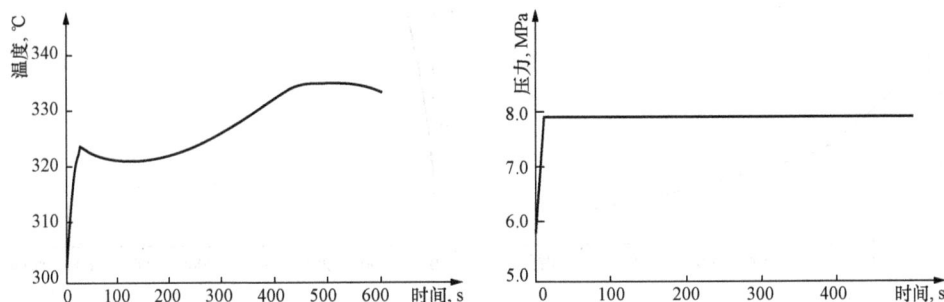

图 6-21 完全失去外电源:一回路平均温度和二回路压力

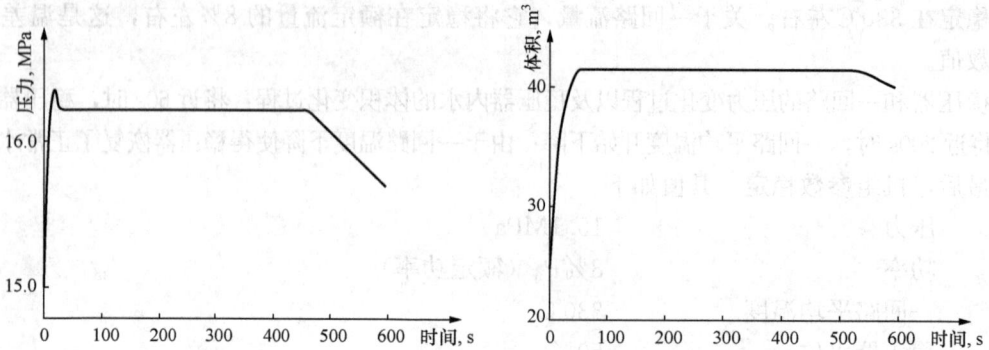

图 6-22　完全失去外电源：稳压器的压力和水的体积

表 6-7 给出事件的出现时序。

表 6-7　　　　　　　　　　完全失去外电源：事件出现时序

事　　件	时间（s）	事　　件	时间（s）
失去外电源（主泵停运，失去给水）	0	蒸汽发生器安全阀打开	11
主泵速度低紧急停堆信号，辅助汽动给水泵启动	1.5	稳压器水位高紧急停堆信号	20
流量低信号达到紧急停堆阈值	2.5	堆芯出口的水达饱和状态	22
稳压器安全阀打开	3.5	稳压器充满水	49
超温 ΔT 紧急停堆信号	4.9	辅助给水系统达到满流量	60
超功率 ΔT 紧急停堆信号	5.5	稳压器出现蒸汽	529

烧毁比（DNBR）的最小值在 14s 时出现，等于 1.301。

6.8.4　一回路事故性压力下降

这里所研究的事例是稳压器的一个安全阀意外打开（造成损失最大的情况）。

该事故导致一回路压力下降（见图 6-23）。当堆芯顶部达到饱和状态，即在 37s 时，压力下降速度就慢下来，在此之前，由慢化剂负反应性温度效应引起的功率下降通过调节棒组的自动提棒而得到补偿，并且核功率几乎保持恒定不变。由于一回路压力降低，使得稳压器的水位上升。在表 6-8 中概略地介绍了事件的时序。

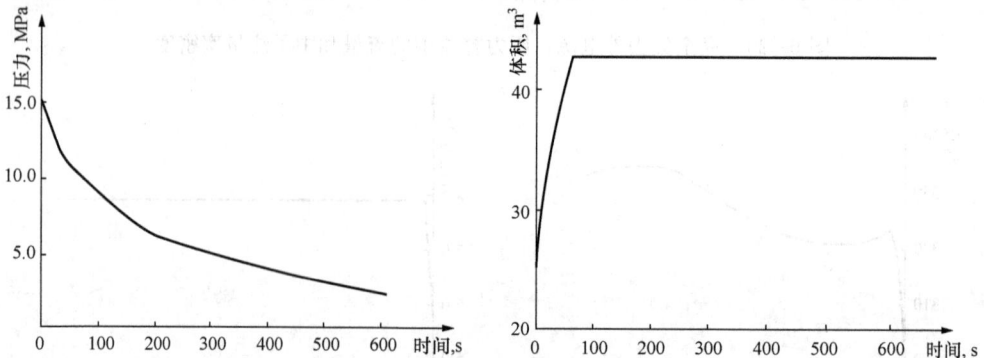

图 6-23　一回路事故性降压：稳压器的压力和水的体积

表 6 - 8　　　　　　　　一回路事故压力下降：事件出现时序

事　　　件	时　间（s）
一个安全阀意外打开	0
超温 ΔT 紧急停堆信号	17
稳压器压力低紧急停堆信号	22
堆芯出口的水达饱和状态	37
烧毁比达最低值	38
稳压器水位高紧急停堆信号	40
稳压器充满水	64

烧毁比（DNBR）的最小值是在 38s 出现的，等于 1.43。

参 考 文 献

［1］朱继洲 . 核反应堆安全分析 . 北京：原子能出版社，1988.

［2］陈济东 . 大亚湾核电厂系统与运行：下册 . 北京：原子能出版社，1995.

［3］中国核工业集团公司 . 防止核电厂重大事故的重点要求 .

第7章 核电厂核辐射防护与监测

压水堆核电厂运行过程中产生大量放射性的废气、废液和固体废物。为防止放射性物质不受控制地进入环境，对人类造成的危害，必须加强对各类核辐射的防护与屏蔽，对核电厂的放射性废物采取有效的处理和处置，以控制对环境的影响。

7.1 压水堆核电厂的核辐射

正常运行期间，压水堆核电厂内的辐射强度随位置的不同有很大变化，各处的辐射强度是由含放射性的各种放射源产生的。为了便于分析运行中电厂的辐射强度，可以将核电厂分成两个区域，即安全壳内和安全壳外。

7.1.1 安全壳内辐射源

当压水堆核电厂带功率运行时，安全壳内有三种主要的辐射源。

中子是由在堆芯发生的裂变过程直接产生的，其中高能中子（$E > 1\text{MeV}$）约占总发射中子的三分之二。热中子（$E \leqslant 0.625\text{MeV}$）主要依靠快中子慢化而产生。

γ 射线是在活性区和结构材料内产生的。活性区内的 γ 射线包括裂变、中子俘获和中子非弹性散射过程的 γ 源。次级 γ 射线主要是由结构材料的中子俘获而产生的。

冷却剂内的氧俘获中子，经 $^{16}\text{O}(n, p)^{16}\text{N}$ 反应而形成 ^{16}N，^{16}N 同位素的半衰期为 7.11s，衰变时放出能量高达 6.13MeV 和 7.12MeV 的 γ 射线。

压水堆停闭后，活性区内和/或其附近材料的感生放射性成为安全壳内的重要辐射源。在一回路系统中，腐蚀产物或其他杂质在冷却剂流动时被带到堆内，经中子的照射活化成为放射性物质，压水堆一回路设备的材料采用不锈钢，所感生的放射性物质主要是 ^{56}Mn、^{58}Co、^{59}Fe、^{60}Co 和 ^{65}Ni 等，其中 ^{60}Co 寿命最长（半衰期为 5.3a），影响最大。被活化了的腐蚀产物往往沉积在易堆积杂质的地方，或沉积在高热负荷处的表面上。因而局部地方的剂量率很高。

在裂变反应过程中产生了大量放射性裂变产物，当燃料元件包壳有破损时，裂变产物（主要是气体）通过包壳的破损处进入冷却剂；有些裂变产物如氚也可以通过包壳扩散出来。此外，由于结构材料的污染或含有微量可裂变产物，即使包壳完整时，在冷却剂中也会有微量的裂变产物。

7.1.2 安全壳外的辐射源

安全壳外的化学和容积控制系统、硼回收系统等一回路辅助系统，以及三废处理各系统的设备和管道，由于冷却剂和腐蚀产物的被活化，以及含有裂变产物（当燃料元件棒有破损时）而带有放射性；从一回路系统排放出的冷却剂通过下泄管道和再生热交换器降温，再通过混合床离子交换器去除放射性，所以，净化离子交换器及过滤器为最强的辐射源。

7.2　核电厂核辐射的防护

7.2.1　各类核辐射的不同效应

各种核辐射的生物效应在很大程度上可以归因于电离，它使得在活细胞机体中起重要作用的各种分子（例如蛋白质）毁坏，因此，受伤害的程度可以由比电离的大小，即每单位路程上电离对的数量来决定[1]。对于一定的能量吸收，比电离越大，所受伤害也越严重。

α粒子的射程较短，在空气中一般只有 3～4cm 穿行距离，在水、纸和动物机体中的射程只为空气中射程的千分之一左右，用一张薄纸就可以挡住 α 粒子。因此，可以不考虑外照射问题；但是，它的电离本领很大，若进入人体内，则人的机体就要遭受很大的损伤，所以，应严格防止 α 粒子进入人体内部。

β衰变有 β⁻ 衰变和 β⁺ 衰变两种形式。β衰变过程中发射出来的 β 射线平均能量大约等于 1.2MeV，射程也比较长，在空气中有几米长，在混凝土内射程约为几毫米。与中子或 γ 射线的穿透本领相比，在外照射情况下 β 辐射只有轻微的危害，但也能对皮肤和眼结膜等造成严重伤害。

γ射线是一种电磁辐射，它的穿透能力比较强。γ 射线在与物质相作用时，可能发生的有光电效应、康普顿效应和电子偶效应。在这些作用过程中，γ 射线被吸收，其强度按指数规律下降；物质的密度越大，吸收 γ 射线的效果越好。因此，重元素的铅、铁是屏蔽 γ 射线的优质材料。

中子不带电荷，当它射入物质时，和核外电子几乎没有作用，不会直接产生电离，但是它能与原子核引起各种反应，例如，慢中子被氢核俘获发生（n，γ）反应，而释放出 2.2MeV 的光子；慢中子与氮核的（n，p）反应，其结果产生质子，质子也像 α 粒子一样，会在很短距离内散失它们的能量而造成很大的比电离。一定能量的快中子，会和氢、氧、碳和氮原子作弹性碰撞而损失其能量，而散射核获得动能，此动能由电离、激发以及和其他原子核弹性碰撞而消失。

当人体受到中子辐照时，中子与生物组织中原子核的相互作用就会产生反冲核、质子、α、β粒子等带电粒子和 γ 射线，它们都有很强的直接或间接引起电离的本领，使生物体内产生强烈的电离，破坏细胞正常的化学物理状态，引起生理上的变化。所以，大剂量的中子辐照将会引起不良效应。

辐射对人体的伤害可作如下分类。

1. 躯体效应和遗传效应

核辐射对人体器官和组织的作用是通过辐射能量在细胞遗传物质上的沉积造成的。辐射对人体的伤害可分为两类：一类是显现在受照射本人身上的，称为躯体效益；另一类是影响其后裔的，称为遗传效应。

2. 随机效应和非随机效应

国际辐射防护委员会（ICRP）第 26 号报告书明确指出：辐射效应分为随机效应和非随机效应。非随机效应包括了一切躯体效应中早期效应和眼晶体的白内障等晚发效应，其严重程度和躯体受辐照的剂量有关，同时存在着阈值，即只有当躯体受辐照的剂量超过了这个阈值时，躯体才发生此种效应。随机效应是指躯体的晚发效应中各种遗传效应和癌症。其发生概率和受照剂量有关，而其严重程度与受照剂量无关。这种效应不存在剂量阈值。这就是说，任何微小的剂量都可能引起随机效应，只是效应的发生概率极为微小而已。某些躯体效应也是随机性的，其中癌症的发生可以是在低剂量照射下产生的危险。

7.2.2 辐射防护基本概念和单位

1. 放射性活度

放射性活度的单位在过去习惯上用"居里"（Ci）表示，指单位时间内的衰变数。

$$1Ci = 3.7 \times 10^{10} \text{ 衰变} /s$$

现在国际上对放射性活度单位采用新国际制单位（SI），称为贝可勒尔（Becquerel），简称贝可，简写为 Bq。

$$1Bq = 1 \text{ 衰变} /s$$

所以

$$1Ci = 3.7 \times 10^{10} Bq$$

2. 照射量

照射量是光子在空气中产生的电离能力的度量，也就是 X 或 γ 辐射场的一种度量。

照射量的定义是：照射量 X 是 ΔQ 除以 Δm 而得到的商，即 $X = \Delta Q/\Delta m$，其中 ΔQ 是在质量为 Δm 的某一个体积元的空气中释放出来的全部正负电子被完全地阻止于空气中时，在空气中形成的全部（指同一种极性）离子的总电荷的绝对值。照射量旧的专用单位是伦琴（R）。

新的国际制（SI）照射量的单位是库伦每千克（C/kg），即

$$1R = 2.58 \times 10^{-4} C/kg$$

3. 吸收剂量

吸收剂量是受照物质所吸收的平均辐射能量。它不仅取决于辐射场的性质，还和受照射物质的性质有关。

吸收剂量旧的专用单位是拉德（rad），$1rad = 10^{-2} J/kg$。

新的国际制（SI）吸收剂量单位是戈瑞（Gray），简写为 Gy。

$$1Gy = 1J/kg, \quad 1Gy = 100rad$$

$1Gy$ 表示 $1kg$ 的受照物质吸收 $1J$ 的电离辐射能量。

4. 剂量当量

组织某一点处的剂量当量的定义为：吸收剂量与辐射品质因数和其他修正因数之积。

剂量当量旧的专用单位是雷姆（rem）。

新的国际制（SI）剂量当量单位是希沃特（Sievert），简写为 Sv，简称希，$1Sv = 100rem$。

5. 有效剂量

有效剂量是加权平均器官当量剂量之和。当量剂量为平均吸收剂量与辐射权重因子之积，即

$$H_E = \sum W_T H_T$$

式中　W_T——组织（或器官）的权重因子，见表 7-1；

　　　H_T——相应于组织（或器官）的当量剂量。

常用的有关辐射源和辐射防护的计量单位列于表 7-2 中。

表 7 - 1   器官和组织相对危险度权重因子

组织名称（T）	权重因子（W_T）	组织名称（T）	权重因子（W_T）
性腺	2.25	甲状腺	0.03
乳腺	0.15	骨表面	0.03
红骨髓	0.12	其余组织	0.30
肺	0.12		

表 7 - 2   辐射剂量的单位

项　目	名　称	现行单位		国际制专用单位[①]	
		单　位	内　容	单　位	内　容
放射性物质的量	放射性强度（A）	居里（Ci）	放射性强度为 1Ci 的放射性物质在 1s 内有 3.7×10^{10} 个原子衰变	贝可勒尔（Bq）	1Bq=1 衰变/s $\approx 2.703 \times 10^{-11}$Ci
		克镭当量	γ射线源在离它 1m 处的照射率与 1g 镭产生的一样大时，称 1g 镭当量		
剂量学和辐射防护中常用的辐射量	对物质吸收的辐射能量的度量	吸收剂量（D）	拉德（rad）	1rad 相当于每千克物质吸收 10^{-2}J 的能量	戈瑞（Gy）	1Gy = 1J/kg =100rad
	用 X 或 γ 射线使空气产生电离的程度来衡量照射的强度	照射量（X）	伦琴（R）	光子在 1kg 空气中因电离而产生总和为 2.58×10^{-4}C 的正负电子对，照射量为 1R	库仑每千克（C/kg）	1R = 2.58 $\times 10^{-4}$C/kg
	从生物效应来度量辐照的作用	剂量当量（H）	雷姆（rem）	剂量当量在数值上等于吸收剂量乘上射线的品质因数和其他修正因子：$H=DQN$ 式中　Q——品质因数，取决于不同辐射的线能量转移；N——修正因子	希沃特（Sv）	1Sv=100rem

①　国际辐射单位和测量委员会（ICRU）1974 年 7 月提出的"关于放射性强度和吸收剂量采用国际制单位专用名称的建议"，由国际第 15 届计量大会（1975 年 5 月）通过。

7.2.3　辐射剂量限值

1. 年剂量当量限值

为了保障从事放射性工作人员的健康和居民的安全，世界各国及国际辐射防护委员会根据镭所造成的生物伤害、对动物的实验以及从在人体内和空气及水中自然发生的辐射方面所得到的各种资料制订剂量限值。剂量限值的定义是不允许接受的剂量范围的下限，而不是允许接受的剂量范围的上限。

剂量辐射对机体的作用，将通过两种效应表现出来：

（1）"阈"效应。阈值即指超过某个剂量值时，某些效应将立即不由自主地表现出来，例如剂量高于 100rem 时将出现恶心。

（2）无规律的效应。某些症状（例如癌）仅对大于 100rem 的剂量才更明显；接受到的剂量越弱，它们出现的可能性就越小，也有可能在接受辐照后很长一段时间才表现出来。

我国早在 1960 年就颁发了"放射性卫生防护暂行规定"。在此基础上，又吸取了国内外原子能事业的实践经验和研究成果，于 1974 年正式颁布了 GBJ8—1974《放射防护规定》。1986 年 4 月，国家环境保护局发布了 GB 6249—1986《核电厂环境辐射防护规定》，1988 年 3 月，国家环境保护局发布了 GB 8703—1988《辐射防护规定》[2]，1990 年 5 月，国家核安全局批准发布了《核电厂辐射防护设计》（核安全法规 HAF0209）。

核电厂工作人员的年剂量当量是指一年工作期间所受外照射的剂量当量与这一年内摄入放射性核素所产生的待积剂量当量两者的总和，但不包括医疗照射和天然本底照射。

对工作人员的剂量限制既考虑随机效应又考虑非随机效应[3]。

在 2002 年 10 月 8 日，中华人民共和国国家质量监督检验检疫总局发布了 GB 18871—2002《电离辐射防护与辐射源安全基本标准》，对核电厂工作人员或公众在规定时间（例如季度、年度）内容许受到的最大剂量（剂量限值）作了明确的规定：

（1）职业照射的剂量限值。应对任何工作人员的职业照射水平进行控制，使之不超过下述限值：

1）由审管部门决定的连续 5 年的年平均有效剂量（但不可作任何追溯性平均）为 20mSv；

2）任何一年中的有效剂量为 50mSv；

3）眼晶体的年当量剂量为 150mSv；

4）四肢（手和足）或皮肤的年当量剂量为 500mSv。

（2）对于年龄为 16～18 岁接受涉及辐射照射就业培训的徒工和年龄为 16～18 岁在学习过程中需要使用放射源的学生，应控制其职业照射使之不超过下述限值：

1）年有效剂量为 6mSv；

2）眼晶体的年当量剂量为 50mSv；

3）四肢（手和足）或皮肤的年当量剂量为 150mSv。

（3）公众照射剂量限值。实践使公众中有关关键人群组的成员所受到的平均剂量估计值不应超过下述限值：

1）年有效剂量为 1mSv；

2）特殊情况下，如果 5 个连续年的年平均剂量不超过 1mSv，则某一单一年份的有效剂量可提高到 5mSv；

3）眼晶体的年当量剂量为 15mSv；

4）皮肤的年当量剂量为 50mSv。

（4）遵守剂量限值情况的确认。上述规定的剂量限值适用于在规定期间内外照射引起的剂量和在同一期间内摄入所致待积剂量的和；计算待积剂量的期限，对成年人的摄入一般应为 50 年，对儿童的摄入则应算至 70 岁。

为确认是否遵守剂量限值，应利用规定期间内贯穿辐射所致外照射个人剂量当量与同一期间内摄入的放射性物质所致待积当量剂量或待积有效剂量的和。

应采用下列方法之一来确定是否符合有效剂量的剂量限值要求：

1）将总有效剂量与相应的剂量限值进行比较。这里，总有效剂量 E_T 按下式计算：

$$E_T = H_P(d) + \sum_j e(g)_{j,\text{ing}} I_{j,\text{ing}} + \sum_j e(g)_{j,\text{inh}} I_{j,\text{inh}}$$

式中　　　$H_P(d)$——该年内贯穿辐射照射所致的个人剂量当量；

$e(g)_{j,\text{ing}}$ 和 $e(g)_{j,\text{inh}}$——同一期间内 g 年龄组食入和吸入单位摄入量放射性核素 j 后的待积有效剂量；

$I_{j,\text{ing}}$ 和 $I_{j,\text{inh}}$——同一期间内食入和吸入放射性核素 j 的摄入量。

2）检验是否满足下列条件：

$$\frac{H_P}{DL} + \sum_j \frac{I_{j,\text{ing}}}{I_{j,\text{ing},1}} + \sum_j \frac{I_{j,\text{inh}}}{I_{j,\text{inh},1}} \leqslant 1$$

式中　　DL——相应的有效剂量的年剂量限值；

$I_{j,\text{ing},1}$ 和 $I_{j,\text{inh}}$——食入和吸入放射性核素 j 的年摄入量限值（ALI）（即通过有关途径摄入的放射性核素 j 的量所导致的待积有效剂量等于有效剂量的剂量限值）。

2. 事先计划的特殊照射

事先计划的特殊照射指的是引起年剂量超过为辐射工作人员规定的年剂量当量限值的照射。通常是在正常运行期间的某种情况下，当不可能使用不包含这种照射的替代措施时，方可作为一种例外而得到允许。只有 A 类辐射工作人员在经核电厂厂长或授权代表批准后，方可接受事先计划的特殊照射。

对于此种特殊照射，辐射工作人员所接受的有效剂量当量在一次事件中不得超过 100mSv（10rem），在一生中不得超过 250mSv（25rem）。育龄妇女，年龄未满 18 岁者，或过去已接受了有效剂量当量超过 250mSv（25rem）的异常照射的工作人员不得接受此类特殊照射。

3. 事故和应急照射

为了制止事故扩大或进行抢救、抢修等，工作人员所接受的应急照射，一般控制在一次应急事件中全身照射不超过 250mSv（25rem）。为抢救生命财产采取的应急行动，应急人员所接受的剂量可能超过 250mSv（25rem）时，应进行代价/利益分析，并经过严格的审批。

事故照射是指在事故情况下，工作人员以及公众非自愿接受的超过正常限值的照射，因此要采取善后措施，控制事态的发展，限制个人受照剂量，并迅速组织力量进行调查，确定事故的经过并估计个人已接受到的剂量当量和预期的待积剂量当量。

4. 公众年剂量当量限值

核电厂向环境释放的放射性物质对核电厂周围的公众中任何个人（成人）造成的有效剂量当量，每年应小于 0.25mSv（2.5rem）。

由气体或气溶胶排放所造成的公众生活环境中气载放射性核素浓度年平均值不得超过导出空气浓度（DAC）的 1/150。

根据 GB 6249《核动力厂环境辐射防护规定》的规定，每座压水堆型核电厂气载和液体放射性排出物的年排放量，除了满足上述的规定外，一般还应低于表 7 - 3 和表 7 - 4 中控制值。

表 7 - 3　　气载放射性排出物的年排放量	
气载放射性排出物	控　制　值
惰性气体	2.5×10^{15} Bq（7×10^4 Ci）
碘	7.5×10^{10} Bq（2Ci）
粒子（半衰期＞8d）	2.0×10^{11} Bq（5Ci）

表 7 - 4　　液体放射性排出物的年排放量	
液体放射性排出物	控　制　值
氚	1.5×10^{14} Bq（4×10^3 Ci）
其余核素	7.5×10^{11} Bq（20Ci）

7.2.4 辐射防护三原则

国际辐射防护委员会（ICRP）指出，辐射防护的目的在于防止有害的非随机效应；限制随机效应的发生概率，使之达到可以接受的水平；保证辐射照射的各种实践活动具有正当的理由。为此提出了辐射防护的三项基本原则：

（1）辐射事业的正当化。进行任何伴有辐射照射的实践活动时，所得利益必须大于所付出的代价，包括人员健康损害的代价在内，才能被认为是正当的，否则就不应当采取这种行动。

（2）防护水平的合理最优化。任何活动中对人产生的辐射剂量必须保持在可以合理做到的最低水平。也就是说，为了减少集体剂量而增加的防护费用应与所减少的损害相抵，这也就是防护水平最优化的条件，即遵守"合理可行尽量低"（ALARA）的原则。

（3）个人所受剂量当量应在规定的限量以下。在满足了前两项条件后，仍不能保证对每一个人提供适当的保护，因而对受到照射最多的人员必须保证其所接受剂量在某一限值以下。

假设有某项伴随有辐射照射的实践活动（例如建造一座核电厂），用 B 表示所产生的净效益，V 表示该项实践的毛利，P 为该项实践的生产成本（不包括辐射防护所需成本），X 为用于辐射防护的成本，Y 为整个实践过程中辐射危害所相当的代价，则可以写出如下等式：

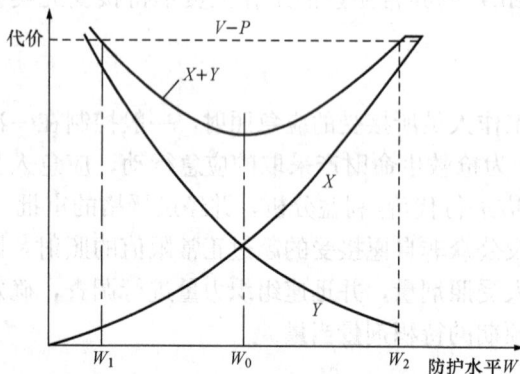

图 7-1　正当化和最优化

$$B = V - (P + X + Y)$$
$$= (V - P) - (X + Y)$$

所谓正当化，要求 $B > 0$，即净利益大于零。由于毛利 V 和生产成本 P 与防护水平无关，只有辐射防护成本 X 和辐射危害的代价 Y 随防护水平而变化，如图 7-1 所示。很明显，当防护水平在 W_1 和 W_2 之间时，$B > 0$，能满足正当化条件。但只有防护水平为 W_0 时，才能满足合理最优化要求，因为只有这时才有 $X + Y$ 值最小而净利益 B 最大。

核电厂应采取足够、可靠的核辐射防护设施，来保证核电厂工作人员和公众的辐射安全和身体健康。

7.3　放射性辐射的监测

7.3.1 控制区的确定

按 GB 18871—2002《电离辐射防护与辐射源安全基本标准》的规定，控制区（controlled area）是在辐射工作场所划分的一种区域，在这种区域内要求或可能要求采取专门的防护手段和安全措施，以保证：①在正常工作条件下控制正常照射或防止污染扩展；②防止潜在照射或限制其程度。

除控制区外，还对监督区作出如下规定[4]：监督区（supervised area）是指未被确定为控制区、通常不需要采取专门防护手段和安全措施但要不断检查其职业照射条件的任何区域。

大亚湾核电厂把控制区又进一步细分为四类子控制区，并以不同颜色作为标志，四类子区以最大环境 γ 剂量率为划分标准[5]，它们分别为

绿区（准许工作人员停留的区域）：$7.5 \sim 25 \mu Sv/h$；

黄区（特殊管制区，进入和停留时间受限制）：$0.025 \sim 2 mSv/h$；

橙区（特殊管制区，进入和停留时间受限制）：$2 \sim 100 mSv/h$；

红区（正常情况下禁止进入区）：$> 100 mSv/h$。

对出入控制区的管理、出入控制的程序和控制区工作人员的要求，都有专门的规定。

对可能出入控制区的工作人员都必须经过严格的初级或二级辐射防护培训，并取得合格证才能进入该区工作。

凡出入控制区的人员必须通过控制区出入口监测系统。该系统设在控制区通道的出口，由两道门式污染监测系统组成：第一道门式监测器测量离开控制区人员的工作服污染情况；第二道门式监测器测量人员的体表污染情况。如果人员污染超过限值时，自动门无法打开，去污并再经过测量合格后，门才能自动开启。系统能记录出入控制区的日期、工作时间、工作区域、每次所受的个人剂量等。

A类工作人员（年有效剂量可能超过 3/10 的辐射工作人员年剂量限值）在各区工作的规定：

（1）绿区：不需要限制工作时间和采取特殊的防护措施。

（2）黄区：采取特殊的防护措施，预防内照射并限制逗留的时间。

（3）橙区：剂量率较大，必须持有由保健物理处负责人签发的特殊许可证方能进入工作。工作人员必须了解区内剂量率情况，熟悉操作程序，必须要事先演习，以减少受照射剂量。

（4）红区：禁止进入区，门上锁。在特殊情况下要得到厂长或主管副厂长的批准，才能进入。

在控制区凡是需要采取辐射防护措施的工作，都必须执行辐射工作许可证制度。许可证要注明工作场所辐射水平、污染程度、辐射危害类型、防护措施、允许工作时间和辐射防护监测要求等。许可证由保健物理处负责人签发。

7.3.2 放射性辐射对人体辐照的途径

放射性辐射对人体辐照的主要途径有（见图7-2）：①放射性烟云的外照射；②烟云地面沉积放射性的外照射；③吸入空气中放射性的内照射；④通过食物链造成的内照射。

7.3.3 外照射的防护与监测

外照射防护的一般方法有以下几种。

（1）控制受照时间。因为剂量等于剂量率乘以时间，工作人员在辐射场停留的时间越长，所受的累积剂量就越大。

（2）增大与辐射源间的距离。照射量率是与离

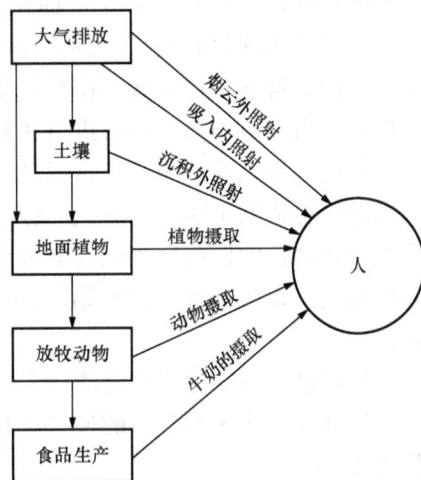

图 7-2 放射性辐射对人体辐照的主要途径

源距离的平方成反比的，也就是距离增加一倍，照射量率则降为原来的 1/4。在非点源时，照射量率与距离的平方虽然不再是简单的反比关系，但总是随距离的增加而减少的。

（3）屏蔽。屏蔽防护是根据辐射通过物质被减弱的原理，在人与辐射源之间设置一种或数种能减弱辐射的材料构成屏蔽物。

实际工作中，最有效的方法是根据实际条件和状况，采用限制时间、增加距离和借助屏蔽等综合辐射防护措施。

核电厂通常使用两种剂量计用于外照射个人剂量监测。其中，热释光剂量计作为法定剂量计，而电子直读式剂量计则作为辅助剂量计。

热释光剂量计是一种累积式剂量计，每月一次读出所接受的受照剂量。从热释光剂量计测读出的受照剂量，将记入剂量计佩戴者的个人剂量档案。

热释光剂量计集中存放处同时配置一个记录本底的剂量计，每月一次由核电厂辐射防护科进行更换和测读。

大亚湾核电厂使用电子直读式个人剂量计作为热释光剂量计的冗余，并被用于测量和记录人员每次进入控制区所接受的受照剂量。由于佩戴者本人可随时从此剂量计上直接读出自己的受照剂量，因而称其为电子直读式个人剂量计。

如果某一工作人员的热释光剂量计丢失了或损坏了，或是剂量信息在读出过程中丢失了，由电子直读式剂量计在相同时间内测得的该工作人员的受照剂量将作为参考值输入剂量档案，这就是所谓冗余作用。

由于电子直读式个人剂量计不能记录中子剂量，可通过估算或使用专门的中子热释光剂量计来记录中子剂量。

7.3.4　内照射的防护与监测

内照射有下列明显不同于外照射的特征：

（1）沾污源出现在体内，从而导致所接受的剂量在体内扩散；

（2）与外照射情况相反，α 和 β 发射体起重要作用；

（3）难以事先或在工作过程中估计剂量。

在控制区，工作人员本身应如何防止内污染：

（1）戴呼吸保护装置（面具、充气防护衣等）；

（2）严格遵守在控制区不得吃、喝、吸烟的禁令；

（3）不得在有伤口而没有进行密封保护措施的情况下进入控制区；

（4）建立通风或负压系统，以减少放射性气溶胶浓度。

核电厂可借助于隔离、通风、保持清洁，以及使用防护服和呼吸设备来限制内照射。在工作人员要接近的设备区存在污染危险时，其通风系统应保证充分的空气更新，并维持各室之间的压差，以防止污染的扩散。因此，为防止空气污染的扩散，设置通风系统的主要作用是：

（1）限制空气中放射性物质的含量；

（2）确保工作区有足够的换气次数：如在红区每小时换气次数大于 3，黄区每小时换气次数大于 2；

（3）调节温度和温差；

（4）排放前过滤空气，限制放射性气体的排放；

（5）防止放射性物质在控制区无限制的扩散。

在核电厂运行期间，通风系统要使整个核岛（包括反应堆厂房、核辅助厂房、燃料厂房）处于负压状态。在核岛中，将可能发生放射性污染的区域用屏蔽墙和门隔离起来。放射性污染越严重的区域，空气压力越低。

核辅助厂房的烟囱是整个核岛的唯一空气排出口，气流系统应能防止污染的回流和扩散。

一般核电厂主要使用全身计数器进行内照射监测。一台全身计数器用于快速检查，另一台则用于诊断监测。实际应用中，受检人员首先在快速检查型全身计数器上测量，如果受检人员被怀疑有显著意义的内部污染，则再由诊断型计数器进行目的在于确定污染部位及放射性核素种类和沉积量的诊断监测。

参　考　文　献

[1] GB 6249 核电厂环境辐射防护规定.
[2] GB 8703 辐射防护规定.
[3] GB/T 13976 压水堆核电厂运行工况下的放射性源项.
[4] GB 18871 电离辐射防护与辐射源安全基本标准.
[5] 陈济东. 大亚湾核电厂系统与运行：下册. 北京：原子能出版社，1995.

第 8 章 核电厂严重事故的处置与缓解

在单一故障准则的假定下，第 4 章研究了压水堆核电厂的设计基准事故。由于核能界从一开始就十分重视核安全，现有核电厂根据纵深防御原则进行设计，设置多重屏障、采用经过工程验证的技术、建立严格的运行管理和人员培训考核上岗制度，总的说来，世界上正在运行的核电厂有着良好的安全记录。

但是不容忽视的是，核电厂存在着因发生多重故障和人为差错导致发生超设计基准事故的风险。严重事故（severe accident）是指堆芯严重损坏的事故，属于超出设计基准的事故。国际原子能机构在 2000 年出版的安全标准《核动力厂安全：设计》中，对严重事故的定义是："由于安全系统多重故障，出现了某些超过设计基准工况的事件序列，导致堆芯性能明显恶化，虽然它们发生的概率很低，但有可能损坏所有用于防止放射性物质释放屏障的完整性，这些事件序列被称为严重事故。"

1979 年美国三里岛核电厂事故后三十多年来，美国、法国、德国、日本等国在严重事故研究方面取得了明显的进展。美国核管会（NRC）1985 年 8 月发表了关于严重事故管理要求的政策声明，从 1988 年开始，美国核管会（NRC）对已运行的核电厂逐个强制推行《严重事故下电厂评价计划》（IPE）和《关闭严重事故问题的综合计划》；法国针对若干超设计基准工况和严重事故工况发展了 H 规程和 U 规程，在法国核电厂及出口电厂中采用。国际原子能机构（IAEA）全面修订了核电厂安全法规，明确提出了考虑严重事故的要求。我国国家核安全局也修订有关核安全法规，2002 年发表了政策声明《新建核电厂设计中几个重要安全问题的技术政策》。

严重事故若引起安全壳完整性丧失，会产生大量放射性物质释放。当然，严重事故发生的概率极低，但是，它毕竟不等于零。历史上已经发生的核电厂严重事故说明，核电厂安全工作必须扩展，仅限于设计基准事故（DBA）是不够的，必须考虑核电厂严重事故的预防、处置与缓解，以满足社会公众对能源和核安全日益增长的要求。

8.1 严重事故的对策要求

现有核电厂以设计基准事故作为依据，并未考虑承受严重事故的问题。实践表明，只要不发生人为差错，纵深防御和多道屏障能保证现有核电厂有一定抵御严重事故的能力。而已发生的严重事故，恰恰是操纵员的失误叠加于设备故障的结果，因而纵深防御和安全文化，同为核电厂最基本的安全原则。

实践表明，核电厂设计中仅仅以 DBA 为限是不充分的，不足以确保工作人员、公众和环境的健康和安全。核电厂必须将严重事故对策作为核安全战略的一部分，形成和实施具体的抗严重事故手段，将严重事故对策贯穿于设计、建造、调试、运行、维修等核电厂的全部活动中去。

在事故管理方面，必须坚持实践已经证明是行之有效的工程安全实践，其中主要是纵深防御原则、多道屏障设置、质量保证、专设安全设施和选址要求。坚持行之有效的技术，要防止两种偏向：既要防止采用未经验证的技术、装备、材料，以免带来潜在风险，也要防止拒绝采用新技术的墨守成规倾向。行之有效的技术指的是经过充分工程实践的技术，它或者是由无可争辩的大量试验和应用所证实的技术，或者是已经列入经过批准的规范和标准中的技术。核电与核安全部门应当根据已有核电厂的运行实践或研究项目结果，鼓励人们采用新技术来改进安全。对于一项新技术或新设计，建造原型试验装置是非常有用的。

核电厂的营运单位对核安全负有全部责任，必须在核电厂的全部工作人员中普遍地培育安全文化；必须有严重事故对策，并贯穿于核能活动的全过程中；严重事故处置战略中必须坚持预防为主的方针，同时抓紧缓解措施的研究。作为核安全管理部门，应当注意和强调核工业部门的创优意识。

核电厂的安全问题在很大程度上是可靠性问题。其中硬件方面的可靠性来源于系统设计特征（如冗余和多样化）和质量保证体系。软件方面的可靠性就是人的素质，即安全文化和完备的运行及事故处理规程。

分析与经验表明，严重事故的发生与发展与人为差错的关系极为密切。严重事故往往以微小的设备故障为诱因，防止严重事故的最有效手段就是"安全工作，人人有责"，在设计、施工、运行、维护中及早发现隐患。这就是 INSAG 报告中所提倡的核电安全创优活动。这种创优活动靠的是核电厂组织和个人的积极性。核安全管理部门本质上应以鼓励的态度促进营运单位实现核电安全。

事故管理的总战略是运行单位负核安全最终责任、人是安全业绩创造者的重要理念。即安全管理思路的最大变化，更加明确地强调了业主（运营单位）的安全中心地位，更加明确了运营单位的最终责任，要求充分体现人的主观能动性，辩证地看待实现安全功能的手段；是倡导安全文化，鼓励建立完善的管理制度，同时辅以必要的监督和量化考核手段。

在 HAF102 新标准[1,2]对严重事故管理提出了明确要求，必须采用工程判断和 PSA 相结合的方法来辨认可能引发严重事故的事件序列。用确定论、概率论方法，结合工程判断，选定需在设计时考虑的序列，决定处理有关序列的设计措施与程序，确定合理可行的预防或缓解措施。

8.2　核电厂严重事故过程分析

世界上美国、法国、日本等国家开展了多项著名的研究严重事故计划，通过堆内和堆外模拟实验，可以了解到核电厂严重事故过程中的主要物理现象。

1. 堆芯材料的氧化和氢的产生

当堆芯裸露，燃料棒的温度超过 1200℃时，燃料棒包壳和堆芯结构材料中的锆氧化速率呈指数增加。堆芯材料的氧化会产生氢气、其他可燃气体和大量的热量。

2. 蒸汽与非可凝气体在反应堆压力容器内和一回路中的自然循环

蒸汽与非可凝气体在堆压力容器内和一回路中的自然循环有效地将热量从较热区迁移到较冷区域，使径向温度下降。从而，延迟了堆芯的加热。但是实验中发现，从堆压力容器热端到蒸汽发生器传热管之间存在着逆流自然循环；热的气泡沿管道上部上升至蒸汽发生器传热管，然后，沿管道的下部返回堆压力容器。逆流自然循环会导致堆压力容器热端及相连管道或蒸汽发生器传热管提前损坏，从而影响高压事故瞬态的进程。

3. 堆芯几何形状的丧失

当堆芯裸露时，随着燃料棒温度的变化，将会出现的物理现象为堆芯几何形状的变化（见表 8-1）。

表 8-1 　　　　　　　　　　　　　　　　　　**堆芯几何形状的丧失**

温 度（℃）	现 象
700～900	燃料棒包壳开始肿胀，会影响到流量分配
1200～1400	Fe-Zr, B_4C-Fe, Ag-Zr 及其他堆芯结构材料的化学反应，造成堆芯定位格架、控制棒材料和结构以及与其他材料直接接触的部分锆包壳材料的液化和移位。这将影响到堆芯的流量分配，甚至造成流道堵塞
1700～1900	锆包壳熔化及部分陶瓷燃料液化，并向下流淌，在堆芯下部温度较低处凝固
2700	燃料熔化，并向下坍塌，最终导致堆芯几何形状丧失。熔化了的陶瓷燃料和锆包壳氧化物落入堆压力容器下部区域，由于那里的温度较低，堆芯材料熔化物凝固形成陶瓷熔融块

4. 堆芯熔融物落入堆压力容器下部空间

此时，如果压力容器下部空间没有水，堆芯熔融物将与压力容器底部结构直接接触，堆压力容器底部最终被烧穿。

如果压力容器下部空间有水或在压力容器底部损坏以前向压力容器中注入水，堆压力容器底部结构的加热将减慢，水与堆芯熔融物之间的热交换引起堆芯材料熔化物的破碎，水可以渗入堆芯熔融物的裂缝中，以及堆芯熔融物与压力容器之间的间隙中。这将有利于堆芯熔融物碎片和堆压力容器底部的冷却，从而避免堆压力容器被烧穿。

5. 堆芯再淹没

当堆芯温度超过 1200℃时，堆芯再淹没会使燃料棒及周围堆芯区的温度、氢气产生率、燃料棒锆包壳的破损和裂变产物释放突然增加。这是因为，由于淬火产生大量的热蒸汽，从而增强了锆氧化速率，释放出大量的热量，它可以超过堆芯余热十多倍。

当堆芯温度处在 1900～2500℃时，堆芯温度超过锆的熔点，但没有达到燃料的熔点。堆芯再淹没时由于淬火带来的热冲击，未损坏的燃料会出现坍塌，增加了裂变产物的释放，但不会有大量蒸汽产生，这是因为锆已氧化、熔化或落入堆芯下部温度低的区域中。

当堆芯峰值温度超过 2500℃，而且已形成大量堆芯材料熔化物时，堆芯再淹没对于停止堆芯加热和堆芯材料的熔融块增大的效果不明显。这主要是由于熔融块有一个陶瓷外壳，它的热导率很低。

6. 重返临界问题

由于控制棒结构和材料的损坏与燃料棒结构和材料的损坏发生在不同的温度下，在损坏的堆芯的一些区域中有可能发生重返临界。因为，当堆芯温度达到 1200～1400℃时，控制棒材料和结构就会发生液化和移位，而在燃料棒温度达到 2500℃之前，燃料还可保持原位。

同时，在堆芯再淹没过程中，由于水的注入，也有可能使堆芯一些区域重返临界。在堆芯再淹没过程中堆芯一些区域重返临界带来的附加加热，对于严重事故的长期管理是需要考虑的。

7. 高压下堆芯熔融物喷射和安全壳直接加热

在某些事故序列下，冷却剂系统仍维持高压时发生堆芯损坏，堆芯熔融物落入堆压力容器底部。如果堆压力容器损坏，堆芯熔融物呈小的微粒喷射到安全壳内的堆腔室，甚至喷射到安全壳大气空间中，这就是"高压下堆芯熔融物喷射"。

如果堆芯熔化物以微粒的形态从安全壳内的堆腔室喷射到安全壳大气空间中，那么，热能就会很快地使安全壳加热并升压。另外，喷射到安全壳空间中的堆芯熔融物在空气和蒸汽中进一步氧化，产生氢气并释放化学能，使安全壳进一步升压，这个过程就是"安全壳直接加热"。NUREG-1150 报告认为，安全壳直接加热是安全壳早期失效的主要威胁。

8. 氢爆

堆压力容器内部的氢主要是燃料锆包壳和堆压力容器内部其他锆部件的氧化产生的。堆压力容器外部的氢主要是堆压力容器破裂后落入安全壳内的堆芯熔融物中的锆继续氧化以及堆芯熔融物与混凝土相互作用产生的。从长期看，堆芯和安全壳地坑内水的辐射分解也会产生氢气。

当安全壳内局部空间的氢浓度积累到一定数值时，有可能发生剧燃（deflagration）或燃爆（detonation）。剧燃将对安全壳产生一个静态压力负载峰值，燃爆将对安全壳产生一个巨大的动态压力负载脉冲。

当上述压力负载超过了安全壳结构设计能力时，可能造成安全壳失效，并影响安全壳内安全系统的设备执行其安全功能。在安全壳内局部空间中发生氢剧燃和燃爆的氢气浓度，受安全壳内局部空间中水蒸气的浓度影响很大。一般是在空气中氢浓度在 4％～8％（体积）时发生剧燃，当氢气在空气的体积含量为 4％～75％ 时，引发氢爆的最低能量仅为 0.019mJ。

9. 燃料与冷却剂的相互作用（蒸汽爆炸）

所谓"蒸汽爆炸"是指堆芯熔融物破碎成为微米量级的极小粒子，在毫秒量级的极短时间内与水相互作用，将热量传递给水，同时产生大量蒸汽并释放出巨大能量。

实验研究表明，堆冷却剂系统高压下发生蒸汽爆炸的概率很低。所以，通常考虑蒸汽爆炸的事故序列发生在堆冷却剂系统低压下。

最新研究结果表明：发生堆压力容器内蒸汽爆炸引起安全壳失效的条件概率小于 0.001。有关堆压力容器外蒸汽爆炸的研究还在进行中。

10. 堆芯熔化物与安全壳底板混凝土相互作用

如果堆芯熔化物碎片与安全壳底板混凝土相接触，就会发生堆芯熔融物与安全壳底板混凝土相互作用。它对安全壳失效的影响有：

（1）产生蒸汽和不可凝气体使安全壳内压力升高；

（2）安全壳底板穿透。

因此，堆芯熔融物碎片的可冷却性是避免上述两个后果的根本途径。

11. 裂变产物的释放与迁移

裂变产物的释放与迁移对于源项的大小和严重事故的管理非常重要。同时，它对事故的进展也有影响。裂变产物的释放与迁移取决于堆芯的设计和燃料燃耗的历史。

从堆芯损坏，裂变产物释放到安全壳内开始的前 4h 非常重要。因为这段时间足以让 99.9％ 的放射性气溶胶悬浮物沉积在安全壳内壁和地面上，或溶解在安全壳内地坑的水中，因此，必须尽力避免发生安全壳早期失效。而留存在冷却剂系统管道和设备中和沉积在安全壳内壁和地面上的裂变产物的再挥发，将在决定安全壳晚期失效的源项中起重要作用。

8.3 严重事故的处置

国际经验表明，核电厂设计中采用的纵深防御原则是有效的，必须在今后的核电厂设计、建造、调试、运行和退役中加以坚持。同时，还必须将这一概念和措施扩展到事故处置中。事故处置（accident management），即严重事故的对策，包括两方面的内容：第一，采用一切可用的措施，防止堆芯熔化，这一部分称为事故预防（prevention）；第二，若堆芯开始熔化，采用各种手段，尽量减少放射性向厂外的释放，这一部分称为事故的缓解（mitigation）。

8.3.1 严重事故处置的法规要求

IAEA《核电厂安全：设计》对严重事故预防和缓解总的要求有下述六条[3]：

（1）使用概率论方法、确定论方法并结合合理的工程判断来确定可能导致严重事故的重要事件序列；

（2）对照一套准则审查这些事件序列，以确定哪些严重事故应该给予考虑；

（3）对于所选定的事件序列，应该评价设计和规程，能否通过对其进行修改来减少事件发生的可能性和减轻其后果，如果这些修改合理可行，就应该付诸实施；

（4）应考虑核电厂的全部设计能力，包括可能在超出预定的功能和预期的运行工况下使用某些系统（安全系统和非安全系统），和使用附加的临时系统，使核电厂返回到受控状态或减轻严重事故的后果，应证明这些系统可以在预期环境条件下起到这些作用；

（5）对于多堆厂址，可以考虑使用其他机组可用的手段和可能的支持，前提是不会危害其他机组的安全运行；

（6）对有代表性的和主导性的严重事故，应该制定相应的事故管理规程。

概率安全评价（PSA）技术是研究严重事故最重要的工具之一，这里强调概率论、确定论并结合合理的工程判断是考虑到了 PSA 技术存在的某些不确定性。因而，除 PSA 研究的结果外，对于同类核电厂带有某些普遍性的或国际上研究普遍重视的一些严重事故序列也应认真地加以研究。

对于严重事故的预防和缓解不能无限制地扩展，而应考虑在一个合理的安全水平上将其"截断"，第（2）条强调的就是此点。申请者在说明其所考虑的严重事故主导序列时，应说明确定这些主导序列所遵循的准则。

第（4）条强调应考虑核电厂的全部设计能力，包括利用安全系统、非安全系统和临时系统来对付严重事故，但这些系统应能承受相关严重事故导致的预期环境条件。

第（6）条应与第（1）条结合来考虑，即要考虑"有代表性"的和"主导性"的严重事故，而不仅仅是 PSA 研究的结果。

中国国家核安全局基于国际核工程界提出的最新核安全要求对严重事故的预防和缓解给予了高度重视，2002 年制定了《新建核电厂设计中几个重要安全问题的技术政策》，在该"技术政策"中，明确了纵深防御概念中后两个层次的重要作用，即第 4 层次的防御是应付已超出设计基准的严重事故，并保证放射性后果保持在合理可行尽量低（ALARA）的水平。该层次最重要的目标是保持包容功能。通过附加的措施和规程防止事故发展，减轻所选定的严重事故的后果，再加上事故处置规程便可以完成这个目标。第 5 层次即最后层次的防御是减轻事故工况下可能的放射性物质释放后果。这要求有适当装备的应急控制中心、场区内和场区外应急响应计划。同时，提出了 14 条"应考虑的典型严重事故预防和缓解措施"[4]：

（1）通过改进系统和设备的运行可靠性，以减少发生始发事件的频率；

（2）通过合理的系统和自动控制功能的设计，改善核电厂的瞬态特性，减少安全系统的动作和运行人员的干预；

（3）通过多重性和多样性的系统，改进安全系统执行安全功能的可靠性，应特别注意导致共因故障的因素；

（4）应认真研究全厂断电的可能性和处理措施；

（5）应对停堆状态和安全壳打开时的情况给予特别的关注，特别是保证余热排出的可靠性；

（6）应采取适当的设计措施消除由于冷水或不含硼水的快速注入而导致的严重堆芯损坏；

（7）应采取设计措施消除安全壳旁路型的严重事故；

（8）应采取高度可靠的手段避免高压堆芯熔融物的喷射；

（9）压力容器的支撑和堆腔结构应能承受压力容器熔穿的影响，安全壳内部构筑物应考虑局部氢爆燃等影响；

（10）在严重事故条件下能维持安全壳的完整性，要考虑可燃气体的燃爆效应，必须消除威胁安全壳完整性的大体积氢爆燃，应研究可能威胁安全壳完整性的压力容器内和压力容器外的蒸汽爆炸，并采取适当的措施；

（11）应采取措施冷却堆芯熔融物并减轻堆芯熔融物与安全壳底部的反应后果；

（12）在严重事故条件下安全壳的贯穿件、隔离装置和空气闸门应有足够的能力维持它们的功能；

（13）在严重事故条件下应有长期可靠的手段排出安全壳内的热量；

（14）在严重事故条件下应有足够的能力控制放射性物质的泄漏。

8.3.2　严重事故的预防

严重事故处理的主要注意力放在获得安全的主要手段即事故预防上，特别要预防可能引起堆芯损坏的事故。从核电厂的基本特征和事故现象出发，事故处置的基本任务依次是：

（1）预防堆芯损坏；

（2）中止已经开始的堆芯损坏过程，将燃料滞留于主回路系统压力边界以内；

（3）在压力边界完整性不能确保时，尽可能长时间地维持安全壳的完整性；

（4）万一安全壳完整性也不能确保，应尽量减少放射性向厂外的释放。

根据这些任务，核能界对事故处置的对策归结为确保三项安全功能，即为了防止或及早中止堆芯损坏过程，应当首先确保控制堆芯反应性的停堆能力，始终维持反应堆处于次临界状态。其次，应确保堆芯的冷却能力，以顺利带出衰变热，为此可采用的手段有二次侧补泄过程（secondary feed and bleed）、一次侧补泄过程（primary feed and bleed）及辅助喷淋等。再次，应确保对放射性产物的包容能力，应当考虑安全壳隔离措施和必要的减压措施。

经过近几年的研究，以上设想正逐步完善，它们已成为应急运行规程的一部分。

为了处理事故工况，核电厂配备有应急运行规程（emergency operating procedures, EOP）。三里岛核电厂事故以来，EOP 从形式到内容都作了改进，尽可能满足人因工程的新要求。作为严重事故研究组成部分的事故处置研究，将核电厂 EOP 远远地扩展到更为广泛的事故工况，扩展到设计基准事故以外，来预防和缓解发生概率更低的事件，直至包括燃料元件严重损坏的事件。为了与现有 EOP 相区别，这一部分规程可称为事故处置规程（AMP），其目标是利用电厂现有的或补充的设备，利用电厂操纵员的技能和创造性，及时找出中止事故发展、限制放射性向厂外释放的方法。

在第 4 章中已经提及，当前法国核电厂使用的事故处理规程体系已全面转换为状态导向法（state-oriented approach，SOA）体系，其规程称为 SOP（state oriented procedure）。在事故状态下，它针对反应堆安全的薄弱环节，依次采取各种可能的措施以实现严重事故的缓解甚至消除事故对反应堆的危害。

研究指出，核电厂在严重事故工况下的响应，具有设计特异性，事故干预手段的可用性和有效性，更与电厂的具体布局密切相关。因此，特定电厂的事故处置对策，必须参照普遍的原理，结合电厂实际做深入研究。

由于严重事故发生概率极低，其对策考虑应与一般 DBA 处理对策有所不同。总的来讲，应当积极兼容、趋利避害。在设想和落实干预行动时，一般应当考虑以下三条原则：

第一，尽量利用一切可利用的资源，包括水源、电力、设备和人力。必要时，可以利用一些不属于标准专设安全设施的系统与设备，采用非常规的运行模式，超越系统、设备的技术限定条件。

第二，尽量降低高压熔堆过程的发生频度，万一不可能阻止堆熔过程，则应尽力使之转为低熔堆过程，以避免发生喷射释放和堆芯熔渣溅射，直接威胁安全壳的完整性。

第三，在不危及堆芯安全的情况下，尽量采用善后工作量较小的事故处置方案，以尽量缩短停产检修时间。

为了降低核电厂的风险，事故处置研究包括四个方面的内容：

（1）根据 PSA 研究结果，寻找事故处置战略，形成事故处置规程和导则；

（2）根据规程和导则，对操纵员进行处置严重事故工况的培训；

（3）如有必要，对核电厂现有仪表做某些必要的改动，以协助事故处置规程的实施；

（4）对决策责任制做某些必要的改动，改善人事关系。

这四项任务中，工作量最大、最为基础的工作是制定事故处置规程和导则。根据近年的研究结果，严重事故对策战略的构想如图 8-1 所示。该图将事故处置任务分为三大类，即维持堆芯冷却、维持次临界和维持放射性包容能力，每一类任务的实施对策又分为若干子项，子项下列出可能的具体对策。

8.3.3 严重事故的缓解

1. 基本目标

事故缓解措施是向操纵员提供一套建议，提示在堆芯熔化状态下的应急操作行动。进入事故缓解的时机是：所有预防性的事故干预手段均已失效，前两道放射性屏障已经丧失，第三道即最后一道屏障安全壳已经受到威胁。

事故缓解的基本目标是尽可能维持已高度损坏堆芯的冷却，实现可控的最终稳定状态，

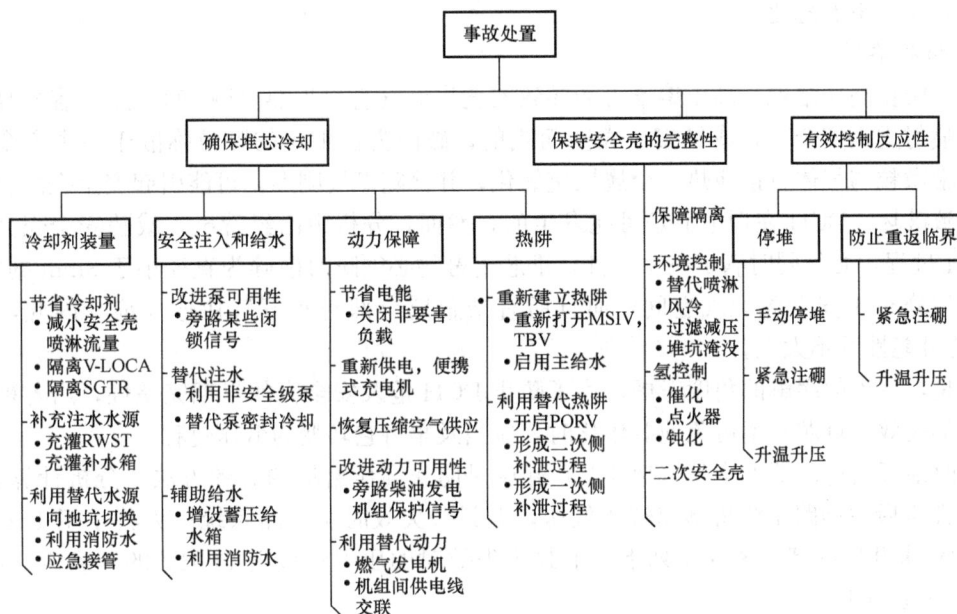

图 8-1　严重事故处置战略的具体对策

尽可能长时间地维持安全壳的完整性，从而为厂外应急计划的实施赢得更多的时间，并尽量降低向厂外的放射性释放，尽量避免土壤和地下水的长期污染。实验与分析均表明，堆芯熔化以后，放射性物质在安全壳的沉降与滞留有非常明显的时间效应，因此尽量避免安全壳早期失效并尽量推迟失效时间是极为重要的。

由于堆芯熔化过程和完全壳失效过程伴有很大的不确定性，事故缓解措施也有很大不确定性，其中不少措施带有明显的时间性和副作用，因而，必须有确定的启用判据和决策规定。一般认为，开始事故缓解的恰当时机是堆芯开始失去原有几何形状（熔化或损坏）的时刻，在此以前，应尽力采取预防性措施。堆芯几何形状恶化的判据可以采用堆芯出口热电偶的读数。

当堆芯出口温度持续大于 1100℃时，表明燃料包壳已开始氧化，事故已超出了热工水力学的设计基准范围。这一温度略低于燃料包壳最大允许温度 1208℃，主要是计及了燃料包壳与蒸气之间的温差及测量不定性。

在堆芯出口热电偶失效的情况下，也可以采用主回路系统热端温度作判据。若热端温度大于相应压力下的饱和温度，则表明堆芯已高度汽化，由于热端测温热电偶工作范围的限制，一般限定 30℃过热度作为缓解措施的启用判据。据此确定的干预时机比前一判据略早。

在严重事故工况下，电厂仪表可能不工作或不可靠，据此确定电厂状态是非常困难的，也是难以置信的。因此，事故缓解导则不能采用事件导向或状态导向方式，而应当依靠事先设计的功能—系统图，根据必须确保的功能和可利用的系统，决定相应的行动。

一般说来，事故缓解应当考虑以下几个方面的问题：

（1）保护第三道屏障；

（2）减少放射性泄漏；

（3）从安全壳排热；

（4）防止底板熔穿；

（5）防止事态恶化。

2. 措施举例

（1）防止高压熔堆。高压熔堆可能导致安全壳大气直接加热（DCH）。压力容器高压下熔融物喷射进入安全壳，或经安全壳壁面溅射，破碎为极细小的颗粒弥散于整个安全壳空间，熔融微粒与气体直接换热，金属快速氧化，并伴随氢气剧燃，可能引起安全壳的快速升压而导致破坏。DCH 在理论上是可能发生的，然而，分析中已经看出，威胁安全壳完整性的 DCH 过程，必须同时满足三个条件：堆芯熔融物必须瞬时破碎为直径小于 3mm 的颗粒，同时均匀分布于安全壳大气空间，而且所有锆金属全部与水蒸气快速反应。因此，发生 DCH 的可能性并不太大。

但是，从事故缓解的角度考虑，为了防止 DCH 危及安全壳的早期完整性，当各种预防措施全部失效、堆芯必不可免地要熔化时，应当及早将它转变为低压过程。

适时地开启稳压器安全阀（PORV）卸压是防止高压熔堆的有效方法。分析计算表明，PORV 开启后主回路系统将迅速转入低压，上封头失效时主回路系统压力将小于 1.2MPa，而 PORV 未开启的高压瞬变序列下，上封头失效时的压力将接近 PORV 的开启定值压力，即 15.0MPa 以上。

分析发现，即使没有能动注水补充，单纯的泄汽过程不但可以防止高压熔堆，其本身还有延缓堆芯熔化的效果。这是因为减压过程中堆芯冷却剂的闪蒸使混合液位上升，燃料元件上部可以获得汽液两相流的额外冷却从而延缓过热过程。压力下降到 5.0MPa 以下还可引入非能动安全注入箱注水，有效地利用这一部分水资源载出热量。

（2）安全壳热量排出与减压。安全壳内压与安全壳内聚积的热量有一定关系，安全壳的减压过程也就是热量的排出过程。

喷淋是安全壳排热减压的重要手段。喷淋具有两方面的作用，一是使安全壳内水蒸气凝结以维持较低的压力，二是通过喷淋及其添加剂洗消放射性碘和气溶胶，从而降低可能泄出的放射性。通过对喷淋作用的机理分析，表明喷淋取小流量间歇式运行方式效果较好，这可以在保证安全壳压力不超过设计定值的前提下节省换料水箱的水资源，以利于从总体上延续喷淋作用的时间，即推迟安全壳的超压时间。根据对严重瞬变时序的分析结果，确保至少一个系列喷淋注射在事故后 4～5h 可用，是有效的缓解措施之一。

实际上，简单的喷淋注射并没有从安全壳内排出热量，它只是利用较冷的喷淋液吸收了一部分堆芯释出的热量，暂时缓解了安全壳的升温过程。安全壳内热量的排出要进一步依靠安全注入和喷淋再循环，此时地坑内积聚的较热的冷却剂和喷淋液被汲出，通过热交换器将热量传给设备冷却水，然后再排向环境，被冷却了的冷却剂然后重新注入主回路系统或喷淋到安全壳。因此，对于安全壳排热来说，安全注入和喷淋再循环是重要的冷却手段。法国压水堆核电机组的设计中，考虑了喷淋或安全注入的再循环失效问题，将低压安全注入泵和喷淋泵互为备用，提高了这两个系统的可利用率。在最极端的情况下，可以考虑动用移动式泵和热交换器实现再循环。当然，这一方案需要在安全壳上预留接口，并保证正常及一般事故情况下的隔离有效性。

直接喷淋及再循环喷淋是一种有效的排热减压措施，但其启用也有比较大的副作用。除含碱喷淋液对设备的腐蚀及善后工作复杂外，若喷淋在事故后较晚投入，此时锆已大部氧化，其他金属也与水蒸气反应缓慢地产生氢气，则喷淋使水蒸气快速凝结可能导致安全壳大气中氢气分压大幅度上升，甚至可能进入燃爆区，因此，喷淋的晚期投入一定要慎重。

另一种可用的安全壳排热减压措施是利用安全壳风冷系统。有些核电厂风冷系统设计成安全级，事故下可以自动切换到应急运行状态，降低风机转速，加大基本公用水流量；同时使气流先除湿再进入活性炭吸附器。对于这一类电厂，风冷系统的投入优先于喷淋。另有不少核电厂的风冷系统仅用于排除正常运行时主回路系统设备所产生的热量，不属于安全级设备，设计容量也较小，因而在事故分析中不考虑其贡献。在事故缓解阶段，如其支持系统（电源、冷却水）能够保障，不妨考虑使其投入。它至少可以载出相当一部分停堆后的衰变热，有利于减轻其他缓解系统的压力。

（3）消氢措施。为了消除氢爆与氢燃的威胁，解除晚期投入喷淋的后顾之忧，应当考虑完善的消氢系统。

压水堆核电厂一般均装备有安全级的消氢系统，该系统将安全壳大气抽出一部分，使之通过被加热到 800℃左右的金属触媒网，以促使氢与氧复合而达到消氢的目的。目前的系统存在着若干不足，其触发点为 2%左右氢浓度，系统的进风口较小，无法解决氢的局部浓积问题；而分析恰恰表明，氢的局部浓积，在一定隔室内燃烧产生火焰加速，是最有威胁性的。另外，氢复合器体积较大，需电源和冷却水支持，发生多重故障时将失去功能。

（4）安全壳功能的最终保障。在喷淋、风冷手段失效的情况下，安全壳功能的最终保障有两个可能途径。

1）过滤排气减压。在安全壳预计将发生超压失效时，以可控方式排出部分安全壳内气体可以达到减压的目的。采取这一措施将人为破坏安全壳的密封完整性，怎样减少向厂外的放射性释放是问题的关键，因此，排出的气体应当经过适当形式的过滤。法国设计了砂堆过滤器（见图 8-2），利用固体颗粒表面的吸附和凝结作用去除挥发性裂变产物和气溶胶。

过滤器的核心部分是厚为 0.8m、颗粒度为 0.6mm 的砂层，只有机械去除作用。根据目前所获得的资料，砂堆过滤器只能在事故发生一天以后采用，对安全壳早期超压不起作用，对惰性气体基本上没有效果。砂堆过滤器只能加装在核辅助厂房顶部，投入使用后将成为额外的辐射源，必须考虑屏蔽，这会造成结构上的困难。此外，为防止砂层板结和水蒸气在管壁冷凝，平常需用干热空气保养，连接管道还必须预热，因而维护工作量很大。

砂堆过滤器箱体是一个竖直的圆柱体，过滤面积约 42m²，直径 7.312m。箱体的质量约 100t，安装在核辅助厂房的房顶上，两个机组共用（见图 8-3）。熔化的核燃料混合物在熔穿混凝土底板过程中产生的混合气体在过滤器中的速度最低为 10cm/s。

过滤器的使用必须有明确的判据和决策授权，阀门的开启必须手动操作。对于没有装备过滤器的安全壳，万不得已时（即安全壳已快要破裂而又无其他手段时）也可以由高层管理人员决定实施高点通风方案，即不经过滤地排出部分安全壳大气。有些核电厂考虑以厂房来容纳排出的气体，充当二次安全壳。高点通风方案必须与厂内外应急计划一并考虑。

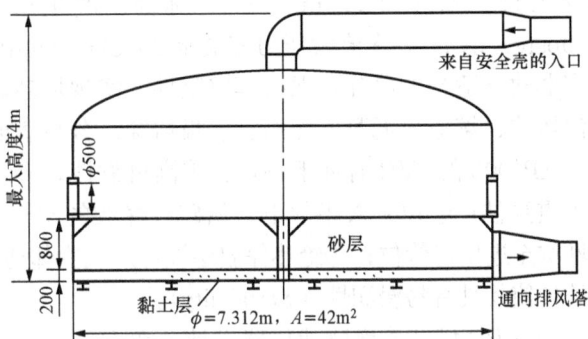

图 8-2 砂堆过滤器

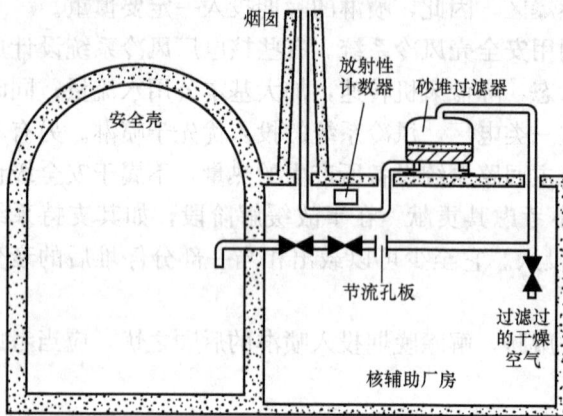

图 8-3　砂堆过滤器的布置

2）安全壳及堆坑淹没。如果水源有保障，事故又发展到极为严重的阶段，向安全壳大量注入冷水是推迟安全壳超压的另一可能措施。

大量冷水注入安全壳后，水将升温吸收主回路系统显热和衰变热。到达相应设计压力下饱和温度以前，安全壳不可能超压。不采用任何其他措施，仅注水也可维护安全壳在失效压力以下几十小时至百余个小时。但是，对于堆功率较大而安全壳较小的核电厂，安全壳淹没措施受到某些限制，效果并不显著，而副作用可能较大。因此，能否采用某一缓解措施，说到底是一个电厂特异性问题。

如果不可能或因其他原因不采取安全壳淹没措施，则为了防止熔融堆芯在下封头失效后烧蚀安全壳底板，淹没堆腔仍是有益的。熔融物跌入堆腔时与水作用将使熔融物温度显著下降。由于水池的存在，蒸汽在水中上升时可得到较好冷却，气溶胶上升经过水层也能获得有效的洗刷效果。为了淹没堆腔，安全壳结构上需作少量调整，在地坑与堆腔间保留一定通道，使地坑水达到一定水位（保证再循环用水）后，其余水先溢入堆腔，与地坑形成一体。

（5）下面对 AP1000 和 EPR 预防和缓解严重事故的措施作简要介绍。

1）熔融堆芯滞留设施（IVR）。AP1000 设置了熔融堆芯滞留设施（IVR），在发生堆芯熔化事故时，堆腔淹没系统将水注入堆内的同时，也注入压力容器外壁与堆坑绝热层之间的空间，以冷却从堆芯落到压力容器下封头上的堆芯熔融物，保证下封头不被熔穿，使堆芯熔融物保持在反应堆压力容器内，避免堆芯熔融物与安全壳混凝土底板发生放热反应（见图 8-4），以防止安全壳底板直接受热破损和蒸汽爆炸的发生。

要成功实现 IVR，前提条件是要成功实现卸压；必要条件是实现压力容器外部冷却。

AP1000 的容器外淹没冷却系统由水通道、容器外绝缘保温层、保温层下部冷却水入口组成。反应堆回路间至堆坑设有水通道，包括竖井、冷却水排水间和堆坑。

LOCA 事故下，从破口释放的水会直接排入堆坑，也可通过事故管理把换料水箱的水淹没压力容器至 29.87m（98ft）标高。严重事故后，只要成功降压〔降至 1.14MPa（150psig）以下〕，水淹没压力容器至 29.87m（98ft）标高，形成两相流，则会对反应堆压力容器建立适当的冷却，保持其完整性，实现堆芯熔融物保持在压力容器内，以防止容器外蒸汽爆炸、熔渣—混凝土作用、底板熔穿。分析表明，AP1000 的 IVR 能力有一定裕度。

AP1000 的 IVR 有如下特点：①高可靠性，多级卸压系统能成功卸压；②压力容器下封头无贯穿件；③LOCA 事故下，从破口释放的水会直接排入堆坑，手动排放 IWRST 水能淹没堆坑至进出口管位；④绝热保温层设计形成冷却通道和蒸汽排出通道；⑤反应堆压力容器表面处理使其具有易浸润性（wettability）。

2）EPR 堆芯熔融物捕集器设计。在 EPR 中设置了保护筏基的堆芯熔融物捕集器，反应堆地坑里充满了"牺牲性"混凝土和耐熔的材料，在发生堆芯熔融物在压力容器外扩展的情况下，收集堆芯熔融物，然后把它转运至堆芯熔融物展开和冷却区。

专门的堆芯扩散冷却区是一个堆芯捕集器，它装备有固体金属结构并且表面覆盖有"可牺牲性"的混凝土作保护层，其下部装有循环水冷却通道，以保护核岛基础底板免受任何损害。捕集器位于反应堆地坑邻近的1个隔间里，采用大扩展区 $170m^2$ 的目的是促进堆芯熔融物的冷却。

堆芯熔融物从反应堆堆坑到展开区的转运要通过一个可熔塞体，该钢"塞"在堆芯熔融物的热效应下熔化。

堆芯熔融物进入扩展区后，安

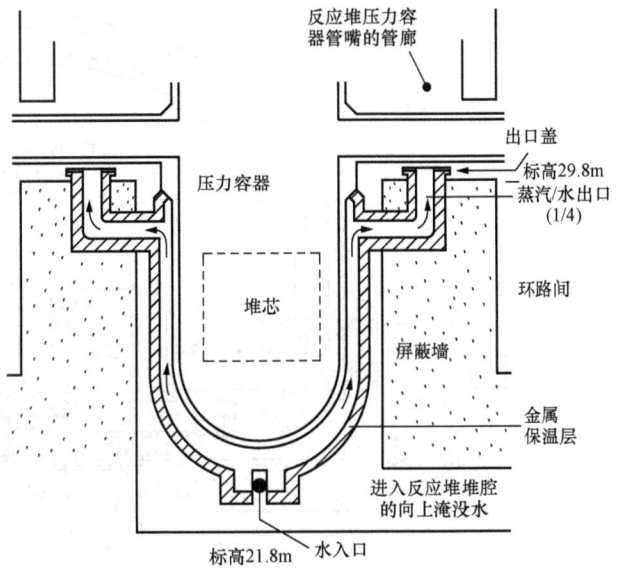

图 8-4　熔融堆芯滞留设施（IVR）

全壳内换料水箱中的水靠重力非能动地注入捕集器，溢流进入扩展区，通过水的蒸发和捕集器下面的冷却，使熔融物得到冷却。几小时以后冷却效应使堆芯熔融物固定并在几天后完成固化，如图 8-5 所示。

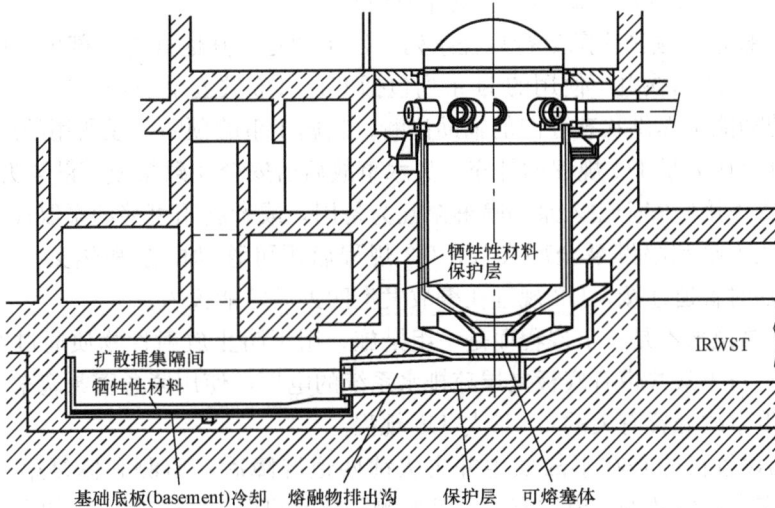

图 8-5　堆芯熔融物收集系统

3）EPR 安全壳余热排出系统。为了防止安全壳失去其完整性，必须有措施控制安全壳内的压力，并阻止在余热效应作用下压力升高。在 EPR 中设计了带有热交换器的双列喷淋系统（热交换器上装有特殊的冷却通道，见图 8-6）和专门的热阱用于执行这一功能。由于安全壳体积大（80 000m³），操纵员有较长时间（至少有 12h）来部署这一系统。

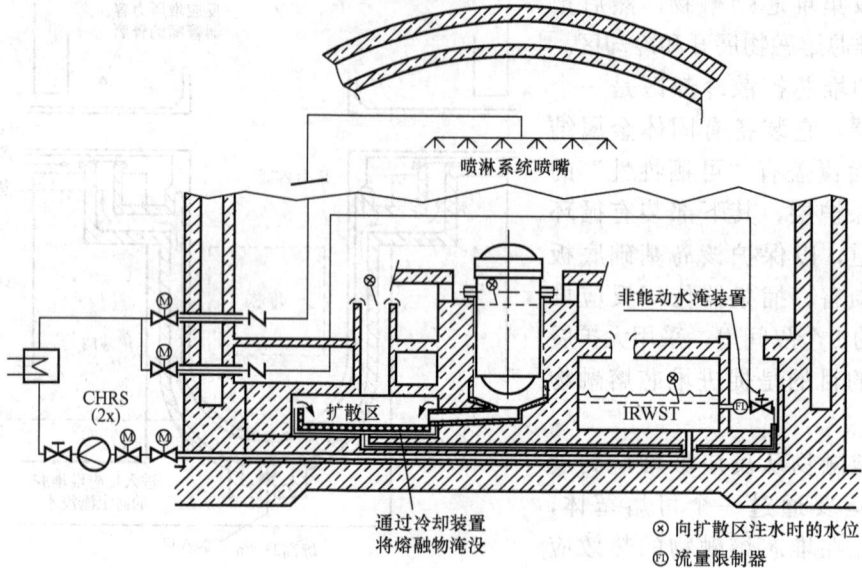

图 8-6　安全壳余热排出系统

8.3.4　法国 U2、U5 规程描述

迄今为止，虽然世界各核电国家均对严重事故作出了对策响应，然而，目前只有法国正式编制了被称为极限操作规程的 U 规程系列。这些规程适用于堆芯损坏以后，其目标是限制放射性释放，使厂外源项降低到与应急计划相匹配的程度。

5.3 节已经描述了法国应急运行规程系列。U 系列是在其他规程全部失效的情况下缓解事故后果的规程。法国核电厂使用的 U 系列包括 U1～U5 共五个规程。

U1 规程的功能是提供状态导向的辅助诊断，它属于事故预防阶段所用的规程。

U3 规程可以认为是 H4 规程的补充。失水事故后若安全注射泵或喷淋泵失效，H4 规程采用特别的软管连接使安全注入泵与喷淋泵互为备用，或者利用可移动泵取代失效的安全注入泵。若安全注入泵和喷淋泵全部失效，U3 规程启用可移动的泵和热交换器实现堆芯冷却。由于需作临时管道连接，U3 规程在事故发生四天后才能投入。

U4 规程严格说来不是一个规程而是一组措施，用于防止放射性物质通过安全壳底部疏排水系统外逸。对于某些带有底板夹层疏排水系统的电厂，使用紧急密封塞来保障密封。

直接与严重事故处置有关的是 U2 与 U5 规程。

U2 规程的设置目的是在事故发生并失去前两道屏障后，监测和修复第三道屏障的密封。该规程与安全壳失效的 β 模式有关。其监测与修复可分三个步骤：①如果核电厂烟囱排放和放射性强度高，则利用各通风系统的放射性连续监测，找到和确定故障地段，然后在可能的情况下将有关厂房通风系统切换到碘捕集器上，或实施静态密封。②如果某个核厂房集水坑的放射性强度高，则在尽可能的范围内派人到现场去制止主冷却剂的泄漏，并根据放射性强度定值自动隔离集水坑内流体向废液处理系统的转送。若安全壳内压及地坑水位均不太高，则尽可能将高放流体唧回安全壳地坑。③如果安全壳或主回路系统放射性强度很高，则实施安全壳阶段 A 或阶段 B 隔离，并就地核实直接通大气的贯穿件的隔离情况。

U5 规程在安全壳内大量集聚不可凝气体时，以过滤排气的方式抑制安全壳内压力峰，防止不可逆转地失去安全壳完整性。经过过滤，放射性物质的释放量可以减少若干倍，以便满足应急计划对源项的要求。

U5 规程与砂堆过滤器配套使用。砂堆过滤器在安全壳现有的一个贯穿件上装一根直径约 250mm 的管道，串联两台手动阀门和一块减压孔板。混合气体经孔板减压后进入过滤器箱体，经过滤后通过一根管道，再由核辅助厂房进入烟囱内直径 400mm 的竖管排放。两台机组共用一个砂堆过滤器。

为防止误开，U5 规程的启用条件为：

(1) 事故后 24h，安全壳内压已超过 0.5MPa；

(2) 厂内应急计划已开始执行，各应急组已经就位，运行值组已进入 U1 规程；

(3) 应急指挥与应急专家组协商之后，决定启用 U5 规程。

U5 规程的执行由现场操作工根据命令手动打开通向过滤器管道上的两台隔离阀，这两个阀平时是上锁的。

8.4　事故处置的组织实施

正常运行时，机组由主控室操纵员和值班长负责控制。事故处置手段与正常运行规程不同，措施十分复杂，显然必须有适当的组织形式来完成这一任务。事故处置实施过程中与组织管理相关的有以下几个问题。

8.4.1　人机关系处理

事故处置行动可能动用电厂一切可能使用的安全级及非安全级系统与设备，并且常常用非常规的运行方式，因而这些干预行动有可能被优先的安全级控制仪表和保护系统所阻断。为此，执行事故处置规程有可能必须解除自动保护系统的优先级，闭锁某些保护信号。

分析发现，事故缓解措施与核电厂的自动操作多数是不矛盾的，但为了防止失去功能，自动保护的解除必须是最低限度的、逐个的，并尽可能晚些执行。关键安全功能不能确保时，解除保护信号必须有助于恢复这些功能。鉴于切尔诺贝利核电厂事故的教训，停堆信号和安全注射信号决不可以被切除，解除保护信号的操作必须能够较快地实现，但又应有一定难度和复杂性，以防误切除。此外，闭锁保护信号与正常运行逻辑是相悖的，必须十分严肃地对待，应当有明确的判据和决策授权。有关人员必须接受严格的培训。处理人机关系绝不允许即兴操作和越权决策。

另外，必须列出并保障事故处理所需的仪表显示，保证有足够的仪表，且仪表有足够可靠的显示。为此，可能必须对现有核电厂仪表加以改造。三里岛核电厂事故后仪表系统已经获得的改进有压力容器内水位指示系统（PVLIS）、安全参量显示系统（SPDS）等。

8.4.2　决策责任的划分与转移

正常运行及执行 EOP 运行期间，核电厂将安全责任和决策权授予当班值长。事故处置工况下，若仍由值长承担此项责权，优点是很明显的。第一，与 EOP 运行的责权一致，不存在责任转移问题。第二，对于演变迅速的事故，能够立即采取响应，因而特别有效。但是这种责任制也有明显不足，对于演变过程较长的事故，主控室操纵员与值长的工作量很大，很难保证有足够的时间用于症状诊断与决策；操纵员与值长的地位与权威有限，难以了解核电厂资源与人力的全貌，更难以调动全厂资源投入抢救行动。此外，操纵员与值长的知识与能力也可能达不到复杂情况下准确诊断与决策的要求。

事故状态下核电厂通常应有一个技术支持中心或称应急小组。该组的成员不参与日常运行，因而有充分的时间作症状诊断，评价电厂状态，考虑可能的替代措施并作出决策。对于演进比较缓慢的事故序列，主控室外的支持中心人员有责任指导重要的事故处置行动，这种情况下，主控室内的操纵员和值长将在中心人员指导下具体执行处理战略，其中心任务是确保机组实现并维持稳定状态。在具体的实施过程中，技术支持中心人员应当按功能划分为几个层次，明确各自的职责。为了保证决策的正确与快捷，应尽量免去技术支持中心内决策层人员的琐碎行政事务，而属于参谋层的人员也应避免介入比较剧烈的体能活动，而集中精力于事故诊断与对策。对此，中心内还有相当数量的执行层人员，实施各种具体的体能消耗可能比较大的技术应急活动。决策过程应当采取民主集中制，并最终赋予一人随机处置之权。根据事故处置阶段的不同，决策层也可规定出不同的层次。在堆芯可能熔化即电厂进入事故处置第二阶段时，核电厂厂长应当成为决策人。

当安全壳受到威胁，或决定采取控制排放行动，有可能危及居民健康与安全时，厂内事故处置行动开始与厂外应急计划配合。此时事故缓解对策中的若干措施的决策，必须有政府部门参与，或得到批准。由各有关政府部门的代表组成的这样的一个小组，是国家一级的核事故应急最高决策机构。在最危急的情况下，只有这个机构才能决定采取有一定风险或损失的行动以避免更大的损失。例如，决定无过滤的安全壳直接排气减压、安全壳永久淹没或全体撤离等。这些决策一般不写入事故处置导则，而由技术后援部门事前提出预案，由决策人根据具体情况相机决定。

8.4.3　人员培训

不管决策责任怎样转移，核电厂应急期间，主控室当班操纵员是唯一可以手动干预机组状态的人员。其他各级指挥机构的命令或建议，都必须通过当班操纵员实施。因此，操纵员接受严重事故工况培训十分重要，其培训内容应包括以下几部分：

（1）严重事故物理现象的一般知识；

（2）应急运行规程与事故处置规程或导则技术背景；

（3）应急运行规程与事故处置规程或导则的操作技能（包括模拟机实习）；

（4）堆芯状况评价技术；

（5）安全文化教育。

在可能导致堆芯熔化的极其复杂的情况下，操纵员应当牢牢记住以下几个基本点：

（1）一定要严格执行预先制定的规程，特别是应急运行规程。操纵员无权擅自采取任何超出应急运行规程所定的行动或放弃某些步骤。

（2）在任何紧急情况下都要保证控制棒插入堆芯，一次侧注水一定要用含硼水。

（3）除非对有破损蒸汽发生器要求隔离，在热管段丧失欠热度的情况下，应当保证最大辅助给水流。应保证足够的安全注入流量。

（4）紧急时关闭安全壳除辅助给水和应急堆芯冷却系统以外的所有贯穿件。

8.5　应　急　计　划

运行实践已经证明，压水堆核电厂有很高的安全性。然而，根据国际上的经验、核能界人士的共识和国家核安全部门的法规要求，营运核电厂必须有应急计划和在应急情况下实施应急响应的执行程序。核事故应急，是指为了控制或者缓解核事故、减轻核事故后果而采取的不同于正常秩序和正常工作程序的紧急行动[5]，以避免事故的进一步恶化和限制放射性产物对环境的扩散。

应急计划区，是指在核电厂周围建立的，制订有核事故应急计划、并预计采取核事故应急对策和应急防护措施的区域。

烟羽应急计划区，是指针对放射性烟云引起的照射而建立的应急计划区。

食入应急计划区，是指针对食入放射性污染的水或者食物引起照射而建立的应急计划区。

《核电厂核事故应急管理条例》（1993-08-04）规定，核事故应急计划包括场内核事故应急计划、场外核事故应急计划和国家核事故应急计划。场内核事故应急计划由核电厂核事故应急机构制订，经其主管部门审查后，送国务院核安全部门审评并报国务院指定的部门备案；场外核事故应急计划由核电厂所在地的省级人民政府指定的部门组织制订，报国务院指定的部门审查批准。国家核事故应急计划由国务院指定的部门组织制订。

核事故应急状态分为下列四级：

（1）应急待命。出现可能导致危及核电厂核安全的某些特定情况或者外部事件，核电厂有关人员进入戒备状态。

（2）厂房应急。事故后果仅限于核电厂的局部区域，核电厂人员按照场内核事故应急计划的要求采取核事故应急响应行动，通知厂外有关核事故应急响应组织。

（3）场区应急。事故后果蔓延至整个场区，场区内的人员采取核事故应急响应行动，通知省级人民政府指定部门，某些厂外核事故应急响应组织可能采取核事故应急响应行动。

（4）场外应急（总体应急）。事故后果超越场区边界，实施场内和场外核事故应急计划。

在事故情况下，所有采取的人为与技术的手段都是为了保持对放射性产物的屏蔽和限制放射性产物的排放，这些方法体现在电厂和地方当局的应急指挥组织方面。

和设计时一样，运行时用于事故处理所采取的预防措施应遵守纵深防御的原则，如图 8-7 所示。

第一层次：自动保护动作；

第二层次：运行人员监督自动控制的正常运转，如果必要的话，采取干预手段；

第三层次：安全技术顾问，进行对工况变化的额外全面监督；

第四层次：应急组织（地方的、国家的）。

在大亚湾核电厂，当进入事故规程 H1、H2、H3 或 H4 时，全厂即处于场区应急状态；如事故规程 H3、H4 不成功，或直接启用 U2、U5 最终事故规程时，则处于场外应急即总体应急状态。

场内应急计划中，应包含的应急响应组织，如图 8-8 所示。

进入应急状态后，当班运行值的人员属于运行控制组的成员。

在应急状态下，运行控制组的职责如下：

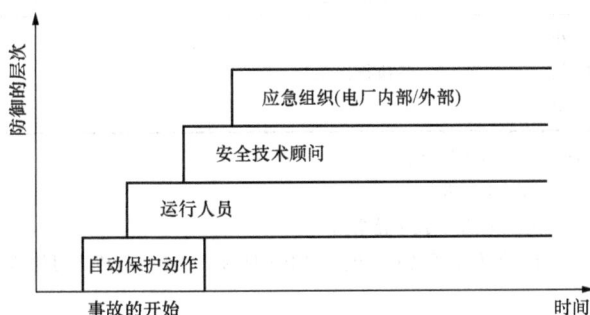

图 8-7　事故情况的指挥，纵深防御原理的应用

```
                        GEH
                      应急指挥部
   ┌──────┬──────┬──────┼──────┬──────────┬──────┐
  GOP    GRP    GTS    GMS      GLS        GAJ    GIJ
 运行    辐射   技术   运行     后勤       电厂   公众
 控制    防护   支持   支持与   支持与     支援   信息
 组      与评   组     应急检   现场保     组     组
         价组          修组     卫组
```

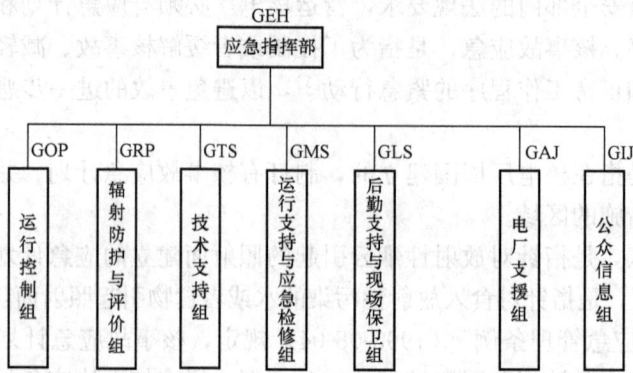

图 8-8　大亚湾核电厂应急响应组织

（1）向电厂应急指挥报告事故状态，在紧急情况下，可直接启动应急组织；

（2）执行事故运行规程，控制事故的发展，避免或减少事故对环境造成的影响。

值长在应急状态中的职责是：

（1）负责把事故机组控制在安全状态或把事故后果减少到最小；

（2）通知值班安全技术顾问和运行控制组其他成员到岗；

（3）完成运行控制组组长分配的任务。

各种应急状态下，需要启动的组织见表 8-2。

表 8-2　　　　　　　　　　　　应急状态下需启动的组织

应急组织		应急状态			
		应急待命	厂房应急	厂区应急	总体应急
厂内应急组织	应急指挥部	○/×a	○	○	○
	运行控制组	○	○	○	○
	防护与评价组	×	○	○	○
	技术支持组	×	○	○	○
	应急检修组	×	○	○	○
	后勤支持与现场保卫组	○/×b	○	○	○
	电厂支援组	×	×	○	○
	公众信息组	×	×	○	○
厂外应急组织	各执行组织	×	×	○/×	○

注　○—需要启动。

　　×—不需要启动。

　　a—GEHS（技术秘书）。

　　b—涉及消防急救、电厂保卫事件时，该组部分成员可能启动。

参 考 文 献

[1] 国家核安全局.核安全政策声明"新建核电厂设计中的几个安全问题".2002.

[2] 濮继龙,任俊生,刘宝亭.IAEA 核动力厂设计新标准——理解与执行中的若干问题.核电厂,2004（6）.

[3] 濮继龙.压水堆核电厂安全与事故对策.北京：原子能出版社,1995.

[4] 赵成昆,汤搏.制定"新建核电厂设计中几个重要安全问题的技术政策"的背景及安全目标和技术要求的确立.核电,2002（2）.

[5] 熊本和.国际核电厂严重事故对策的法规要求与研究进展情况.岭澳核电有限公司工程培训系列教材：核安全法规培训（第二册）,2002.

附　　录

附录1　三里岛核电厂事故概况

三里岛核电厂2号机组（TMI-2）是由美国巴布科克（Babcock）和威尔科克斯（Wil-cox）设计、Metropolitan Edison公司运行的959MW电功率（880MW净电功率）压水反应堆机组。1978年3月28日达到临界，刚好在其后一年1979年3月28日发生了美国商用核电厂历史上最严重的事故。该核电厂位于美国宾夕法尼亚州（Pennsylvania）首府哈里斯堡（Harrisburg）东南16km附近。这次事故由给水丧失引起瞬变开始，经过一系列事件造成了堆芯部分融化，大量裂变产物释放到安全壳。尽管对环境的放射性释放以及对运行人员和公众造成的辐射后果是很微小的，但该事故对世界核工业的发展造成了深远的影响。

一、电厂概述

由177盒燃料组件构成直径为3.27m、高3.65m的反应堆堆芯放在直径为4.35m、高为12.4m的碳钢压力容器内。每个燃料组件内有208根燃料元件，按15×15栅格排列。燃料是富集度2.57%的二氧化铀，包壳材料为Zr-4。

反应堆有两个环路，每个环路上有两个主循环泵和一台直流式蒸汽发生器。一次冷却剂运行压力为14.8MPa（g），出口温度为319.4℃。反应堆压力由一个稳压器维持。稳压器通过一个电动泄压阀（PORV）与反应堆冷却剂泄压箱相连，如附图1-1所示。

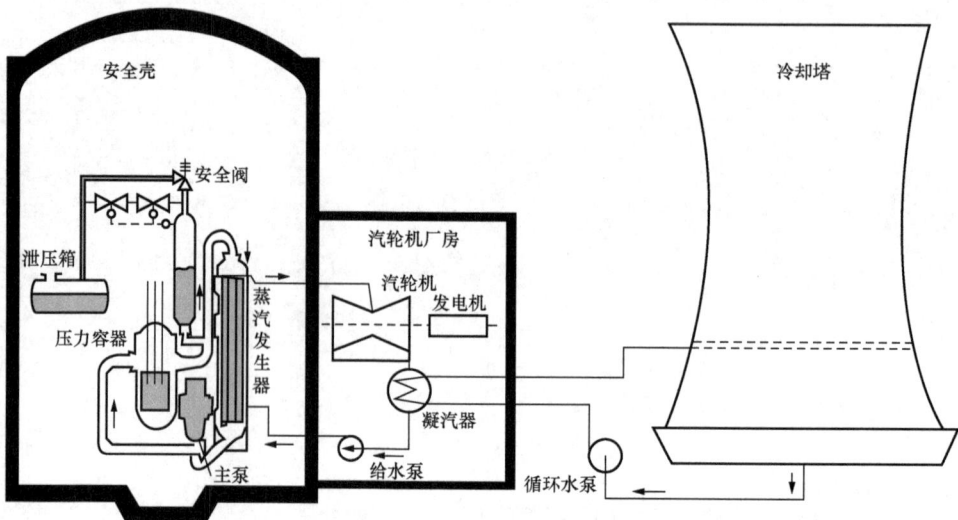

附图1-1　三里岛核电厂流程图

专设安全设施包括反应堆控制棒，高压注入应急堆芯冷却系统（ECCS），含硼水箱和安全壳ECCS再循环水坑等。

二、事故过程

1979年3月28日早晨4时，反应堆运行在97%额定功率下。三个运行工作人员正在维修净化给水的离子交换系统，忙于把7号凝结水净化箱内的树脂输送到树脂再生箱去。事故是由凝结水流量丧失触发给水总量的丧失而开始的。几乎与此同时，凌晨 4 时 0 分 37 秒，主汽轮机跳闸。所有应急给水泵全部按设计要求启动，但实际上流量因隔离阀关闭而受阻。这时，反应堆继续在满功率下运行，反应堆一回路温度和压力上升，3s 后达到稳压器电动泄压阀整定值 15.55MPa。8s 后，反应堆一回路压力达到紧急停堆整定值而自动紧急停堆。随着反应堆的紧急停堆，反应堆冷却系统经历预期的冷却剂收缩，冷却剂装量损失，一回路系统压力下降。大约在 13s 时，压力达到稳压器泄压阀关闭整定值，它应该关闭但未能关闭。控制室内虽有一个指示灯有所反映，但由于没有该阀状态的直接指示，操纵员误以为该阀门已被关闭。这样，一回路冷却剂就以大约 0.0126m³/s 的初始速率向外漏水，蒸汽发生器水位在下降，这相当一个小破口失水事故。

在二回路，虽有三台应急给水泵在运行，但在例行试验时，在泵向蒸汽发生器供水管路上的两个隔离阀忘记打开了，这样就没有水能达到蒸汽发生器。失去了二次侧热阱，反应堆一回路系统继续在加热，蒸汽发生器水位继续在下降，逐渐干涸。

实际上，当进入事故大约 2min 时，高压注入系统（HPI）自动触发从换料水箱抽取含硼水送入堆芯，但是只运行了 2min 左右，操作人员就关闭了一台高压安全注入泵。这样就造成了注入的水流量速率小于通过电动泄压阀所损失的冷却剂损失速率。操作人员这样操作是因为他们看到稳压器中出现了高水位指示，误认为一回路水量太多。过去培训告诉操作人员，当水位达到稳压器完全充满水（实心稳压器）的刻度，是十分危险的，必须加以避免。在正常情况下，实心的稳压器是无法完成系统压力的控制功能的。实际上，稳压器的高水位指示是由于电动泄压阀开启后，在反应堆冷却剂系统中形成了分散的或分布的空泡所造成的，造成了水急剧地涌入稳压器内。应该说，一回路系统的布置并不能使压力容器与稳压器内冷却剂水位之间存在直接的关系。这时，操作人员仍然不知道一个 LOCA 事故继续在进行着。由于蒸汽含量的增加，反应堆主泵出现了剧烈振动。在事故大约 73min 时，操作人员关闭了 B 回路两台主泵，以避免主泵和相关管路的严重损坏，特别是防止泵轴封损坏造成 Seal LOCA。又在 100min 时关闭了 A 回路内的反应堆冷却剂主泵。至此，主回路系统的强迫循环全部中断。操作人员期望能够依靠自然循环来避免堆芯过热，但自然循环未能建立。这时，堆内冷却剂已不足以完全覆盖堆芯。衰变热继续蒸干冷却剂。

大约在主泵关停后 10min，反应堆冷却剂出口温度迅速上升，超过仪表量程范围。在事故后大约 2.5h，反应堆堆芯大部分已裸露，并经受了持续的高温。这种工况导致了燃料损坏，堆芯裂变产物的大量释放以及氢气的生成，堆芯已造成严重损坏。

直至事故后 15 小时 50 分钟，成功地实现了强迫循环。一回路系统压力稳定在 6.89～7.58 MPa（g），表明了事故序列的结束。

三、事故的后果和堆芯损坏

在三个不同的时期里，2 号机组的堆芯曾有一部分或全部裸露过。附图 1-2 给出 TMI-2 事故后堆芯构造的恢复图。

第一时期开始于事故发生后约 100min，堆芯至少有 1.5m 裸露大约 1h。这是堆芯受到主要损坏的时期，此时发生强烈的锆—汽反应，产生大量氢气，同时有大量气体裂变产物从燃料释放到反应堆冷却剂系统中。

堆芯裸露的第二个时期出现在事故发生后约 7.5h，堆芯大约有 1.5m 裸露了很短一段时间，与第一时期相比，燃料温度可能低得多。

第三个时期大约是在事故发生后 11h，此时堆芯水位降低到 2.1～2.3m 之间，此段时间长1～3h，在此期间，燃料温度再次达到很高的数值。估计 Zr 氧化了 30%～40%，堆芯上部三分之一严重损坏，燃料温度升高到 1350～2600℃。

附表 1-1 列出了 TMI-2 事故下裂变产物从燃料向冷却剂、反应堆厂房、反应堆辅助厂房和环境的释放份额。

估计事故中大约 70% 惰性气体（主要是 ^{133}Xe）、30% 的碘和 50% 的铯以及少量其他裂变产物释放进入了主冷却系统。部分放射性物质通过开启的泄压阀进入了安全壳底部的泄压箱。15min 后泄压箱满溢，爆破阀破裂，放射性水进入地坑，从而裂变气体进入安全壳。此后，开始时曾有一部分放射性水被唧送至辅助厂房内的排水箱，造成部分放射性外逸。

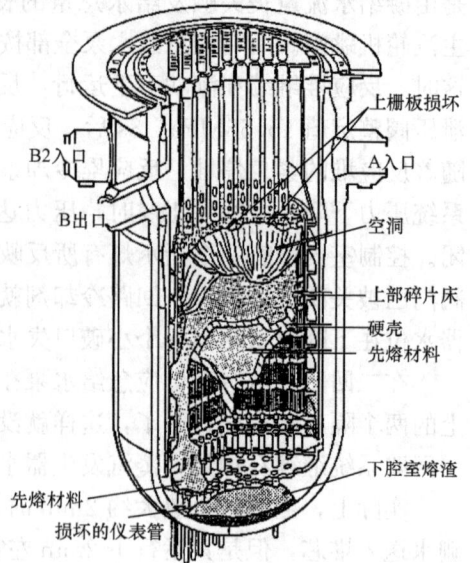

附图 1-2　TMI-2 事故后堆芯构造恢复图

另一条释放途径是操纵员打开主回路系统下泄系统而造成的。操作人员认为主回路系统水量过多，打开了下泄系统，将部分冷却剂经净化系统引入容积控制箱，从而与除气系统相通。除气系统将释出的气体压缩至衰变箱并经过滤器排向烟囱。事故中主回路系统产生大量气体，使得除气系统超载，结果气体便从容积控制箱的安全阀排出。

附表 1-1　裂变产物释放份额

裂变产物种类	释放份额（%）			
	到反应堆冷却剂	到反应堆厂房	到辅助厂房	到环境
惰性气体	70	70	5	5
碘	30			
液态		20	3	
气态		0.6	10^{-4}	10^{-5}
铯	50			
液态		40	3	
气态		≪1		
锶和钡	2	1		
液态				

事故中运行人员接受了略高的辐射，但总剂量仍十分有限。对主冷却剂取样的人员可能受到 30～40mSv 辐照，事故中无人受伤和死亡。

厂外 80km 半径内 200 万人群集体剂量估计为 33 人·Sv，平均的个体剂量为 0.015mSv。最大可能的厂外剂量为 0.83mSv。

三里岛核电厂事故中释放出的放射性物质如此之少，说明安全壳十分重要。虽然安全壳并不能绝对不泄漏，但基本上没有受到机械损伤。由于安全壳喷淋液中添加了 NaOH，绝大多数碘和铯被捕集在安全壳内。从安全壳泄漏出的气体经过辅助厂房，大部分放射性物质被过滤器所捕集。

附录 2　切尔诺贝利核电厂事故概况

1986 年 4 月 26 日，核电历史上最严重的事故发生在苏联切尔诺贝利核电厂 4 号机组上，反应堆堆芯及部分反应堆及汽轮机厂房被摧毁，大量放射性物质释入大气，厂区周围居民撤离，放射性沉降物影响到苏联以外的欧洲国家。

一、RBMK 反应堆

切尔诺贝利核电厂位于苏联基辅市以北 120km 的第聂伯河畔普里皮亚特镇附近，共有四台电功率 1000MW 的 RBMK 型反应堆在运行，1.5km 以外另有两座反应堆正在建造。机组采用成对布置，每两台共用一些厂房和服务设施。3 号和 4 号机组的建造始于 1975/1976 年，出事的 4 号机组投产于 1984 年。

RBMK 是一种石墨慢化、沸水冷却的压管式反应堆，仅为苏联所采用，其主要设计特征为：

(1) 采用垂直压力管装载燃料与冷却剂，可以实现不停堆换料；

(2) 燃料组件采用低富集度 UO_2 芯块，锆合金包壳，每组件含 18 根燃料棒；

(3) 用作慢化剂和反射层的石墨砌体密封在一个壳体内，内充低流量循环的氦氮混合气体；

(4) 沸水冷却剂采用强迫循环，蒸汽直接供给汽轮机。

RBMK-1000 的输出热功率为 3200MW，附图 2-1 为机组流程图，主冷却剂分为两个相同的环路，各有四台主循环泵向压力管供水；冷却水在压力管内被加热到沸点，然后部分蒸发，汽水混合物在汽鼓内分离。附图 2-2 所示为其厂房剖面图，反应堆顶部有一大厅，内装换料机。

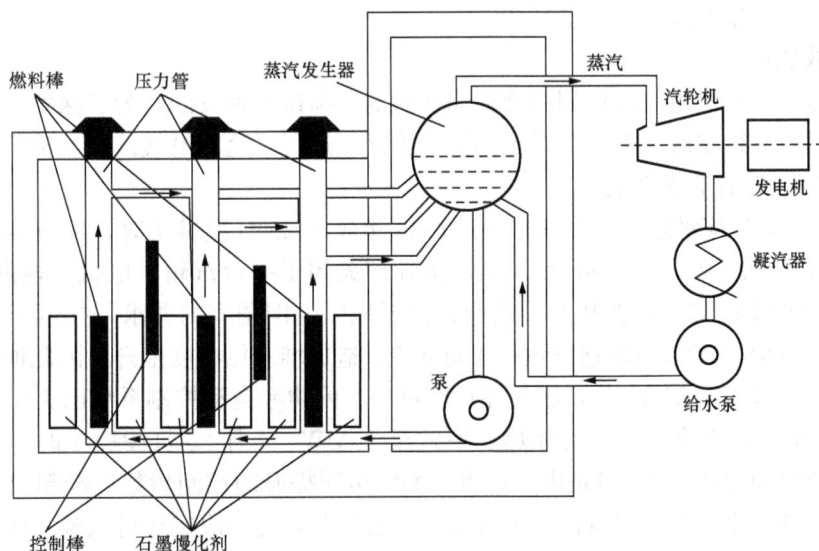

附图 2-1　切尔诺贝利核电厂 4 号机组流程图

RBMK-1000 的物理设计中存在着明显的缺陷，对于一个充分慢化的石墨堆，它具有正的反应性温度系数，不允许以 20% 以下的功率运行。由于反应堆体积巨大（高 7m，直径

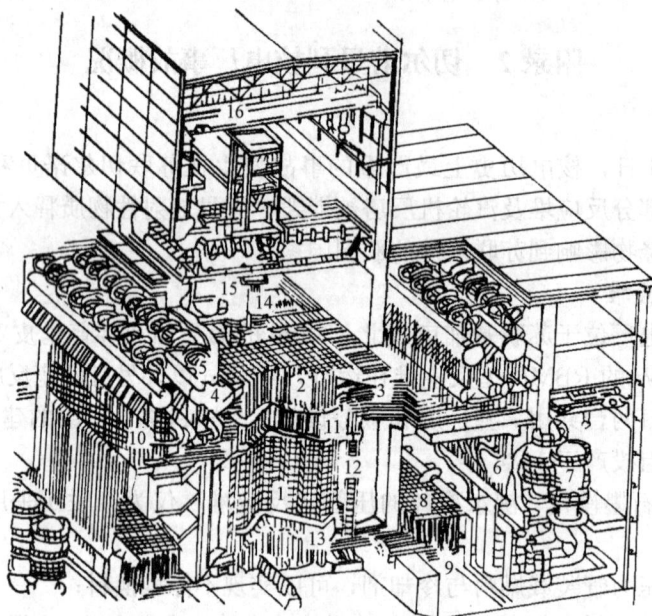

附图 2-2　切尔诺贝利核电厂 4 号机组剖面图

1—反应堆；2—燃料管道立管；3—蒸汽/水竖管；4—汽鼓；5—蒸汽联箱；6—下水管；7—主循环泵；
8—分配母管组；9—反应堆进水管；10—爆破箱检测系统；11—上部生物屏蔽；12—侧部生物屏蔽；
13—下部生物屏蔽；14—乏燃料储存池；15—换料机械；16—桥式吊车

12m)，氙-135 引起的不稳定因素使得该堆的控制变得很复杂。很低的控制棒插入速度 (0.4m/s) 使得紧急停堆系统难以跟踪快速瞬变。为此，运行规则要求堆内始终有一定数量的控制棒插入到一定深度。

二、事故过程

这次事故是由该机组年度计划停堆检修所做的一项试验触发的。为了探索失电情况下由汽轮机惰转发电维持主冷却系统短时工作的可能性，进行了这项电气试验。试验要求反应堆功率维持在 25% 左右的水平上。

事故前 24h，反应堆运行于满功率下。1986 年 4 月 25 日凌晨 1 时，反应堆功率开始下降，当日 13 时 5 分，功率水平降至 50%，按计划关闭了一台汽轮发电机。根据试验大纲，14 时整，堆芯应急冷却系统被断开。然而，由于地区电网调度的要求，推迟了进一步降功率的过程，反应堆以 50% 功率连续运行了近 10h，造成堆芯氙浓度上升，因此抽出了更多的控制棒来补偿氙毒。23 时 10 分，恢复降功率过程，但功率自动控制系统已无法维持所预定的 700~1000MW 热功率水平，实际热功率跌至 30MW。4 月 26 日凌晨 1 时，操纵员成功地将热功率恢复到 200MW，但是由于氙毒，操纵员所提升的控制棒数已经超出了运行规则的限制，并且进一步提升功率也已不太可能。尽管如此，还是决定进行试验。在随后的准备工作中，反应堆被进一步推入了明显不许可的状态。主环路的温度几乎达到饱和点，冷却剂流率超出限值，给水也失去了平衡。

1 时 23 分 4 秒，试验从关闭汽轮机入口阀开始。由于打算在万一失败后可以重新做一次试验，停堆保护信号被阻断，因而关闭入口阀未引起停堆，堆功率开始缓慢上升。1 时 23 分 40

秒，操纵员按动了紧急停堆按钮，这时所有控制棒和紧急停堆棒应当全部插入堆芯。但几秒钟后操纵员感到几次振动，并看到控制棒未能全部插到底，随后手动释放，使控制棒靠重力下落。

据厂外观察到的人讲，1 时 24 分左右听到了两次爆炸声，燃烧着的东西和火花喷向空中，散落在反应堆周围一些工作间、除气站和汽轮机厂房的屋顶上，引起三十多处着火。5min 之内，火警报到普里皮亚特镇和切尔诺贝利镇消防队。15～30min 内，三支消防队赶到现场。2 时 10～30 分之间，火势得到控制，5 时整火被全部扑灭。3 号机组随后停堆，1 号和 2 号机组也于 24h 后停堆。

紧接着事故之后，曾经试图通过应急堆芯冷却系统用水来冷却损坏的堆芯，但没有成功，因为冷却系统管线本身已经被毁坏了，因而无法避免事故当天石墨砌体的大火。第二天，开始用直升机投掷硼砂、白云石、黏土和铅来覆盖燃烧的堆芯。从 4 月 28 日至 5 月 2 日间，共投掷了 5000t 这类材料，其作用相当于热阱，冷却了堆芯。停止投掷以后，堆芯温度和放射性物质释放量又有所回升，5 月 5、6 两日再次达到极大值。此后，氮气冷却系统开始启用，堆芯温度和放射性释放量都很快下降了。

三、放射性释放与剂量估计

事故中堆顶上部屏蔽板被冲开、堆厂房被摧毁以后，燃料碎片及挥发性裂变产物被直接喷射到大气中，较大的颗粒落在厂区周围，而由于热蒸汽的抬升作用，大量较小的颗粒和放射性气体上冲，4 月 27 日的烟羽高达 1200m。放射性烟羽在欧洲先自西向北移动，后又调头向南扩散。

据前苏联方面的估计，事故中释出的源项见附表 2-1，其中惰性气体释放量为 100%，挥发性裂变产物释放量为 10%～20%，其他核素为 3%～4%。截至 5 月 6 日，释出的放射性物质总量约为 1.85×10^{18} Bq（5000×10^4 Ci）。

附表 2-1 所列的释放量与"反应堆安全研究"所作的最坏情况下的估计大体是吻合的，但释放的持续时间则比预计的长得多。这可能是 UO_2 氧化作用的影响。

电厂周围 3km 内无居民，5km 处普里皮亚特镇有居民 45 000 人，他们在事故后 30h 内全部撤离，以后几天，外围 30km 范围内的 90 000 人也撤离了家园，所有撤离人员均接受了医学检查，撤离外照射累积剂量统计见附表 2-2，这一剂量远不足以引起早期辐射效应。

附表 2-1　　　　　　切尔诺贝利核电厂事故中堆芯放射性总量及释放份额

核素	半衰期（d）	堆芯总量（Bq）*	释出份额（%）	核素	半衰期（d）	堆芯总量（Bq）*	释出份额（%）
^{85}Kr	3930	3.3×10^{16}	100	^{141}Ce	32.5	4.4×10^{18}	2.3
^{133}Xe	5.27	1.7×10^{18}	100	^{144}Ce	284	3.2×10^{18}	2.8
^{131}J	8.05	1.3×10^{18}	20	^{89}Sr	53	2.0×10^{18}	4.6
^{132}Te	3.25	3.2×10^{17}	15	^{90}Sr	1.02×10^4	2.0×10^{17}	4.0
^{134}Cs	750	1.9×10^{17}	10	^{239}Np	235	1.4×10^{17}	3.0
^{137}Cs	1.1×10^{14}	2.9×10^{17}	13	^{238}Pu	3.15×10^4	1.0×10^{15}	3.0
^{99}Mo	2.8	4.8×10^{18}	2.3	^{239}Pu	8.9×10^6	8.5×10^{14}	3.0
^{95}Zr	65.5	4.4×10^{18}	3.2	^{240}Pu	2.4×10^6	1.2×10^{15}	3.0
^{103}Ru	39.5	4.1×10^{18}	2.9	^{241}Pu	4800	1.7×10^{17}	3.0
^{106}Ru	368	2.0×10^{18}	2.9	^{242}Cm	164	2.6×10^{16}	3.0
^{140}Ba	12.8	2.9×10^{18}	5.6				

* 放射性衰变修正到 1986 年 5 月 6 日。

核电厂周围 30km 以外的地区所受到的影响主要是放射性沉降以及由此而产生的地面外照射和食入内照射。估计欧洲各国的积累剂量总数为 1.8×10^5 人·Sv。苏联国内所受的相应剂量为 5×10^5 人·Sv。欧洲经济合作与发展组织（OECD）核能机构评价了切尔诺贝利核电厂事故对欧洲其他国家的影响，指出西欧各国个人剂量不大可能超过一年的自然本底照射剂量，由社会集体剂量推算得到的潜在健康效应也没有明显的变化，据估计，晚期癌症致死率只增加了 0.03%。

附表 2-2　　　　　　　　　切尔诺贝利核电厂事故撤离人员外照射积累剂量估计

到反应堆距离（km）	人口	集体剂量（人·Sv）	平均个人剂量（mSv）	到反应堆距离（km）	人口	集体剂量（人·Sv）	平均个人剂量（mSv）
普里皮亚特镇，3	45 000	1500	33	15～20	11 600	600	52
3～7	7000	3800	540	20～25	14 900	900	60
7～10	9000	4100	460	25～30	39 200	1800	46
10～15	8200	2900	350	总计	135 000	16 000	120

事故过程中约有 500 人住院，他们主要是电厂工作人员和消防队员，他们英勇地扑灭了反应堆和汽轮机厂房的大火。15 人有急性皮肤照射，其中 29 人死于严重的灼伤和 β 照射烧伤，估计死者的个人剂量达到 8～16Gy。

四、事故原因分析

切尔诺贝利核电厂事故本质上从反应性引入事故开始，继之以失水事故，后果是严重的，但事故过程中尚未发现未知的现象，也就是说，这类事故也是可以避免的。

据分析，由于试验中堆处于不稳定状态，燃料多普勒温度系数不足以克服空泡和慢化剂引入的正反应性温度效应，反应堆在 5s 内产生两次功率脉冲，正反应性分别达到 1000 和 1500pcm，超瞬发临界引起反应堆功率暴涨，使元件芯块比焓迅速上升并超过 400cal/gU，导致燃料元件粉化，与水发生快速换热和金属—水化学反应，形成了一次化学爆炸，产生 $0.2 \times 10^9 \sim 2.0 \times 10^9$J 的能量，冲开了 3m 厚的上屏蔽盖板，摧毁了反应堆厂房。

切尔诺贝利核电厂事故主要是由一系列人因错误造成的，在准备大纲和进行试验的过程中，对运行规则的粗暴违反是事故的主要原因，这些人因差错见附表 2-3。在这些违章操作中，被相继闭锁的保护信号有应急堆芯冷却系统启动信号、汽水分离器水位及蒸汽压力停堆信号、第二台汽轮机触发的紧急停堆信号。

附表 2-3　　　　　　　　　切尔诺贝利核电厂事故中违背运行规则小结

违 章 点	意 图	后 果
1. 使反应性裕度减少到许可限以下	克服氙毒	应急保护系统效能不足
2. 试验设计中功率水平低于技术规格书	局部自动控制切换错误	反应堆难以控制
3. 所有循环泵全开流量超出管制值	满足试验要求	冷却剂量温度接近饱和点
4. 阻断两台汽轮机来的停堆信号	必要时能重复试验	失去自动停堆的可能性
5. 阻断汽鼓—分离器来的水位和汽压停堆信号	尽管反应堆不稳定，也能进行试验	失去了基本热工参数的保护系统
6. 关闭应急堆芯冷却系统	避免 ECCS 误动作	丧失减轻事故程度的能力

此外，为了继续强行试验，事故前相当长一段时间内，反应堆运行在技术规范条件以外。例如：在安全注入系统不可用的情况下连续运行了 9h；运行热功率长期低于限值 700MW，反应性裕量远小于 30 根控制棒当量；在打印出的反应堆裕量已表明要求立即停堆的情况下仍坚持运行等。操纵员似乎完全忽略了这些行动的后果。

除上述运行中的人为差错外，RBMK-1000 在设计上也存在致命不足。由于冷却剂有很高的正空泡系数，低功率下反应堆极不稳定。该堆型缺少快速的紧急停堆系统，控制棒全部插入堆芯约需时 20s 之久，其自动保护系统极少，主要靠操纵员手动操作，因而可靠性较差。

五、事故后果

到了 5 月 8 日，反应堆才停止燃烧，但堆内温度仍高达 300℃。事故发生时当场死亡 2 人，遭辐射受伤 204 人。苏联官方 4 个月后公布，该次事故直接死亡人数为 31 人，主要是抢险人员，其中包括一名少将；因强烈辐射患上急性放射病 203 人；从危险区撤出 13.5 万人。事故发生后不久，当地辐射强度最高为每小时 15mR，基辅市为 0.2mR，而正常值允许量是 0.01mR。放射性烟云蔓延到芬兰、瑞典、挪威、丹麦和波兰等国，最远还威胁到美国东海岸。瑞典检测到放射性尘埃，超过正常数的 100 倍。西方各国赶忙从基辅地区撤出各自的侨民和游客，拒绝接受白俄罗斯和乌克兰的进口食品。国际社会广泛批评了苏联对核事故消息的封锁和应急反应的迟缓。国际原子能委员会组织专家对事故调查后认为，导致这起事故发生的直接原因是核电厂工作人员的违规操作。而英法专家分析认为，切尔诺贝利核电厂反应堆设计有误，没有安全喷淋系统，未采用安全壳将反应堆密封起来，导致发生事故，放射性气体向外扩散。

灾后两年中，26 万人先后参加了事故处理工作，为 4 号核反应堆浇了一层层混凝土，形成一座"石棺"。人们清洗了 2100 万 m² "脏土"，为撤离的居民另建 2.1 万幢住宅。这一切，包括发电减少的损失，约合 120 亿美元。如今，4 号反应堆那凶猛可怕的放射性残留物仍然在所谓的"石棺"下闷烧不熄。西方国家承诺，在 2015 年前援助乌克兰 7 亿美元，在出事故的反应堆周围建一个新的"石棺"，以防止核辐射外泄。

切尔诺贝利核电厂爆炸所产生的致命辐射物，给环境和人类带来了四大影响。

1. 直接影响

1996 年，切尔诺贝利核电厂事故后十年，世界卫生组织和欧洲委员会联合召开的国际切尔诺贝利核电厂事故 10 年大会在维也纳举行。来自 71 个国家和国际组织的 845 名科学家对事故进行了比较全面的分析，作出了权威性结论：切尔诺贝利核电厂事故共造成 30 人死亡，其中 28 人死于过量辐射，2 人死于爆炸；其健康影响，主要表现为儿童甲状腺癌发病率有极少量增加，但确诊甲状腺癌的儿童，有 3 人死亡；除儿童甲状腺癌发病率增加外，尚未观察到这次事故引起的癌症发病率的增加。

2000 年，联合国原子辐射效应科学委员会得出结论：对 499 名病人进行住院观察，诊断为急性放射病的为 134 人；约 60 万以上的应急和恢复工作人员和 500 万生活在污染区的居民，绝大多数只受到低剂量的照射；事故周围地区的自然生态已经基本恢复；没有发现与辐射相关的癌症的增加。

2. 环境影响

到目前为止，数个国际组织有一点共识，切尔诺贝利核事故已经而且仍然在对污染地区的环境和人类健康造成严重的影响。在这起核事故中被释放的一些核物质的半衰期长达 30 年。从天而降的放射性微粒渗入土壤，如果被植物所吸收后进入食物链，有可能对人类形成致癌威胁。

3. 经济影响

联合国报告指出，目前白俄罗斯、乌克兰、俄罗斯三国受核污染地区的经济发展仍处于停滞阶段，三国每年花费数十亿美元用于解决切尔诺贝利核事故的遗留问题。国际切尔诺贝利核电厂事故 10 年大会总结报告认为，为减轻事故后果，当局在事故后疏散安置 32 万人，大量人员的搬迁和重新安置带来严重的社会问题。

4. 心理影响

核事故带来的另一个恶果，就是在人们心里埋下了"恐核"的种子。很长一段时间内，人们对事故造成的放射性危害产生恐惧，感到无助和绝望，忧虑、抑郁和各种心理疾病发病率大大增加。在人类的灾难史上，尽管地震、洪水、干旱等灾害造成的损失比切尔诺贝利核事故严重得多，但后者在政治、经济和社会等方面造成的影响却更加巨大。这是因为核安全事故之所以受到社会广泛关注，在于它的特殊性。核事故来得突然，进展很快，重大事故难以短期恢复。同时，公众对核的问题比较敏感，发生核事故会引起恐慌。地球上任何一个角落发生核事故，都会对世界的政治、经济产生长远的影响。

有专家认为，切尔诺贝利核电厂事故虽然是世界核电史上最严重的一次事故，但是辐照因素对环境的影响远远不像传说的那样耸人听闻。影响公众健康的主要因素是心理紧张和应急性的心理刺激，以及由此产生的疾病，如有些人免疫系统和消化系统紊乱，都是由心理因素造成的。截至 2005 年，国际能源组织公布的切尔诺贝利核电厂事故死亡数字不超过 50 人，但是国外却有报道说死亡 5000～7000 人，这些不正确的报道容易在公众心中投下阴影，这一阴影这么多年还未完全消除。

切尔诺贝利核灾难让人类付出了沉重的代价，也拉响了安全利用核能的警钟。从此以后，虽然有关核能能否造福人类的争论一直未曾停息，但是各国都从此加大投入，开发安全、廉价的核能，以替代日益枯竭的石油、煤炭资源。而我们必须牢记的是：核能只有在安全、和平利用的前提下，才能造福人类。

附录 3　福岛核电厂事故概况

2011 年 3 月 11 日，日本东部发生 9 级大地震，引发了巨大海啸。地震和海啸造成超过 15 000 人死亡，8000 多人下落不明，大量村镇被破坏，许多基础设施瘫痪。

日本许多核电厂设施也由于严重的地震和大范围的海啸而受到影响，包括东海、东通、女川以及东京电力公司（Tokyo Electric Power Company，TEPCO）的福岛第一和第二核电厂。这些核电厂在设计上都安装了自动停堆系统，在地震时实现了机组成功停堆。但是，巨大的海啸对这些核设施造成不同程度的影响，并导致福岛第一核电厂发生严重事故，发生了燃料严重损毁和一系列爆炸。这些爆炸对电厂造成进一步破坏，放射性污染扩散到环境中。根据 INES 国际核事故分级系统，国际原子能机构（IAEA）初步确定这些事件为最高级别的核事故。

一、电厂概况

日本福岛核电厂（Fukushima）位于北纬 37.42°，东经 141.03°，地处日本福岛工业区。由福岛第一核电厂、第二核电厂组成，共有 10 台机组，均为沸水堆，由美国通用电气公司（GE）设计，日本东京电力公司（TEPCO）负责运营，于 20 世纪 70 年代先后建成投入运行。

沸水堆核电厂原理流程图见附图 3-1。

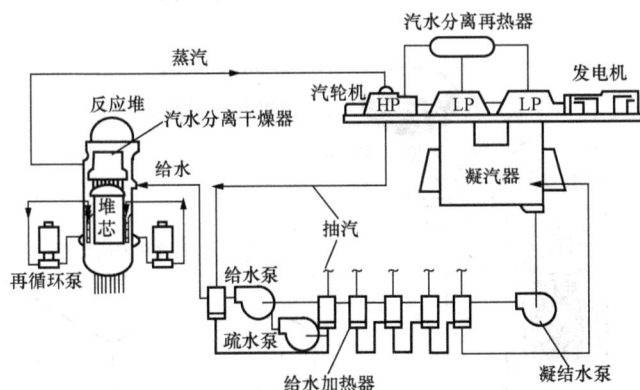

附图 3-1　沸水堆核电厂原理流程图

1. 安全壳

福岛 MARK-Ⅰ为双层安全壳，内层为钢衬安全壳（梨形），设计压力 0.4MPa，容积较小（数千立方米），外层为非预应力混凝土安全壳。钢安全壳由干井（DW）和湿井（WW）构成。干井中间是压力容器；湿井为环形结构，里面装了 4000t 水，起过滤放射性物质和抑制安全壳内压力作用。

福岛第一核电厂的 MARK-Ⅱ安全壳在 MARK-Ⅰ的基础上进行了简化设计，内层钢安全壳改为圆锥形，干井直接位于湿井上方，湿井改为圆柱形结构，两者之间通过导管相连，系统比较见附表 3-1。

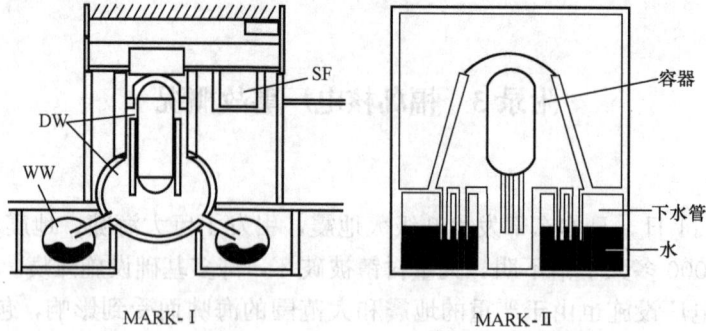

附图 3-2 沸水堆安全壳比较

附表 3-1 安全壳系统 MARK-I/MARK-II 比较

安全壳类型	典型核电厂	极限压力	热负荷	极限条件下的早期失效
MARK-I	Browns Ferry	0.91MPa	260～310℃	很可能发生
MARK-II	Limerick	1.69MPa	287～310℃	不太可能发生

2. 应急冷却系统

福岛核电厂的应急冷却系统如下：

HPCI：高压安注系统（汽轮机驱动）；CS：堆芯喷淋系统；LPCI：低压安注系统；D/G：柴油发电机；ADS：自动卸压系统；RCIC：堆芯隔离冷却系统（汽轮机驱动，冷却能力较强）。

沸水堆（BWR3）应急冷却系统见附图 3-3，沸水堆（BWR4）应急冷却系统见附图3-4。

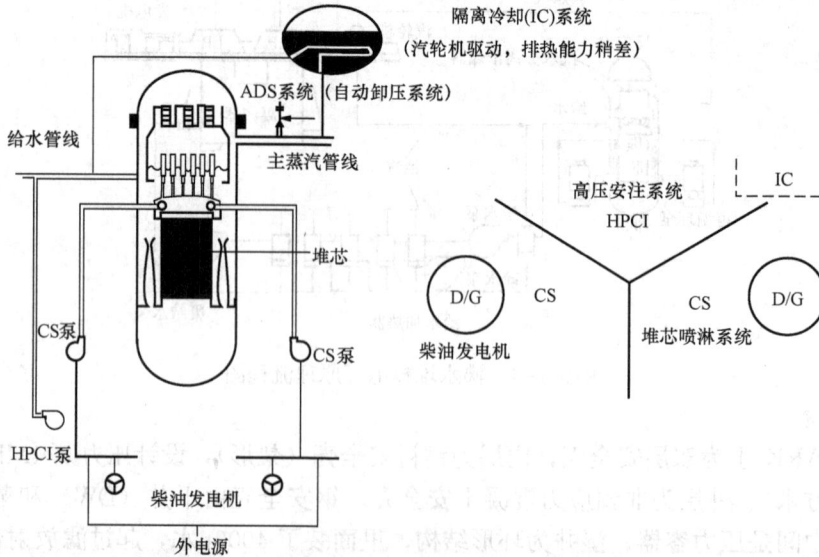

附图 3-3 沸水堆（BWR3）应急冷却系统

3. 沸水堆的特点

（1）控制棒从堆芯下方插入。由于堆芯上方有汽水分离器，而且上部是蒸汽为主，中子慢化不充分，所以沸水堆的控制棒设置于堆芯下部，控制棒在正常运行时是电驱动或机械驱

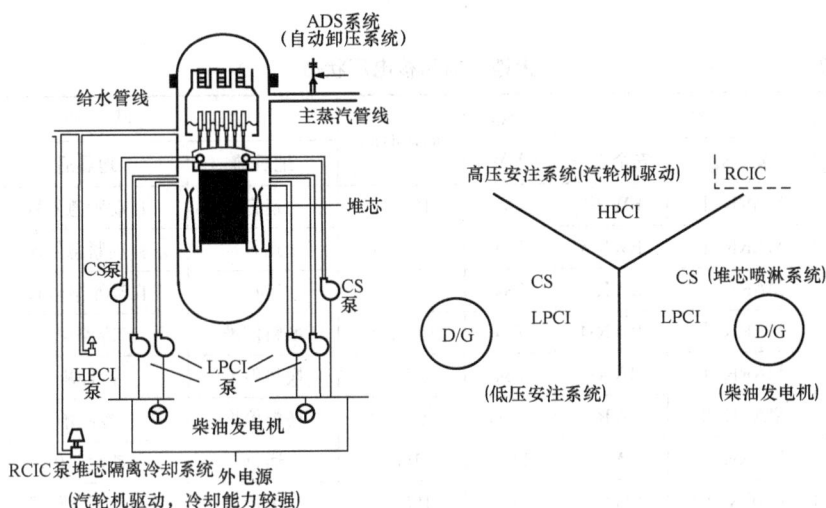

附图 3-4　沸水堆（BWR4）应急冷却系统

动，失电时由备用液压泵把控制棒顶上去，插入堆芯。每组控制棒或者每两组控制棒有单独的液压驱动装置。

（2）沸水堆的反应性调节不用硼做化学补偿。压水堆一回路中是硼酸溶液，但沸水堆流过堆芯的则是清水。由于平时是清水，所以一旦注入硼水，反应堆基本不能再用了。但是，注入硼水的好处是在能够保证很好地冷却，同时可保证较高的停堆裕度。所以对压水堆来说，出事后只要有需要，第一时间就应向堆芯注入硼水。

一般沸水堆核电厂都有硼水储备。当事故发生后，操作员有两个选择：一是注入清水，这是比较保守的；二是注入硼水。

（3）沸水堆正常工作于沸腾状态。压水堆正常工作时为过冷状态，失水事故时发生沸腾。沸水堆的事故工况与正常工况有时类似，这个特点会使操作员抱有更大的侥幸心理。

（4）卸压方式和压水堆不同。压水堆堆芯超压时，可以通过打开稳压器顶部的先导式安全阀，把蒸汽引入卸压箱。卸压箱虽然体积不大、水量不多，但还在安全壳内，卸压后，放射性物质还是被包容在安全壳内。

沸水堆则不同，附图 3-2 中梨形下边的湿井是一个容积约 4000m³ 的水箱，这个水箱不在压力边界内，卸压时，蒸汽直接通过压力容器和干井这两道屏障，对半衰期长的污染物来说，几乎相当于直接排放到大气中。

二、事故过程

2011 年 3 月 11 日 14 时 46 分（北京时间 13 时 46 分）发生在日本东部里氏 9 级的地震，是日本历史上最大的地震。地震震中位于北纬 38.1°，东经 142.6°，震源深度约 20km。地震引发约 14m 高海啸，超过核电厂 5.7m 防波堤。

地震发生时，福岛第一核电厂的 1、2、3 号机组，福岛第二核电厂的 4 台个机组都处于运行状态，福岛第一核电厂的 4、5、6 号机组正在停堆换料，4 号机组所有核燃料已存放在乏燃料水池，5、6 号机组的核燃料在反应堆内，但尚未启动运行。地震使得所有运行机组立即自动停堆。

地震引发的巨大海啸在震后 1h 内袭击了上述 10 台机组，并造成损害，两核电厂状态见附表 3 - 2。

附表 3 - 2　　　　　　　　　大地震前后核电厂状态

核电厂	机组	类型		容量(MW)	商运时间	状　态		
		安全壳	安全系统			地震前	地震后	海啸后
福岛第一核电厂	1	MARK-Ⅰ	BWR-3	460	1971.3	运行	自动紧急停堆	失去冷却
	2	MARK-Ⅰ	BWR-4	784	1974.7	运行	自动紧急停堆	失去冷却
	3	MARK-Ⅰ	BWR-4	784	1976.3	运行	自动紧急停堆	失去冷却
	4	MARK-Ⅰ	BWR-4	784	1978.10	换料停堆	冷停堆	失去乏燃料池
	5	MARK-Ⅰ	BWR-4	784	1978.4	换料停堆	冷停堆	冷停堆
	6	MARK-Ⅱ	BWR-5	1100	1979.10	换料停堆	冷停堆	冷停堆
福岛第二核电厂	1	MARK-Ⅱ	BWR-5	1100	1982	运行	自动紧急停堆	冷停堆
	2	MARK-ⅡR	BWR-5	1100	1983.4	运行	自动紧急停堆	冷停堆
	3	MARK-ⅡR	BWR-5	1100	1985	运行	自动紧急停堆	冷停堆
	4	MARK-ⅡR	BWR-5	1100	1987	运行	自动紧急停堆	冷停堆

资料来源：《国际原子能机构国际事实调查专家组针对日本东部大地震和海啸引发的福岛第一核电站核事故调查报告》2011 年 6 月。

1. 福岛第一核电厂 1、2、3 号机组事故主要进程

地震导致 1、2、3 号堆芯失去冷却，堆芯温度逐渐升高；最终导致 1、3、2 号机组由于反应堆堆芯燃料组件发生部分破损；部分厂房因产生大量氢气而相继发生爆炸（氢爆）。

（1）2011 年 3 月 11 日下午，强烈大地震发生后，福岛第一核电厂 1、2、3 号机组控制棒上插，反应堆安全停堆。堆芯热功率在几分钟内由正常的 1400MW 下降到只剩余热，但仍有约 4%，虽然仍在下降，但下降速度变慢。

（2）停堆后应保证厂用电源不失，由安注系统向堆芯补水，保证堆芯冷却，防止超压，但因地震摧毁了电网，厂外电源不可用；应急柴油机启动，向堆芯内注入清水。

（3）地震 1h 后，海啸袭击，淹没了厂房，致使应急柴油发动机、泵、阀门和其他设备不可用，最终导致超设计基准，发生全厂断电事故（仅剩一台柴油机支持 6 号机组）。这时，还有蓄电池，虽然容量较小，但是在事故后 8h 内还是为压力容器的冷却起到了一定的作用。

（4）在电池将要耗尽时，卡车运来了移动式柴油机，但柴油发电机的接口和核电厂的接口不兼容，堆芯冷却暂时停止。

（5）为了防止压力容器超压爆炸，必须要卸压，而且操作员也确实是这样做的。蒸汽通过安全阀进入抑压水池，但是由于最终热井的丧失，抑压水池内的水不断升温导致沸腾，从而使安全壳内压力不断升高，堆芯裸露并损伤。

在钢安全壳压力过高（0.82MPa，2.1 倍设计压力）的情况下，进行安全壳排气操作，之后不久，发生了氢气爆炸，导致二次安全壳（反应堆厂房）受损，放射性物质大量释放。

3 月 12 日，监测到了放射性的碘和铯。一方面说明操作员早就开始卸压了，另一方面说明燃料包壳已经有损坏的了。

（6）3 月 12 日早，操作员继续释放压力容器内部的压力。此时压力容器内的温度约为550℃，堆芯已经裸露并产生大量氢气。所以，含有氢气的蒸汽，通过卸压水箱简单的降温

和过滤就被排放到厂房大气中。

（7）3月12日下午3点左右，随着一声巨响，反应堆厂房顶盖被爆炸完全摧毁，只剩下钢结构。氢气在厂房上部爆炸，使强度不是很高的厂房上部混凝土完全炸开。

（8）此时，反应堆的冷却问题仍没有解决。具体遇到哪些困难目前尚不清楚原因。

爆炸后，根据事故处理规程，采用外部水源（消防水或海水等）对堆芯进行注水冷却，直接向发生了燃料熔化的1号机组注入海水（并加入硼）进行冷却，使1号机组能够稳定下来。但在卸压的同时，向外界排放了含有碘131和铯137的蒸汽。

1号机组的事故暂时告一段落，但是2号机组和3号机组的危机仍然没有过去。3号机组也发生了爆炸，后果和1号机组类似。3月14日晚8时，2号机组堆芯已经全部露出水面，进入干烧状态。

大地震和海啸发生后，福岛第二核电厂失去了部分的安全设备，但厂内和厂外电源依然可用，仅有部分降质。

福岛核电厂事故进程见附图3-5。

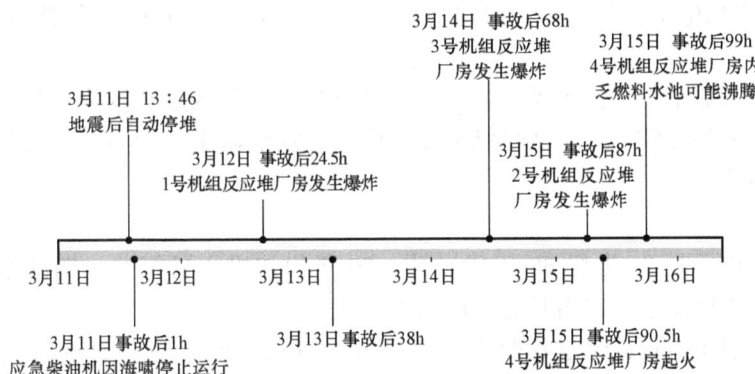

附图3-5　福岛核电厂事故进程

2. 福岛第一核电厂4号机组乏燃料水池事故

3月15日6点，福岛第一核电厂4号机组反应堆厂房发生爆炸。乏燃料池由于有水保护，不可能产生氢气，可燃气体的来源尚不确定。有一种可能是，因为3、4号机组共用一个集管向排气烟囱排气，4号反应堆厂房的氢气来自3号机组的备用排气管线，通过4号机组的排气管线回流进入，这一点尚未证实。未来计划向3号机组的安全壳注入氮气惰化。

由于长时间丧失冷却，乏燃料池内的储水因衰变热蒸发或因地震可能产生的裂缝泄漏，水位不断下降导致组件裸露。在较高温度下，包壳与水池沸腾蒸发的蒸汽发生锆水反应，产生蒸汽。锆水反应产生巨大的热能使燃料芯块熔化，并释放大量的放射性核素。随后，氢气爆炸损坏了外层安全壳，大量放射性物质释放到环境中。

3. 事故的后果

3月18日，日本原子能安全保安院将附近居民的应急撤离半径扩大到20km，同时要求居住在20～30km范围内的居民采取隐蔽措施。

放射性水平监测证实：福岛第一核电厂存在大量放射性物质泄漏，放射性污染使得当地牛奶、新鲜蔬菜，如菠菜、春葱等的放射性剂量已经超过日本相关部门规定的食入限值，邻近海域测出大量放射性核素。

　　3 月 18 日，日本原子能安全保安院将福岛第一核电厂 1～3 号机组的核事故等级确定为5 级。但国际原子能机构根据 INES 国际核事故分级系统，在《国际原子能机构国际事实调查专家组针对日本东部大地震和海啸引发的福岛第一核电站核事故调查报告》中，确定本次事故为最高级别的 7 级核事故。

三、事故原因分析

1. 自然灾害的因素

　　2011 年 3 月，日本东部里氏 9 级地震及继发的海啸是世界性灾难，超出了核电厂原设计的基准，是超设计基准事故的叠加。袭击福岛第一、第二核电厂的海啸浪高超过 14m，远远超过福岛核电厂海啸设防高度。海啸数据的设计是基于设防 8 级地震的，但本次地震为 9级。福岛第一核电厂反应堆厂房、汽轮机厂房仅高出海平面 10～13m。

　　地震发生后，福岛第一核电厂 1～3 号机组实现了自动停堆。在失去厂外电源的情况下，应急柴油发电机投入运行，核电厂的专设安全设施成功投入运行。所以，仅就地震而言，福岛核电厂承受住了这次强烈地震（超过原设计基准）的冲击，而地震伴生的海啸造成核电厂（外部）水淹，应急电源失效，导致堆芯失去冷却能力，堆芯余热（衰变热）没有被成功排除。

　　燃料包壳在高温下发生锆水反应，产生大量氢气，氢气浓度在反应堆厂房中持续增加，达到燃爆限值，先后导致 1、3、2 号机组反应堆厂房发生爆炸。4 号机组因乏燃料水池丧失余热排除能力发生氢爆。

2. 设计缺陷

　　福岛第一核电厂是 20 世纪 60 年代设计，70 年代初投入运行的早期沸水堆型核电厂，其设计和安全标准反映了人们当时的认识和水平。

　　福岛核电厂机组运行已超过其设计寿期 40 年，其很多系统部件可能存在老化现象。

　　（1）福岛核电厂安全壳虽为双层安全壳，即内层安全壳为钢安全壳，外层为非预应力钢筋混凝土安全壳，但内层钢制安全壳总容积较小，在堆芯损坏严重事故情况下安全壳内升压进程较快，容易导致安全壳超压失效。

　　（2）未设置消氢装置。福岛核电厂未安装相应的氢气浓度探测装置和消氢装置，导致严重事故时氢气风险难以控制。

3. 管理因素

　　福岛核电厂事故发生过程中采用的相关干预措施，在干预内容、干预时机、干预风险等方面存在问题，配套事故规程不完善，相关人员认识不足。

　　没有严重事故管理导则来统筹组织、处置事故后果。必须采取切实措施预防和减缓核或放射性事故，重点应该是提供尽可能多的连续多层的纵深防御：管理体系和安全文化、厂址选择，包括安全裕度的设计、多样性和冗余并适当强调质量和可靠性要求、运行系统、事故和应急准备等。

附录4　《中华人民共和国核安全法规汇编》目录

（1998 年版）

通用系列

HAF001　中华人民共和国民用核设施安全监督管理条例
　　　　（1986 年 10 月 29 日国务院发布）

HAF001/01　中华人民共和国民用核设施安全监督管理条例实施细则之一
　　　　——核电厂安全许可证件的申请和颁发
　　　　（1999 年 12 月 31 日国家核安全局发布）

HAF001/01/01　中华人民共和国民用核设施安全监督管理条例实施细则之一附件
　　　　——核电厂操纵人员执照颁发和管理程序
　　　　（1993 年 12 月 31 日国家核安全局发布）

HAF001/02　中华人民共和国民用核设施安全监督管理条例实施细则之二
　　　　——核设施的安全监督
　　　　（1995 年 6 月 14 日国家核安全局发布）

HAF001/02/01　中华人民共和国民用核设施安全监督管理条例实施细则之二附件一
　　　　——核电厂营运单位报告制度
　　　　（1995 年 6 月 14 日国家核安全局批准发布）

HAF001/02/02　中华人民共和国民用核设施安全监督管理条例实施细则之二附件二
　　　　——研究堆营运单位报告制度
　　　　（1995 年 6 月 14 日国家核安全局批准发布）

HAF001/02/03　中华人民共和国民用核设施安全监督管理条例实施细则之二附件三
　　　　——核燃料循环设施的报告制度
　　　　（1995 年 6 月 14 日国家核安全局批准发布）

HAF002　核电厂核事故应急管理条例
　　　　（1993 年 8 月 4 日国务院令第 124 号发布）

HAF002/01　核电厂核事故应急管理条例实施细则之一
　　　　——核电厂营运单位的应急准备和应急响应
　　　　（1998 年 5 月 12 日国家核安全局批准发布）

HAF003　核电厂质量保证安全规定
　　　　（1991 年 7 月 27 日国家核安全局令第 1 号发布）

核动力厂系列

HAF101　核电厂厂址选择安全规定
　　　　（1991 年 7 月 27 日国家核安全局令第 1 号发布）

HAF102　核电厂设计安全规定
　　　　（1991 年 7 月 27 日国家核安全局令第 1 号发布）

新版　核电厂设计安全规定（HAF-102）

2004 年 4 月 18 日，国核安发 2004 [81] 号文件批准发布

HAF103　核电厂运行安全规定

（1991 年 7 月 27 日国家核安全局令第 1 号发布）

新版　核动力厂运行安全规定（HAF-103）

2004 年 4 月 18 日，国核安发 2004 [81] 号文件批准发布

HAF103/01　核电厂运行安全规定附件一

——核电厂换料、修改和事故停堆管理

（1994 年 3 月 2 日国家核安全局批准发布）

研究堆系列

HAF201　研究堆设计安全规定

（1995 年 6 月 6 日国家核安全局批准发布）

HAF202　研究堆运行安全规定

（1995 年 6 月 6 日国家核安全局批准发布）

核燃料循环设施系列

HAF301　民用核燃料循环设施安全规定

（1993 年 6 月 17 日国家核安全局令第 3 号发布）

放射性废物管理系列

HAF401　放射性废物安全监督管理规定

（1997 年 11 月 5 日国家核安全局批准发布）

核材料管制系列

HAF501　中华人民共和国核材料管制条例

（1987 年 6 月 15 日国务院发布）

HAF501/01　中华人民共和国核材料管制条例实施细则

（1990 年 9 月 25 日国家核安全局、能源部、国防科学技术工业委员会发布）

民用核承压设备监督管理系列

HAF601　民用核承压设备安全监督管理规定

（1992 年 3 月 4 日国家核安全局、机械电子工业部、能源部发布）

HAF601/01　民用核承压设备安全监督管理规定实施细则

（1993 年 3 月 5 日国家核安全局、机械电子工业部、能源部批准发布）

HAF602　民用核承压设备无损检验人员培训、考核和取证管理办法

（1995 年 6 月 6 日国家核安全局批准发布）

HAF603　民用核承压设备焊工及焊接操作工培训、考核和取证管理办法

放射性物质运输管理条例

制订过程中

附录 5　《核安全导则汇编》目录

（1998 年版）

通用系列

HAD002/01　核动力厂营运单位的应急准备
（1989 年 8 月 12 日国家核安全局批准发布）

HAD002/02　地方政府对核动力厂的应急准备
（1990 年 5 月 24 日国家核安全局、国家环境保护局、卫生部批准发布）

HAD002/03　核事故辐射应急时对公众防护的干预原则和水平
（1991 年 4 月 19 日国家核安全局、国家环境保护局批准发布）

HAD002/04　核事故辐射应急时对公众防护的导出干预水平
（1991 年 4 月 19 日国家核安全局、国家环境保护局批准发布）

HAD002/05　核事故医学应急准备和响应
（1992 年 6 月 24 日卫生部、国家核安全局批准发布）

HAD002/06　研究堆应急计划和准备
（1991 年 8 月 27 日国家核安全局批准发布）

HAD002/07　民用核燃料循环设施营运单位的应急计划
（1993 年 7 月 7 日国家核安全局批准发布）

HAD003/01　核电厂质量保证大纲的制定
（1988 年 10 月 6 日国家核安全局批准发布）

HAD003/02　核电厂质量保证组织
（1989 年 4 月 13 日国家核安全局批准发布）

HAD003/03　核电厂物项和服务采购中的质量保证
（1986 年 10 月 30 日国家核安全局批准发布）

HAD003/04　核电厂质量保证记录制度
（1986 年 10 月 30 日国家核安全局批准发布）

HAD003/05　核电厂质量保证监查
（1988 年 1 月 28 日国家核安全局批准发布）

HAD003/06　核电厂设计中的质量保证
（1986 年 10 月 30 日国家核安全局批准发布）

HAD003/07　核电厂建造期间的质量保证
（1987 年 4 月 17 日国家核安全局批准发布）

HAD003/08　核电厂物项制造中的质量保证
（1986 年 10 月 30 日国家核安全局批准发布）

HAD003/09　核电厂调试和运行期间的质量保证
（1988 年 1 月 28 日国家核安全局批准发布）

HAD003/10　核燃料组件采购、设计和制造中的质量保证

（1989 年 4 月 13 日国家核安全局批准发布）

核动力厂系列

HAD101/01　核电厂厂址选择中的地震问题
　　　　　　（1994 年修订）

HAD101/02　核电厂厂址选择的大气弥散问题
　　　　　　（1987 年 11 月 20 日国家核安全局批准发布）

HAD101/03　核电厂厂址选择及评价的人口分布问题
　　　　　　（1987 年 11 月 20 日国家核安全局批准发布）

HAD101/04　核电厂厂址选择的外部人为事件
　　　　　　（1989 年 11 月 28 日国家核安全局批准发布）

HAD101/05　核电厂厂址选择中的放射性物质水力弥散问题
　　　　　　（1991 年 4 月 26 日国家核安全局批准发布）

HAD101/06　核电厂厂址选择与水文地质的关系
　　　　　　（1991 年 4 月 26 日国家核安全局批准发布）

HAD101/07　核电厂厂址查勘
　　　　　　（1989 年 11 月 28 日国家核安全局批准发布）

HAD101/08　滨海核电厂厂址设计基准洪水的确定
　　　　　　（1989 年 7 月 12 日国家核安全局批准发布）

HAD101/09　滨海核电厂厂址设计基准洪水的确定
　　　　　　（1990 年 5 月 19 日国家核安全局批准发布）

HAD101/10　核电厂厂址选择的极端气象事件
　　　　　　（1991 年 4 月 26 日国家核安全局批准发布）

HAD101/11　核电厂设计基准热带气旋
　　　　　　（1991 年 4 月 26 日国家核安全局批准发布）

HAD101/12　核电厂的地基安全问题
　　　　　　（1990 年 2 月 20 日国家核安全局批准发布）

HAD102/01　核电厂设计总的安全原则
　　　　　　（1989 年 7 月 12 日国家核安全局批准发布）

HAD102/02　核电厂的抗震设计与鉴定
　　　　　　（1996 年修订）

HAD102/03　用于沸水堆、压水堆和压力管式反应堆的安全功能和部件分级
　　　　　　（1986 年 10 月 30 日国家核安全局批准发布）

HAD102/04　核电厂内部飞射物及其二次效应的防护
　　　　　　（1986 年 10 月 30 日国家核安全局批准发布）

HAD102/05　与核电厂设计有关的外部人为事件
　　　　　　（1989 年 11 月 28 日国家核安全局批准发布）

HAD102/06　核电厂反应堆安全壳系统的设计
　　　　　　（1990 年 5 月 19 日国家核安全局批准发布）

HAD102/07　核电厂堆芯的安全设计

（1989 年 7 月 12 日国家核安全局批准发布）

HAD102/08　核电厂反应堆冷却剂系统及其有关系统

（1989 年 4 月 13 日国家核安全局批准发布）

HAD102/09　核电厂最终热阱及其直接有关的输热系统

（1987 年 4 月 17 日国家核安全局批准发布）

HAD102/10　核电厂保护系统及有关设施

（1988 年 10 月 6 日国家核安全局批准发布）

HAD102/11　核电厂防火

（1996 年修订）

HAD102/12　核电厂辐射防护设计

（1990 年 5 月 19 日国家核安全局批准发布）

HAD102/13　核电厂应急动力系统

（1996 年修订）

HAD102/14　核电厂安全有关仪表和控制系统

（1988 年 10 月 6 日国家核安全局批准发布）

HAD102/15　核电厂燃料装卸和贮存系统

（1990 年 2 月 20 日国家核安全局批准发布）

HAD103/01　核电厂运行限值和条件

（1987 年 4 月 17 日国家核安全局批准发布）

HAD103/02　核电厂调试程序

（1987 年 4 月 17 日国家核安全局批准发布）

HAD103/03　核电厂堆芯和燃料管理

（1989 年 11 月 28 日国家核安全局批准发布）

HAD103/04　核电厂运行期间的辐射防护

（1990 年 5 月 19 日国家核安全局批准发布）

HAD103/05　核电厂人员的配备、招聘、培训和授权

（1996 年修订）

HAD103/06　核电厂安全运行管理

（1990 年 2 月 20 日国家核安全局批准发布）

HAD103/07　核电厂在役检查

（1988 年 10 月 6 日国家核安全局批准发布）

HAD103/08　核电厂维修

（1993 年修订）

HAD103/09　核电厂安全重要物项的监督

（1993 年修订）

研究堆系列

HAD201/01　研究堆安全分析报告的格式和内容

（1996 年 12 月 16 日国家核安全局批准发布）

HAD202/01　研究堆运行管理

（1989 年 4 月 3 日国家核安全局批准发布）

HAD202/02 临界装置运行及实验管理

（1989 年 4 月 3 日国家核安全局批准发布）

HAD202/03 研究堆的应用和修改

（1996 年 12 月 16 日国家核安全局批准发布）

HAD202/04 研究堆和临界装置退役

（1992 年 4 月 18 日国家核安全局批准发布）

核燃料循环设施系列

HAD301/01 铀燃料加工设施安全分析报告的标准格式与内容

（1991 年 7 月 24 日国家核安全局批准发布）

HAD301/02 乏燃料贮存设施的设计

（1998 年 7 月 10 日国家核安全局批准发布）

HAD301/03 乏燃料贮存设施的运行

（1998 年 7 月 10 日国家核安全局批准发布）

HAD301/04 乏燃料贮存设施的安全评价

（1998 年 7 月 10 日国家核安全局批准发布）

放射性废物管理系列

HAD401/01 核电厂放射性排出流和废物管理

（1990 年 5 月 19 日国家核安全局批准发布）

HAD401/02 核电厂放射性废物管理系统的设计

（1997 年 1 月 16 日国家核安全局批准发布）

HAD401/03 放射性废物焚烧设施的设计与运行

（1997 年 2 月 15 日国家核安全局批准发布）

HAD401/04 放射性废物的分类

（1998 年 7 月 6 日国家核安全局批准发布）

HAD401/05 放射性废物近地表处置场选址

（1998 年 7 月 6 日国家核安全局批准发布）

HAD401/06 放射性废物地质处置库选址

（1998 年 7 月 6 日国家核安全局批准发布）

核材料管制系列

HAD501/01 低浓铀转换及元件制造厂核材料衡算

（1997 年 9 月 25 日国家核安全局批准发布）

HAD501/02 核动力厂实物保护导则

（1998 年 4 月 8 日国家核安全局批准发布）

民用核承压设备监督管理系列

（暂无）

放射性物质运输管理系列

（暂无）

附录6　《核电厂安全》缩写字表

ABWR	Advanced Boiling Water Reactor	先进沸水反应堆
ALARA	As Low As Reasonably Achievable	合理可行尽量低
ANS	American Nuclear Society	美国核学会
ANSI	American National Standards Institute	美国国家标准所
AOO	Anticipated Operational Occurrences	预期运行事件
AOP	Abnormal Operating Procedure	异常运行规程
APRP	Accident de Perte de Refrigerant Primaire（法）	一回路失去冷却剂事故
ASME	American Society of Mechanical Engineers	美国机械工程师学会
ATWS	Anticipated Transient Without Scram	未紧急停堆的预期瞬态
CCF	Common Cause Failure	共因故障
CCI	Core-Concrete Interaction	堆芯—混凝土相互作用
CDF	Core Damage Frequency	堆芯熔化概率
CFR	Code of Federal Regulations	美国联邦法规
CI	Conventional Island	常规岛
CI	Containment Isolation	安全壳隔离
CMAs	Core Melt Accidents	堆芯熔化事故
CDAs	Core Disintegration Accidents	堆芯解体事故
CRD	Collective Radiation Dose	集体辐照剂量
DBA	Design Basis Accident	设计基准事故
DBE	Design Basis Event	设计基准事件
DNBR	Departure from Nucleate Boiling Ratio	偏离泡核沸腾比
DSIN	Direction de la Surete des Installations Nucleaires（法）	核设施安全局
ECI	Emergency Core Injection	应急堆芯注入
ECCS	Emergency Core Cooling System	应急堆芯冷却系统
EOA	Event Oriented Approach	事件导向法
EOP	Emergency Operating Procedures	应急运行规程
EP	Emergency Planning	应急计划
EPR	European Pressured Reactor	欧洲压水式核反应堆
ETA	Even Tree Analysis	事件树分析法
EUR	European User Requirements documents	欧洲用户要求文件
FHA	Fuel Handling Accident	燃料装卸事故
FSAR	Final Safety Analysis Report	最终安全分析报告

FTA	Fault Tree Analysis	故障树分析法
GNEP	Global Nuclear Energy Partnership	全球核能伙伴计划
HPSI	High Pressure Safety Injection	高压安全注入
IAEA	International Atomic Energy Agency	国际原子能机构
ICRP	International Commission on Radiological Protection	国际辐射防护委员会
IEEE	Institute of Electrical and Electronics Engineers	电气和电子工程师协会
INES	International Nuclear Event Scale	国际核事件等级表
INPO	Institute of Nuclear Power Operation	美国核动力运行研究所
INSAG	International Nuclear Safety Advisory Group	国际核安全咨询组
ISA	Industrial Safety Accident Rate	工业安全事故率
ISI	In Service Inspection	在役检查
ISLOCA	Intersystem Loss-of-Coolant Accident	系统间失水事故
IVR	In Vessel Retention	堆芯内滞留
KPS (法)	Safety Panel	安全监督系统
Living PSA (LPSA)	Living Probabilistic Safety Assessment	活的概率安全评价
LCO	Limit Condition of Operation	运行限值条件
LOCA	Loss of Coolant Accident	失水事故
LOF	Loss of Flow	断流
NNSA	National Nuclear Safety Administration	(中国) 国家核安全局
NSSS	Nuclear Steam Service System	核蒸汽供应系统
NUSSC	Nuclear Safety Standards Committe	核安全标准委员会 (IAEA)
NOP	Normal Operation Procedure	正常运行规程
NQA	Nuclear Quality Assurance	核质量保证
NRC	U. S. Nuclear Regulatory Commission	美国核管会
PAMS	Post Accident Monitoring System	事故后检测系统
PORV	Power Operated Relief Valve	电动卸压阀
PRA	Probabilistic Risk Assessment	概率风险评价
PSA	Probabilistic Safety Assessment	概率安全评价
PVLIS	Pressure Vessel water Level Indication System	压力容器内水位指示系统
RCC	Regles de Conception et de Construction (法)	核电厂的设计和建造标准
RFS	Regles Fondamentales de Surete (法)	基本安全法规
RPV	Reactor Pressure Vessel	反应堆压力容器
RTE	Water pipe rupture accident	给水管道破裂事故

SGTR （RTGV 法）	Steam Generator Tube Rupture	蒸汽发生器传热管破裂
SLB （RTV 法）	Steam Line Break	蒸汽管道破裂事故
SOP	State Oriented Procedure	状态导向规程
SOA	State Oriented Approach	状态导向法
SSE	Safe Shutdown Earthquake	安全停堆地震
SSPI	Safety System Performance Indicator	安全系统性能指示器
SPDS	Safety Parameter Display System	安全参量显示系统
TMI	Three Mile Island	三里岛
TPI	Thermal Performance Factor	热性能因子
URD	User Requirements Documents	EPRI 用户要求文件
UCF	Unit Capability Factor	机组能力因子
UCLF	Unplanned Capability Loss Factor	非计划能力损失因子
ULF	Unit Load Factor	机组负荷因子
WANO	Worldwide Association of Nuclear Operators	世界核电厂营运者联合会